ISACCO DI NINIVE
TERZA COLLEZIONE

CORPUS
SCRIPTORUM CHRISTIANORUM ORIENTALIUM
EDITUM CONSILIO
UNIVERSITATIS CATHOLICAE AMERICAE
ET UNIVERSITATIS CATHOLICAE LOVANIENSIS

Vol. 638

SCRIPTORES SYRI

TOMUS 247

ISACCO DI NINIVE
TERZA COLLEZIONE

TRADOTTO DA

Sabino CHIALÀ

LOVANII
IN AEDIBUS PEETERS
2011

© 2011 by Corpus Scriptorum Christianorum Orientalium

Tous droits de reproduction, de traduction ou d'adaptation,
y compris les microfilms, de ce volume ou d'un autre de cette collection,
réservés pour tous pays

ISSN 0070-0452
ISBN 978-90-429-2515-1
D/2011/0602/119

Peeters, Bondgenotenlaan 153, B-3000 Louvain

INTRODUZIONE

Nel 1892 Jean-Baptiste Chabot (1860-1948), uno dei più eminenti studiosi occidentali del patrimonio siriaco, presentava presso la Facoltà Teologica dell'Università Cattolica di Lovanio una tesi, in vista dell'ottenimento del grado di dottore, dal titolo: *De S. Isaaci Ninivitae vita, scriptis et doctrina*. Questo studio, pubblicato in quel medesimo anno presso l'editore Ernest Leroux di Parigi, può essere ritenuto come la prima vera monografia dedicata al Ninivita e l'inizio di quello che possiamo considerare l'approccio moderno a questa eminente figura di autore siriaco. Come ogni lavoro pionieristico, anche lo studio di Chabot sostiene alcuni elementi oggi non più condivisi, a partire già dall'epoca in cui egli colloca il nostro: «Paulo ante finem saeculi quinti»[1], come anche il credito che egli presta a fonti che oggi noi consideriamo sicuramente spurie. Quelli però erano anni in cui — come lo stesso Chabot ricorda nella prefazione al suo scritto — lo studio del siriaco cominciava timidamente a farsi strada, e si era solo agli inizi di quel lungo e difficile lavoro, non ancora portato a termine, che ha riesumato dalla polvere delle biblioteche — sono ancora parole dell'eminente siriacista[2] — preziosi documenti della tradizione siriaca. Per altri versi, lo studio di Chabot può apparire lontano dalla nostra sensibilità o preoccupazione: pensiamo in particolare al capitolo che egli dedica alla «Isaaci orthodoxia»[3], in cui tenta di formulare una sua ipotesi sulla compatibilità del pensiero isacchiano con la teologia cattolica dell'epoca. Sono tuttavia pagine che si lasciano ancora leggere con un certo interesse, se non altro perché rivelatrici del clima, anche «culturale», dell'epoca dello Chabot.

All'apprezzato studioso va dunque riconosciuto il grande merito di aver attirato l'attenzione su colui che, insieme a Efrem, rimane una delle

---

[1] Chabot, *De S. Isaaci*, p. 18. Chabot non disponeva ancora del documento che sarà capitale per stabilire la biografia di Isacco, vale a dire una notizia anonima, di cui si dirà oltre, che il patriarca siro-cattolico Ignazio Efrem II Raḥmani (1848-1929), pubblicherà nel 1904. Qui infatti si menziona il catholicos Giorgio che affidò a Isacco la diocesi di Ninive, unico riferimento cronologico assoluto. Giorgio amministrò la Chiesa siro-orientale negli anni 660-680; inoltre sappiamo che conobbe Isacco in occasione di un sinodo che egli stesso presiedette nella regione di origine del nostro, vale a dire il Bet Qaṭraye, nel 676. Ciò significa che Isacco fu ordinato vescovo di Ninive tra il 676 e il 680 (per maggiori dettagli, rimando al mio *Dall'ascesi eremitica*, pp. 53-63).
[2] Cf. Chabot, *De S. Isaaci*, p. V.
[3] Cf. Chabot, *De S. Isaaci*, pp. 19-26.

maggiori figure della tradizione siriaca, e che fin dall'antichità riscosse grande interesse, ben oltre l'ambito della sua tradizione ecclesiale di appartenenza, superando barriere teologiche e linguistiche di ogni genere. Letto e copiato anche dalle comunità miafisite e calcedonesi di lingua siriaca, Isacco, un monaco siro-orientale (dunque appartenente a una Chiesa un tempo detta impropriamente «nestoriana»), vissuto a cavallo della metà del VII secolo, fu tradotto già nell'VIII-IX secolo in greco, nella «calcedonese» lavra di San Saba, nel deserto di Giuda, e in arabo; e più tardi, quasi sempre a partire dalla versione greca, fu tradotto in georgiano, slavo, etiopico e latino; e ancora, dal XIV secolo a oggi, in francese, portoghese, catalano, spagnolo, italiano, romeno, russo, tedesco, inglese, olandese, malayalam e giapponese. Apprezzato soprattutto in oriente, dal Monte Athos ai monasteri copti del deserto egiziano che ne hanno fatto una delle colonne della propria rinascita spirituale del secolo scorso, Isacco è stato anche uno dei non molti padri orientali che hanno continuato a esercitare un discreto influsso anche in taluni ambienti occidentali, almeno fino al XVI-XVII secolo, in particolare italiani. Si pensi ai francescani spirituali e ad Angelo Clareno, ai domenicani e a Domenico Cavalca, ai benedettini e al camaldolese Ambrogio Traversari e al riformatore di Santa Giustina, Ludovico Barbo, e infine ai chierici regolari Barnabiti di Antonio Maria Zaccaria e a Filippo Neri, fondatore degli Oratoriani[4]. Nonostante questo straordinario interesse suscitato dai suoi scritti lungo i secoli, quando Chabot redige la sua tesi di dottorato, Isacco in occidente è ormai uno sconosciuto, anche in quegli ambienti monastici e religiosi che lo avevano letto e trasmesso almeno fino al XVII secolo. Le ragioni di questa interruzione di tradizione sono variamente spiegabili, ma non è questo il luogo per trattarne.

Allo studio di Chabot fece seguito, agli inizi del XX secolo, la pubblicazione della *Prima collezione* dell'opera isacchiana, da parte di un altro benemerito siriacista, il lazzarista Paul Bedjan (1838-1920)[5]. Benché non si tratti di un'edizione critica nel senso moderno del termine, essa ha il pregio di aver messo a disposizione degli studiosi l'originale siriaco della collezione isacchiana più importante, e di aver consentito che le traduzioni in lingue moderne di lì in avanti fossero realizzate, con qualche eccezione, su tale testo originale. Le opere di Chabot e di Bedjan, unitamente alle traduzioni in lingue moderne della *Prima collezione*, hanno in

---

[4] Per maggiori dettagli sulle traduzioni e l'irradiamento, rimando a Brock, «From Qatar to Tokyo»; Idem, «Syriac into Greek»; Chialà, *Dall'ascesi eremitica*, pp. 281-364.
[5] Cf. Bedjan, *Mar Isaacus*.

qualche modo riportato all'attenzione degli studiosi, e non solo, questo genio della tradizione cristiana, come mostrano le non poche indagini a lui dedicate in questo secolo che ci separa dall'edizione di Bedjan. Tra tutti, un posto di rilievo in tale riscoperta dell'opera isacchiana e del suo valore, spetta a Sebastian Brock, cui si devono vari studi e traduzioni, e in particolare la riscoperta e l'edizione, per ora parziale, della *Seconda collezione*. Il presente studio intende aggiungere un tassello a questo lavoro di pubblicazione dell'opera isacchiana, fornendo l'edizione critica e la traduzione della *Terza collezione*: una raccolta di discorsi recentemente ritornata alla luce, più limitata delle due precedenti e che si avvale di una tradizione manoscritta più ristretta, anche se varie attestazioni frammentarie ci fanno intravedere una sua circolazione che va ben oltre l'ambito siro-orientale, raggiungendo quelli siro-occidentale, siro-calcedonese e arabo.

I. L'OPERA DI ISACCO SECONDO LE FONTI ANTICHE

Iniziamo col collocare questa nuova raccolta all'interno di quello che le fonti antiche ci dicono a proposito dell'estensione della produzione letteraria isacchiana, benché esse siano scarse e sommarie, almeno quelle che possiamo ritenere degne di fede[6], e poco se ne possa ricavare ai fini della nostra ricostruzione. Le fonti principali consistono in due brevi notizie biografiche, quella di Išoʿdenaḥ di Baṣra e il testo anonimo pubblicato da Raḥmani, cui si possono aggiungere quanto trasmesso da ʿAbdišoʿ di Nisibe e poco altro.

1. Išoʿdenaḥ di Baṣra

Išoʿdenaḥ dedica a Isacco la notizia 124 della sua opera, concepita come una sorta di storia del monachesimo siro-orientale. Egli vi presenta, secondo un criterio più o meno cronologico, le personalità distintesi all'interno del movimento monastico mesopotamico. Benché le notizie riportate siano il più delle volte estremamente sintetiche, si tratta di un'opera di capitale importanza storica, che resta ancora oggi una delle fonti principali per la conoscenza dell'ascetismo siro-orientale. Databile agli anni 860-870, questo testo fu dunque composto a quasi due secoli dalla morte di Isacco. Circa l'opera letteraria del Ninivita, il testo offre due

---

[6] Alcuni manoscritti riportanti versioni della *Prima collezione*, come ad esempio quella araba e quella latina, fanno precedere notizie biografiche cui però non si può riconoscere alcun fondamento storico.

riferimenti, ambedue abbastanza vaghi: il primo all'inizio e il secondo verso la fine della notizia⁷. Dice Išoʿdenaḥ:

[testo siriaco]

«Compose libri sulle condotte dei solitari
...
Scrutava soprattutto le divine Scritture, a tal punto da essere privato della luce degli occhi a causa delle letture e dell'ascesi. Era sufficientemente introdotto nei misteri divini e compose libri sulle divine condotte dei solitari; ed espresse tre proposizioni che non furono accettate da molti; Daniele vescovo del Garmai, Bar Ṭubanita, rimase scandalizzato da lui, a causa di quelle affermazioni che aveva fatto».

Le indicazioni sono alquanto sommarie: si parla genericamente di «libri sulle condotte dei solitari». Occupa invece un certo spazio la polemica che le posizioni di Isacco suscitarono, all'interno della sua stessa Chiesa, in «molti», dice la nostra fonte, e in particolare in Daniele Bar Ṭubanita, vescovo del Garmai, che «rimase scandalizzato»; su quest'ultimo argomento si ritornerà più avanti. Si accenna inoltre alla cecità di Isacco, dovuta alla sua prolungata lettura e ascesi, che tuttavia non sembra essergli stata di impedimento nella redazione delle sue opere.

2. Notizia anonima

Il secondo documento sulla biografia isacchiana consiste in una notizia poco più estesa della precedente, pubblicata dall'erudito patriarca siro-cattolico Ignazio Efrem II Raḥmani nel 1904. Il testo è anonimo e non è facile determinarne né la data di composizione né l'origine. Sappiamo che Raḥmani lo trasse da un manoscritto del 1472 «patriarchae jacobitarum bibliothecae in urbe Mardin»[8]. Un'invocazione posta a conclusione

---

[7] Chabot, «Le Livre de la Chasteté», pp. 63-64. Per una traduzione italiana integrale del testo, cf. Chialà, *Dall'ascesi eremitica*, pp. 53-54.

[8] Cf. Raḥmani, *Studia Syriaca*, p. 64. I pochi dati offerti dall'editore sono sufficienti a identificarlo con il manoscritto Mardin, Monastero di Zafaran 110/1 descritto da Dolabani nel suo *Catalogue Zaʾfaran Monastery* (II, pp. 67-76).

della notizia, in cui lo scriba si rivolge a Maria chiamandola «Madre di Dio», potrebbe far pensare a un'origine siro-occidentale (ciò si accorderebbe peraltro anche con la collocazione del manoscritto), ma si tratta probabilmente di un'aggiunta dovuta a un copista o a un redattore, apposta a un testo che, per altri versi, mostra tratti siro-orientali[9]. Circa l'opera letteraria di Isacco, questo testo è più preciso del precedente e vi si riferisce sia nel titolo sia all'interno della notizia[10]:

«Compose cinque volumi [di] insegnamento per i monaci.
...
Infine fu privato della luce [degli occhi] e i fratelli mettevano per iscritto il suo insegnamento e lo chiamavano «altro Didimo», perché era mite, dolce e umile, e la sua parola era piena di tenerezza...
Compose cinque volumi, conosciuti fino a oggi: il dolce insegnamento!».

Nelle righe successive il biografo accenna anche a due lettori dell'opera di Isacco. Il primo è un certo Yozadaq[11], che ringrazia un suo discepolo di nome Buširo per avergli inviato «l'insegnamento di Mar Isacco» ( ), riempiendo così il monastero del suo «insegnamento vivificante»; e conclude con una sorta di confessione («E noi ci confessiamo discepoli di Mar Isacco, vescovo di Ninive») che sembra lasciar trapelare le tensioni scatenatesi intorno alle posizioni del Ninivita. Il secondo lettore menzionato è presentato come il «vescovo Giovanni»[12], il quale afferma che «la composizione di Mar Isacco» ( ) è per lui di aiuto e conforto. Sono, queste, due testimonianze della rapida circolazione che gli scritti di Isacco conobbero ben al di là dei confini del suo monastero.

Qui dunque si parla esplicitamente di cinque volumi ( ) e si precisa che, all'epoca in cui il biografo scrive, tali testi sono ancora noti («conosciuti fino a oggi»), affermazione, quest'ultima, che lascia inten-

---

[9] È quanto ritiene anche l'editore (cf. Rahmani, *Studia Syriaca*, p. 64).
[10] Cf. Rahmani, *Studia Syriaca*, p. 33. Per una traduzione italiana integrale del testo, cf. Chialà, *Dall'ascesi eremitica*, pp. 54-55.
[11] Su questo personaggio, cf. Chialà, *Dall'ascesi eremitica*, p. 284.
[12] Per una sua possibile identificazione, cf. Chialà, *Dall'ascesi eremitica*, pp. 55 e 61.

dere come l'autore della notizia si collochi ormai a una certa distanza dai fatti che narra. Una novità rispetto al testo precedente è che i «cinque volumi», secondo la nostra fonte, non sarebbero opera diretta di Isacco; ma, divenuto questi ormai cieco, i suoi discepoli ne avrebbero messo per iscritto l'insegnamento, probabilmente sotto diretta dettatura di Isacco, secondo una pratica invero non inusuale nell'antichità. Tutto questo lascia intuire un certo lavoro redazionale che può aver portato alle collezioni così come ci sono note dai manoscritti.

3. 'Abdišo' di Nisibe

Una terza fonte per la ricostruzione dell'opera letteraria di Isacco è 'Abdišo' Bar Berika, vescovo di Nisibe tra il 1290 e il 1318, anno della sua morte. A lui si deve, tra l'altro, un *Catalogo degli scrittori ecclesiastici* che possiamo considerare tra le più antiche «Storie della letteratura siriaca». Nella notizia che dedica a Isacco, dice[13]:

«Isacco di Ninive sette volumi
compose sulla condotta dello spirito
sui misteri divini,
i giudizi e la dispensazione [divina]».

Secondo la testimonianza di 'Abdišo' i volumi (ܦܢܩܝܬ) di Isacco sarebbero sette, ed egli ci fornisce anche alcune indicazioni sul contenuto di tali scritti; indicazioni che potrebbero, in qualche caso, essere interpretate anche come titoli.

Dalla medesima opera di 'Abdišo' attingiamo poi un'ulteriore informazione laddove, presentando Daniele Bar Ṭubanita, egli riferisce l'esistenza di un'opera di quest'ultimo sul «quinto volume» (ܦܢܩܝܬܐ ܕܚܡܫ) di Isacco e forse anche di un'altra sui suoi *Capitoli di conoscenza*, vale a dire le *Centurie*. Dopo aver elencato varie opere di Daniele, 'Abdišo' conclude[14]:

---

[13] Assemani, *Bibliotheca Orientalis* III/1, p. 104.
[14] Assemani, *Bibliotheca Orientalis* III/1, p. 174.

ܪܕܝ̈ ܐܝܬܝܗ̇, ܫܪܝܐ ܕܫܘ̈ܐܠܐ
ܘܦܘܫܩܐ ܕܪ̈ܝܫܐ ܕܝܕܥܬܐ.

«È anche sua la soluzione delle questioni
del quinto volume teologico
di Mar Isacco di Ninive
e la spiegazione dei Capitoli di conoscenza».

Daniele Bar Ṭubanita, vescovo di Taḥal nel Bet Garmai, probabilmente contemporaneo di Isacco[15], è ricordato da Išoʿdenaḥ di Baṣra come l'oppositore principale del Ninivita. ʿAbdišoʿ in questa notizia offre un dettaglio prezioso di tale vicenda, cioè il fatto che particolarmente incriminato fosse il «quinto volume» di Isacco, alle cui «questioni» Daniele propone la sua «soluzione»[16].

Abbiamo dunque qui una menzione esplicita del *Quinto volume* di Isacco, qualificato da ʿAbdišoʿ come ܐܠܗܝܬܐ, termine che può essere tradotto con «teologico» e dunque indicarne il contenuto (relativo a Dio e alla sua Economia) — interpretazione che mi pare preferibile — oppure con «divino», essendo dunque solo un termine elogiativo. Nella medesima notizia potrebbe infine esservi, come si è detto, anche una menzione delle *Centurie* (o *Capitoli di conoscenza*). Su quest'ultimo punto ʿAbdišoʿ non è chiaro: non si comprende cioè se i «capitoli di conoscenza» che Daniele avrebbe «spiegato» siano o no ancora di Isacco. Del Ninivita infatti ci sono giunte quattro *Centurie*[17], ma certo egli non è l'unico ad aver utilizzato tale genere letterario[18]. La verifica dell'ipotesi è purtroppo impossibile poiché ambedue le summenzionate opere di Daniele sono andate perdute[19].

---

[15] Cf. Fiey, *Assyrie Chrétienne* III, pp. 135-136 e Baumstark, *Geschichte*, p. 207.

[16] Di tale polemica ci informa anche Ibn al-Ṣalt che, introducendo il suo florilegio di scritti isacchiani, fa riferimento alla refutazione del Ninivita da parte di Daniele (cf. Sbath, *Traités religieux*, pp. 54-55 [testo] e 109 [traduzione]). Per un tentativo di ricostruzione della polemica, rimando al mio *Dall'ascesi eremitica*, pp. 59-63.

[17] Cf. *infra*.

[18] Si pensi, per l'ambito siro-orientale, alle *Centurie* di Giovanni di Dalyata e di Giuseppe Ḥazzaya, come anche al *Libro della grazia* di Simeone di Ṭaibuteh, che si compone di sette centurie.

[19] In un manoscritto andato perduto, il Mosul, Patriarcato caldeo 97, si menziona un commento alle «centurie» di Simeone di Ṭaibuteh, vale a dire al *Libro della grazia*, che fa seguito a una copia della medesima opera (cf. Scher, «Manuscrits de Mossoul», p. 252). Considerando che spesso nei manoscritti questo scritto di Simeone è attribuito a Isacco, non è improbabile che il testo di Daniele cui allude ʿAbdišoʿ avesse per oggetto il commento delle centurie di Simeone.

4. Altri brevi cenni

Qualche altro elemento di valutazione può essere infine spigolato all'interno di alcuni autori che, a pochi secoli dalla sua morte, lessero o tradussero l'opera di Isacco. Cito qui due di tali esempi, anche se la loro testimonianza in verità non aggiunge molto al già noto. Il primo in ordine cronologico è Ibn al-Ṣalt, monaco siro-orientale vissuto durante il IX secolo, autore di un florilegio arabo di scritti isacchiani, redatto sotto forma di tre lettere inviate a un suo conoscente poco esperto della lingua siriaca. Nelle introduzioni alle singole lettere, Ibn al-Ṣalt si riferisce agli scritti di Isacco il più delle volte con il termine generico di «libri» o «scritti» (كتب) o con termini analoghi che possono indicare composizioni di varia natura. Tuttavia, in almeno tre occasioni, egli precisa il genere di alcuni di questi scritti, parlando specificamente di «lettere» (رسائل)[20]. Si tratta verisimilmente di quelle lettere che, come si dirà, i manoscritti trasmettono all'interno delle varie collezioni di discorsi.

Una seconda testimonianza ci viene dalla *Vita di rabban Giuseppe Busnaya*, scritta tra la fine del X e gli inizi dell'XI secolo dal suo discepolo Giovanni Bar Kaldun. L'opera del Ninivita vi è più volte esplicitamente menzionata e Giovanni esprime l'ammirazione sua e del suo maestro per tale insegnamento; egli concepì anche il progetto di copiare «la parte di Mar Isacco che tratta della dispensazione di Dio in favore dell'universo» (ܘܦܠܓܘܬܐ ܕܡܪܝ ܐܝܣܚܩ ܗܘ ܕܥܠ ܡܕܒܪܢܘܬܗ ܕܐܠܗܐ ܕܥܠ ܟܠ). Bar Kaldun tuttavia esita dinanzi a tale impresa, per due ragioni che egli stesso precisa: la sua poca perizia nella scrittura siriaca; ma anche una certa reticenza nel diffondere un libro che, egli dice, «non è bene che tutti meditino, ma solo colui che è già più o meno versato nei misteri divini che vi sono racchiusi»[21]. La benedizione del padre spirituale e il suo incoraggiamento faranno tuttavia superare a Bar Kaldun le sue esitazioni e il libro sarà copiato[22]. Quest'opera affascinante e «pericolosa» insieme, potrebbe far pensare a quel «quinto volume» «spiegato» da Daniele Bar Ṭubanita, che ora avrebbe un titolo o quanto

---

[20] Cf. Sbath, *Traités religieux*, pp. 13, 54-55 (testo) e 74, 108-110 (traduzione).

[21] La medesima reticenza è presente anche in Ibn al-Ṣalt (cf. Sbath, *Traités religieux*, pp. 11-12, 54-55 [testo] e 72-73, 108-109 [traduzione]).

[22] Non essendo disponibile alcuna edizione a stampa del testo siriaco, cito dal manoscritto Vaticano, sir. 467 (ff. 79r-v). Per una traduzione francese, cf. J.-B. Chabot, «Vie du moine Rabban Youssef Bousnaya écrite par son disciple Jean Bar-Kaldoun (chapitre VI)», in *Revue de l'Orient Chrétien* 3 (1898), pp. 110-111.

meno un'indicazione più precisa circa il contenuto: «Sulla dispensazione di Dio in favore dell'universo»; argomento, questo, che ci rimanda alla prima notizia di 'Abdišo' il quale, tra le varie opere isacchiane, citava appunto uno scritto sulla «dispensazione» divina, vale a dire sulla provvidenza.

5. Ricapitolando le fonti antiche

Dall'insieme di queste testimonianze possiamo dunque concludere che, già in epoca abbastanza antica, circolava sotto il nome di Isacco un numero di «libri» (ܟܬܒܐ) o «volumi» (ܩܦܠܐܐ) variabile tra i cinque e i sette, contenenti discorsi, lettere e centurie. Forse il numero proposto da 'Abdišo', cioè sette, è poco credibile (oppure egli divide diversamente da noi i medesimi materiali). Non è invece inverosimile l'esistenza di cinque collezioni, vista la particolare attenzione riservata, come si è notato, proprio al «quinto volume». In verità, trattandosi di raccolte di scritti spesso privi di una stringente coerenza interna, è difficile determinare esattamente cosa ciascun «libro» o «volume» contenesse; le variazioni nell'ordine dei discorsi, soprattutto all'interno della *Prima collezione*, testimoniano ad esempio questa mobilità. Si pensi anche al caso delle *Centurie*: nei manoscritti a noi noti esse sono riportate come terzo capitolo della *Seconda collezione*, ma sorge il dubbio che gli antichi le computassero diversamente.

Non è tuttavia inverosimile che parti di Isacco siano andate definitivamente perdute o giacciano in qualche biblioteca in attesa di essere riscoperte. Il ritrovamento, non molti anni or sono, della *Seconda collezione* e della *Terza collezione* invita a una certa prudenza nel ritenere non degni di fede o approssimativi i dati delle fonti. A ciò si aggiunga ancora un elemento: l'esistenza nelle tradizioni manoscritte siriaca e araba di testi attribuiti a Isacco che non coincidono con nessuna delle collezioni note. Di certo potrebbe trattarsi di testi pseudepigrafi, ma è necessaria anche qui una dovuta cautela.

Una nota infine sulla terminologia utilizzata dalle fonti per indicare tali scritti: in quasi nessuno dei testi su citati è impiegato, per indicare le collezioni isacchiane, il termine che la tradizione manoscritta, invece, riporta in modo unanime, cioè ܦܠܓܘܬܐ, che potremmo tradurre letteralmente con «parte», ma che preferisco rendere con «collezione». L'unica eccezione è costituita dalla *Vita di rabban Giuseppe Busnaya*. Forse si tratta di un particolare insignificante, ma merita di essere rilevato.

II. AUTENTICITÀ E CONFIGURAZIONE DELLA TERZA COLLEZIONE

Secondo quanto emerge dalle fonti, è altamente probabile che fin dall'antichità abbia realmente circolato anche una «Terza collezione» di discorsi isacchiani. Il problema che per noi resta ora da affrontare è se il manoscritto teheraniano — manoscritto unico e recente! — sia un testimone fededegno di tale collezione. In altre parole si tratta di rispondere a due domande: innanzitutto se la collezione teheraniana trasmette testi genuinamente isacchiani; e in secondo luogo se essa può essere ritenuta «la» *Terza collezione* presupposta dalla fonti antiche.

Per rispondere alla prima domanda è necessario innanzitutto appoggiarsi sugli elementi interni: temi trattati, lessico e stile, e rapporto con le altre collezioni. Circa il primo punto, mi pare evidente la consonanza degli argomenti trattati nella presente silloge con quanto già noto del pensiero isacchiano[23]. Certo, rispetto alla *Prima collezione* e alla *Seconda collezione*, lo spettro delle tematiche qui toccate — come anche la mole dell'opera — è più ristretto. Si ha quasi l'impressione che, dopo aver trattato ad ampio raggio molti dei temi della vita spirituale del solitario, ora l'autore intenda concentrarsi su alcuni nodi del suo pensiero, che potrebbero apparire anche come i più caratteristici della sua riflessione. Non è difficile ritrovare i concetti qui espressi già nei discorsi della *Prima collezione* e, in modo più esplicito, in quelli della *Seconda collezione*. Qui però alcune convinzioni del Ninivita, che possiamo considerare espressioni del suo genio (e che sono state anche motivo di contestazione da parte di taluni ambienti), sono esposte in modo meno velato e direi anche con una certa sistematicità. Benché dunque le tre collezioni siano disorganiche al loro interno e non consequenziali tra di esse, si nota tuttavia una tendenza, passando dalla *Prima collezione* alla *Terza collezione*, ad una sempre maggiore chiarificazione dei temi portanti del pensiero isacchiano. Forse in questo vi è anche una delle ragioni per cui la *Seconda collezione*, e ancor più la *Terza collezione*, hanno conosciuto una circolazione più ristretta rispetto alla *Prima collezione*: perché «più esplicite» su temi particolarmente suscettibili di incontrare perplessità e a volte anche ostilità, soprattutto riguardo all'amore infinito di Dio nei confronti della creazione. Se lasciamo da parte i due discorsi costituiti di testi di preghiere (VII e X) e le due lettere consolatorie inviate a un soli-

---

[23] Vari studi sono stati consacrati ad aspetti particolari del pensiero di Isacco; per una visione di insieme, oltre che per una bibliografia abbastanza completa, rimando ancora al mio *Dall'ascesi eremitica*. Si veda anche Alfeev, *La forza dell'amore*.

tario in difficoltà (XII e XIII), tutti gli altri testi della nostra collezione ruotano intorno a due temi principali: la preghiera, come esperienza dell'inabitazione di Dio nel più profondo dell'uomo; e l'amore di Dio, cioè il suo essere misericordioso fino all'estremo e il suo essere eternamente in ricerca di una via per salvare ogni creatura.

Al primo tema, quello della preghiera e dell'intimità con Dio, Isacco dedica i discorsi I-IV, VIII-IX e XVI. Nel primo testo, il Ninivita tratta dell'assiduità con Dio e dell'intimità dell'uomo con il suo Creatore, viste come forma privilegiata di preghiera. Uno sguardo affinato, capace di scorgere il mondo dell'aldilà ove è possibile discernere l'amore infinito di Dio, fa sì che la mente sia catturata dall'amore di Dio e dimori, fin d'ora, nel regno preparato per essa. In questa «condotta del pensiero» abbiamo dunque un'immagine limpida della preghiera e dell'assiduità con il Creatore. A tale assiduità si giunge — precisa Isacco nel secondo discorso — per mezzo della fatica dell'ascesi; ma un'ascesi appunto fecondata dalla preghiera e orientata a scoprire il volto paterno di Dio. Nel terzo discorso l'argomento principale è quello della preghiera come «memoria di Dio», meditazione su di lui; a questo argomento si intreccia uno sviluppo, che prosegue nel discorso quarto, intorno alla preghiera di domanda. Il Ninivita offre qui un'interessante spiegazione della preghiera del «Padre nostro» dove, più che mai, si mostra fedele discepolo di Teodoro di Mopsuestia, anch'egli autore di un noto commento alla preghiera dominicale. La tesi di fondo è che ad aver bisogno della preghiera in realtà non è Dio, ma colui che la fa. Nell'aldilà infatti, dove cesserà ogni preghiera, sarà a tutti chiaro che Dio non avvertiva il bisogno delle preghiere degli uomini, né concedeva i suoi beni in risposta alle richieste o alle buone azioni degli esseri umani, ma per pura grazia. Quella di far apparire il dono come una risposta alla domanda degli uomini è anch'essa una misura di misericordia. Ma in che cosa la preghiera giova all'uomo? Isacco risponde: perché essa lo conduce a meditare su Dio, a penetrare nei suoi segreti e quindi a scoprirne «la bontà, l'amore e la sapienza», che sono i suoi tratti distintivi. Le parole della preghiera, dunque, non sono tanto da recitare, quanto piuttosto da meditare e da penetrare, perché loro tramite l'orante sarà condotto a quel punto in cui non sentirà più il bisogno di chiedere, ma solo vorrà rimanere davanti a una presenza, senza saziarsene. Nel discorso ottavo, Isacco ritorna sul tema della preghiera come «memoria di Dio», specificando che essa è la via per l'inabitazione dello Spirito santo nell'intimo dell'uomo, che dunque, secondo un'idea molto cara alla tradizione siriaca rappresentata in primo luogo dal *Liber graduum* ma che è già paolina, è visto come un tempio. L'orante è allora lo spazio in cui lo Spirito celebra la propria liturgia. Il discorso nono insiste poi sull'importanza della lettura della Scrittura al fine di mantenere viva questa *memoria Dei*: la *lectio divina* è infatti ciò che dà forza alla preghiera, ciò che la nutre. Infine, nel breve discorso sedicesimo, il Ninivita torna su un tema che aveva già trattato nella *Prima collezione*, in particolare nel discorso ventiduesimo, vale a dire quello della progressione dalla «preghiera» alla «non-preghiera» o «preghiera spirituale». Apice della preghiera è quel momento in cui l'orante è ormai nella quiete più perfetta: solo lo Spirito agisce in lui, e «non vi è più neppure preghiera, bensì piuttosto silenzio».

Al secondo tema, quello dell'amore infinito di Dio per la sua creatura, Isacco dedica i discorsi V-VI e XI. Punto di partenza di questa riflessione, nel discorso quinto, è una meditazione su Dio e sulla ragione profonda di ogni sua azione. Isacco afferma che in tutto, fin dalla creazione, movente dell'agire di Dio è stato solo il suo amore per la creatura. Dunque anche la redenzione operata da Cristo, in ultima istanza, è frutto di questo medesimo amore; e questo presiederà anche alla ricapitolazione finale di ogni cosa. L'immagine più eloquente di tale amore, Dio l'ha offerta nello «svuotamento» di sé operato dal Figlio, il quale da Dio che era si è fatto uomo ed è morto per la creatura. L'esegesi di tale «svuotamento» è per Isacco la chiave di accesso al mistero di Dio. Il lungo discorso sesto si sofferma poi sul rapporto tra amore incondizionato di Dio e sforzo dell'uomo. Con un linguaggio che sembra curiosamente anticipare la polemica cattolico-protestante del XVI secolo, Isacco afferma che la giustificazione dell'uomo è opera esclusiva di Dio e non degli sforzi umani. Dice in una formula lapidaria, in cui riprende Paolo: «È grazie a ciò che [Dio] opera che noi siamo giustificati, e non grazie a ciò che operiamo noi». All'uomo è solo chiesto di fare spazio a questa salvezza che gli è donata, di lasciare uno spiraglio alla grazia. Dio infatti è come alla ricerca di una qualche via di accesso al cuore umano, e mette in opera ogni «espediente» per poter trovare questa porta: la fede, la conversione o anche il solo desiderio della conversione possono fornire a Dio tale accesso. Posta questa base, Isacco annuncia che anche alla fine dei tempi Dio agirà spinto solo dalla misericordia; che anche nel giudizio, sarà la grazia e non la giustizia a fare da giudice. Di qui, dalla contemplazione di questo mistero, si giunge allora alla comprensione del volto autentico di Dio: del fatto cioè che egli ama i peccatori; che per lui nessun peccato vale quanto colui che lo ha commesso; che la sua gioia è nella salvezza della creazione. Tale contemplazione apre anche all'uomo la vera gioia: chi comprende che Dio è buono, ne gioisce di una gioia intensa e duratura. Una simile comprensione, poi, non spinge, come alcuni potrebbero temere, alla rilassatezza; essa anzi porta a un maggior impegno nella giustizia. Chi, infatti, ha sperimentato l'amore di Dio, cerca di non peccare più per non ferire l'amore di cui ha fatto esperienza. Il suo agire etico non ha ormai più bisogno di essere «sostenuto» dalla minaccia dei castighi. A questa riflessione, il discorso undicesimo aggiunge un ulteriore tassello. Si diceva che Dio, per poter giustificare, ha bisogno di trovare una via di accesso al cuore umano, e che questa via può essere fornita dalla fede, dalla conversione o dal semplice desiderio di conversione. Ma Isacco sa bene che si dà la possibilità che anche quest'ultimo manchi e che la chiusura sia totale. Allora Dio trova un ultimo espediente: la preghiera di intercessione a favore dei vivi e dei morti. Partendo dalla Scrittura e soprattutto dai testi della liturgia, in particolare dall'*Anafora di Teodoro di Mopsuestia* (del cui uso abbiamo qui una preziosa testimonianza), Isacco mostra come l'offerta eucaristica rechi beneficio anche ai morti. L'eucarestia è celebrata in special modo per i peccatori, vivi e morti; e anche se il suo discorso potrebbe spianare la strada al peccato, egli non ha dubbi sulla necessità di non nascondere tale verità. Non si può tacere la grandezza dell'Economia divina, afferma Isacco. Il discorso ha un tono polemico, segno che le sue affermazioni non erano da tutti condivise. Ma è proprio in questa comprensione, aveva detto Isacco all'inizio del discorso, che si manifesta vera la parola di Paolo: «Siete risuscitati con Cristo» (Col 3,1); essere risuscitati significa avere una mente aperta alla comprensione dell'autentica Economia divina.

Le tematiche trattate dal manoscritto teheraniano, qui brevemente riassunte, si accordano pienamente con l'Isacco delle due precedenti collezioni. Ma vi è anche che tali concetti, come si avrà modo di evidenziare con riferimenti precisi nell'annotazione alla versione italiana, sono espressi con locuzioni simili e in alcuni casi caratteristiche del Ninivita[24]. Tratto tipico è anche una certa complessità del periodare e una tortuosità

---

[24] Si pensi ad esempio all'uso di un termine raro come ܒܪܘܝܘܬܐ, che ritroviamo in *Ter.* VI, 19 e in *Pri.* XLV, p. 331; *Sec.* XXII, 4; XLI, 1; *Cent.* IV, 78 (2 volte); all'uso particolare che Isacco fa di ܠܥܠ per indicare il propiziatorio, in *Ter.* VII, 11 come anche in *Pri.* XXII, p. 173 e in *Sec.* XI, 14; o anche al termine ܫܘܚܠܦܐ, che ricorre in *Ter.* VII, 4; VIII, 8-10, 12, come anche in *Pri.* LXXIV, p. 517 e in *Sec.* V, 12; X, 24; XI, 5-6, 10, 12, 14, 24 (cf. *infra*, p. 69, n. 9).

e intensità di pensiero spesso difficile da rendere, che ritroviamo anche nel resto dell'opera. O anche uno stile in cui si alternano descrizioni di realtà spirituali, a esortazioni, e a preghiere rivolte a Dio. Quest'ultimo elemento è un aspetto che accomuna le tre collezioni, vale a dire il fatto che parti di discorsi, o a volte discorsi interi, sono costituiti da un susseguirsi di preghiere che intendono esprimere, sotto forma di invocazione, quanto l'autore va esponendo nelle sue spiegazioni[25]. In questo medesimo ambito dello stile possiamo infine considerare un altro tratto caratteristico che accomuna le tre collezioni, vale a dire la frequenza con cui Isacco si rifà alla Scrittura e ai padri e anche l'identità di questi ultimi. Il suo riferirsi ai testi biblici è in perfetta consonanza con quanto noto dalle altre collezioni, così come la sua preferenza per autori e testi quali Evagrio, Teodoro di Mopsuestia, Basilio, Marco il Solitario, Giovanni il Solitario e il *Paradiso dei padri*; in non pochi casi, i testi biblici e patristici citati nella nostra collezione si ritrovano anche nelle due precedenti.

Infine, altro elemento a favore dell'autenticità mi sembra essere l'intersecarsi, nei manoscritti, di discorsi appartenenti alle tre collezioni. Con ciò intendo innanzitutto la ripetizione di alcuni testi delle prime collezioni nelle successive. La *Seconda collezione*, infatti, riporta come discorsi XVI e XVII i numeri LIV e LV della *Prima collezione*. Analogamente, la *Terza collezione* ha come discorsi XIV e XV i numeri XXII e XL della *Prima collezione*; e come numero XVII il discorso XXV della *Seconda collezione*. In secondo luogo si pensi a quei discorsi della *Terza collezione* riportati da altri testimoni oltre al teheraniano; di questi si deve notare, oltre all'ampia estensione geografico-teologica dei manoscritti che li attestano, anche il fatto che spesso essi si accompagnano con scritti isacchiani delle altre collezioni. Tali intersezioni potrebbero deporre a favore dell'autenticità anche degli altri discorsi del manoscritto teheraniano.

Certo, finché non disporremo almeno di un secondo manoscritto completo, sarebbe quanto meno imprudente affermare che siamo in presenza dell'*esatta forma* della *Terza collezione* presupposta dalle fonti antiche: secondo problema, questo, posto all'inizio del paragrafo. Potremmo infatti dubitare che questa sia la «Terza collezione» come vorrebbe il titolo, e pensare che quest'ultimo sia semplicemente un distintivo applicato da un copista che, dopo aver riprodotto altre due collezioni isacchiane, abbia

---

[25] Di tale alternanza dà ragione, ad esempio, il titolo del discorso settimo della *Terza collezione*, uno dei discorsi interamente composti di preghiere.

intitolato così il suo terzo codice. Confesso che quest'ultima ipotesi mi ha tentato non poco, a motivo della configurazione della biblioteca teheraniana di cui fa parte il nostro testimone principale: esso infatti segue altri due manoscritti attribuiti a Isacco (anche se il primo, pur attribuito al Ninivita, riporta in realtà testi di Isacco di Antiochia). Ho tuttavia scartato l'ipotesi perché non si tratta di tre manoscritti «coerenti» tra loro, in quanto prodotti da due diversi copisti, e inoltre perché non si presentano con titoli che lascino intendere consequenzialità[26]. Potremmo dunque anche dubitare dell'isacchianicità di questo titolo; ma dal momento che le fonti attestano l'esistenza di almeno cinque collezioni, e visto che fino ad ora non si è trovata un'altra «Terza collezione», il buonsenso mi sembra invitare a mantenere, almeno per ora, la dizione. In altre parole, non abbiamo ragioni sufficienti per rigettare il titolo proposto da T.

Ricapitolando, mi sembra di poter affermare che qualche dubbio può essere sollevato circa l'autenticità della «forma» della collezione: che si tratti della «Terza collezione» e che l'ordine dei discorsi sia quello originario (non essendo i discorsi numerati e mancando il più delle volte, anche se non sempre[27], una connessione tematica interna, possono essersi verificati spostamenti o sconnessioni, come sembrano mostrare i primi due discorsi[28]). Ma, se anche la configurazione interna e il titolo del manoscritto teheraniano non fossero *originari*, di certo mi sembra *autentico il contenuto* della *quasi totalità* dei testi da esso tràditi.

Parlo di «quasi totalità» perché almeno un discorso, il decimo, deve essere eccettuato. In verità anche altri due discorsi, l'undicesimo e il sedicesimo, possono suscitare a una prima analisi qualche perplessità, il primo a motivo del suo contenuto[29], il secondo per ragioni di linguaggio. Nel discorso undicesimo si tratta infatti dei benefici che la celebrazione eucaristica apporta ai defunti, e alla fine si trova anche un'annotazione unica nel genere e che desta qualche interrogativo; nel discorso sedice-

---

[26] Il manoscritto Teheran, Isaayi 3 dice di attestare «alcuni discorsi del santo mar Isacco», mentre il Teheran, Issayi 4, essendo stato copiato da un manoscritto rovinato all'inizio, manca del titolo.

[27] Particolarmente evidente è, ad esempio, la connessione tematica tra il primo e il secondo discorso, tra il terzo e il quarto, e tra il quinto e il sesto. Inoltre, nel quarto discorso l'autore rimanda esplicitamente al precedente (cf. IV, titolo e 19) e nel sesto rimanda al quinto (cf. VI, 4). Infine le due lettere che compongono i discorsi dodicesimo e tredicesimo potrebbero essere indirizzate a un medesimo solitario; all'inizio della seconda, infatti, (XIII, 1) si fa riferimento a uno scritto precedente.

[28] Cf. volume *Textus*, pp. XVIII-XXI.

[29] Perplesso per le medesime ragioni si dice anche Hagman, «St. Isaac of Nineveh and the Messalians», p. 65, n. 36.

simo, invece, si utilizza l'espressione «preghiera spirituale», che Isacco contesta nel discorso ventiduesimo della *Prima collezione*, ma che impiega anche altrove. Essendo tuttavia questi due testi, dal punto di vista dei temi trattati — come si vedrà meglio nelle note di commento — non in contraddizione con l'insegnamento del Ninivita quale ci è noto dalle altre collezioni, mi pare che possano essere ritenuti genuini. La loro particolarità potrebbe rientrare all'interno di una semplice variazione, dovuta anche al fatto che queste opere sono state composte lungo un arco di tempo che presuppone una certa evoluzione.

1. Discorso decimo: Isacco, Efrem o chi altri?

Una trattazione a parte è necessaria per il decimo discorso del manoscritto di Teheran, attestato in forma isolata da ben altri sei codici ancora esistenti più uno al momento disperso. Il testo, infatti, non sembra appartenere al Ninivita, benché vi siano motivi sufficienti per credere che sia stato da lui stesso inserito nella collezione, dopo essere stato corredato di un inizio e di una fine propri; è questa la ragione che mi ha spinto a mantenerlo nella presente edizione.

Un primo elemento che fa dubitare della paternità isacchiana del testo è la sua forma letteraria, anomala nel quadro dei discorsi del Ninivita: si tratta infatti di un'omelia in metro eptasillabico, che sarebbe un unicum nell'intera sua opera; peraltro, nessuna delle fonti antiche accenna a composizioni isacchiane di tal genere[30]. Già questa osservazione potrebbe far sorgere il dubbio che si tratti un testo spurio. Un secondo elemento da considerare è che, sebbene nella maggior parte della tradizione manoscritta il discorso in questione sia attribuito al Ninivita o a un generico «Isacco» (manoscritti di Londra, Oxford, Vaticano, Šarfet e «Dolabani», di seguito indicati come «isacchiani»), vi sono almeno due codici (Berlino e Dublino, di seguito indicati come «efremiani»)[31] in cui esso ci è giunto sotto il nome di Efrem. Con quest'ultimo nome, in una forma molto simile a quella del manoscritto teheraniano, esso è stato edito da Lamy con traduzione latina, nel 1889, all'interno del terzo volume della sua raccolta di testi efremiani[32]; e nel 1982 è stato riedito, in traslitterazione, e tradotto in tedesco da Kruse[33]. Attraverso l'edizione di Lamy,

---

[30] Alcuni altri testi metrici attribuiti nei manoscritti a Isacco di Ninive sono infatti da ritenere spuri (cf. Chialà, *Dall'ascesi eremitica*, pp. 74-75).
[31] Per i dettagli sui manoscritti, cf. il volume *Textus*, pp. XXVII-XXXIV.
[32] Cf. Lamy, *Sancti Ephraem Syri Hymni et Sermones*, pp. 211-230.
[33] Cf. Kruse, «Ein audianisches Nachtgebet». Sia Kruse sia Lamy non conoscono la

inoltre, una breve sezione del nostro testo è entrata a far parte della *Liturgia Horarum* della Chiesa cattolica, come lettura proposta per il 9 giugno, festa di Sant'Efrem[34]: curiosa presenza di un testo pseudo-efremiano, e pseudo-isacchiano, per festeggiare Efrem!

Il contenuto del discorso non ci è di grande aiuto per dirimere la questione, in quanto offre alcuni elementi che depongono contro la paternità isacchiana, altri invece che potrebbero accordarvisi. Ciò è dovuto anche alla natura del testo, consistente in una lunga preghiera, in quanto difficilmente vi si affrontano in maniera articolata temi che possano orientare il giudizio. Un elemento significativo di critica interna è l'allusione alla partecipazione quotidiana all'eucaristia che pare estranea, per quanto a noi noto, allo stile di vita monastico seguito da Isacco e dalla sua comunità, che possiamo collocare nel solco della riforma di Abramo di Kaškar[35]. Vi si dice infatti: «Nei tuoi misteri (ܐܪ̈ܙܐ) ogni giorno noi ti abbiamo abbracciato e ti abbiamo accolto dentro il nostro corpo»; e poco più avanti: «Il tuo tesoro, lo hai nascosto nel nostro corpo, per mezzo della grazia che abita nella mensa corroborante dei tuoi misteri (ܐܪ̈ܙܐ)»[36]. La specificazione «ogni giorno» legata alla partecipazione all'eucarestia mi pare quanto meno insolita sulla bocca di Isacco, anche se è certo, da altri riferimenti, che si tratti di un testo indirizzato a dei monaci. Altri elementi di critica interna che si potrebbero invocare mi paiono invece aleatori. Mi limito a un solo caso: parlando della redenzione operata da Cristo, il nostro testo la dice finalizzata a «lavare l'impurità del mondo peccatore»[37]; Isacco, invece, insiste nel dire che essa aveva come scopo quello di «far conoscere al mondo l'amore» di Dio e che «il mistero nascosto dell'Economia di nostro Signore è eccelso anche più della remissione dei peccati e dell'eliminazione della morte»[38]. Per contro troviamo in queste preghiere accenni che paiono squisitamente isacchiani, come ad esempio l'insistenza sulla forza invincibile della misericordia di Dio, laddove si dice con una certa enfasi: «Questo ho detto e lo ridico:

---

tradizione «isacchiana» di questo testo, e dunque nelle loro edizioni si limitano ai soli manoscritti «efremiani».

[34] Cf. *Liturgia Horarum iuxta Ritum Romanum* II, Città del Vaticano 1973, pp. 1422-1423.

[35] Dalle regole di Abramo e dei suoi successori alla guida del Grande monastero del Monte Izla, si evince con chiarezza che l'eucaristia era normalmente celebrata, secondo il ritmo lavriotico, una volta la settimana. Su questo autore e il suo movimento, cf. Chialà, *Abramo di Kashkar*.

[36] *Ter.* X, 18, 20.

[37] *Ter.* X, 64.

[38] *Cent.* IV, 78, 84; cf. anche IV, 79-82.

il tuo amore è più grande dei miei debiti! Poca cosa sono le onde del mare rispetto al numero dei miei peccati, ma se pesiamo [i miei peccati], in confronto al tuo amore, [eccoli] svaniti come un nulla»[39]. Si nota inoltre una curiosa somiglianza tra il nostro testo e i paragrafi 53-58 del sesto discorso della medesima collezione, dove Isacco — e qui dell'autenticità possiamo essere certi — paragona l'agire degli uomini del mondo a quello dei monaci, secondo un'opposizione che, sia per i temi sia per le immagini impiegate, ricorda appunto il discorso decimo; e altri punti di concordanza saranno indicati nelle note al testo. La spiegazione più verosimile per queste somiglianze è che Isacco, mentre compone i sui discorsi, si ispiri al nostro «decimo». Esse dunque non proverebbero nulla circa la paternità di quest'ultimo. Mi pare tuttavia un elemento degno di nota, perché se non altro rivela l'interesse di Isacco per questo scritto che egli stesso, come si dirà, ha probabilmente incluso tra i propri. Il vero argomento che si oppone alla paternità isacchiana resta dunque la forma letteraria.

Nei manoscritti, come si diceva, il nostro testo è attribuito ora a Isacco ora a Efrem. Potrebbe dunque trattarsi di un'opera efremiana, o pseudo-efremiana, che a un certo punto sarebbe entrata a far parte dei discorsi di Isacco e successivamente avrebbe anche conosciuto una sua circolazione indipendente dal resto, ancora sotto il nome del Ninivita, all'interno di manoscritti miscellanei. Peraltro questo non sarebbe l'unico esempio di testi efremiani o pseudo-efremiani attribuiti al Ninivita[40]. Ma è facilmente spiegabile anche l'ipotesi contraria, cioè di un testo isacchiano attribuito a Efrem; ciò può essere suggerito da un elemento che ricaviamo dal titolo che il nostro testo reca nel manoscritto oxoniense: «Discorso pronunciato da Mar Isacco di Ninive, nel metro di Mar Efrem» (ܟܡܪܐ ܕܡܪܝ ܐܝܣܚܩ ܢܝܢܘܝܐ ܒܩܠܐ ܕܡܪܝ ܐܦܪܝܡ)[41]. Partendo da questa frase, infatti, il passaggio involontario dall'attribu-

---

[39] *Ter.* X, 100-101. Questo testo ricorda, anche per le immagini impiegate, *Pri.* L, p. 345.

[40] Un altro esempio è attestato da due manoscritti: Birmingham, Mingana 348, 58v-66v (cf. Mingana, *Catalogue of the Mingana Collection*, pp. 645-647) e Mardin, Monastero di Zafaran 87/32 (cf. Dolabani, *Catalogue Za'faran Monastery* I, p. 329), che riportano sotto il nome del Ninivita il primo di una serie di discorsi efremiani pubblicati da Beck nel quarto volume della sua raccolta di sermoni (cf. Beck, *Sermones IV*, pp. 1-16). Su questo testo, cf. Mathews («'On Solitaries': Ephrem or Isaac»), che lo attribuisce a un «Isacco il Dottore», e Bou Mansour («Les écrits ascétiques», pp. 64-66), che si dice propenso a ritenerlo di Isacco di Antiochia.

[41] Un titolo analogo si ritrova anche nel manoscritto Šarfet 253, che come vedremo appartiene alla stessa famiglia dei due manoscritti «efremiani».

zione isacchiana a quella efremiana è agevole: basta prendere la prima parola e le ultime due e omettere tutto il resto; si avrebbe così esattamente il titolo attestato dai due manoscritti «efremiani», vale a dire quelli di Berlino e Dublino[42].

Ma la soluzione è probabilmente da cercarsi in una terza via che possiamo definire intermedia. Potrebbe infatti trattarsi di un testo non isacchiano, ma che lo stesso Ninivita ha volutamente inserito nella *Terza collezione* (nella forma attestata dal manoscritto di Teheran o in una analoga, poco importa). L'ipotesi mi pare suggerita dal confronto delle attestazioni. Notiamo infatti che nel manoscritto di Teheran e in alcuni di quelli ove il testo è attribuito al Ninivita esso è introdotto da un lungo titolo — assente nei due codici «efremiani» — in cui se ne precisa l'uso all'interno del ritmo di preghiera del solitario. Vi si legge che tali parole sono per la «consolazione dei solitari, con cui essi si intrattengono durante le notti, dopo il tempo dell'ufficio, perché il loro corpo sia alleggerito dal sonno». Analogamente, ma questa volta nel solo manoscritto di Teheran, troviamo alla fine del testo un'aggiunta in cui, con un linguaggio non dissimile da quello autenticamente isacchiano e soprattutto non più in metro eptasillabico, si raccomanda questo testo come «meditazione spirituale per il pensiero» che i solitari potranno utilizzare da soli o a gruppi di due, ritrovandosi in un medesimo luogo «una volta la settimana». Abbiamo dunque da una parte il testo e dall'altra, limitatamente alla «tradizione isacchiana», alcune indicazioni circa il valore e l'uso di quel testo, poste a introduzione e conclusione dello stesso, in un genere letterario e in uno stile che si differenziano dal resto. L'ipotesi più verosimile mi pare dunque quella che lo stesso Isacco abbia preso un testo più antico e lo abbia inserito all'interno della *Terza collezione*, corredandolo di una introduzione e di una conclusione in cui ne precisa l'utilizzazione nella vita dei solitari della sua comunità. È questa la ragione per cui chiamo «intermedia» la mia ipotesi: benché non autenticamente isacchiano, il discorso è stato dal Ninivita adottato e corredato di indicazioni pratiche, e dunque in qualche modo fatto proprio. Questo spiegherebbe anche la decisa affermazione della «paternità isacchiana» del nostro testo da parte della tradizione manoscritta, fino alla correzione attestata nel codice di Berlino[43].

Resta infine la questione della paternità di questo scritto. Esso non è del Ninivita e non è neppure attribuibile ad Efrem, come ritengono già

---

[42] Su fenomeni analoghi, cf. Mathews, «'On Solitaries': Ephrem or Isaac», p. 97.
[43] Cf. volume *Textus*, pp. XXXI-XXXIII.

sia Baumstark sia Kruse. Quest'ultimo studioso, che prende brevemente in considerazione anche l'ipotesi isacchiana[44], propone una via di soluzione tanto suggestiva quanto ardua. Il testo, stando soprattutto alla lingua impiegata, gli pare antico e contemporaneo di Efrem; partendo quindi da un termine siriaco di difficile interpretazione (strofa 86), egli propone di attribuire lo scritto a un gruppo di monaci «rigoristi» appartenenti alla setta degli «audiani», seguaci di Audiano di Edessa (IV secolo), attivi ancora durante il V secolo, ma ormai estinti nel VI. Kruse, oltre al passo su menzionato, enumera anche altri elementi del discorso che farebbero pensare ad alcune idee tipiche del gruppo[45], ma francamente nessuno mi pare davvero convincente. Infine, di questo testo si è brevemente occupato Tanios Bou Mansour in un suo studio ove tenta di individuare alcune chiavi interpretative con cui discernere i vari autori che si celano sotto il nome di «Isacco di Antiochia». Il genere letterario, infatti, potrebbe opportunamente indirizzare verso questo autore (o meglio corpus di scritti). Bou Mansour classifica il nostro testo tra gli scritti di quello che egli chiama «Isacco I», esprimendo tuttavia alcune perplessità a motivo dei contenuti e della struttura. Dice in proposito: «Il y a un discours sur les solitaires dont la rythmique évoque celle d'Isaac I, mais dont le contenu et la structure sont étrangers à la pensée de cet auteur»[46]. La questione resta dunque ancora aperta, benché l'ultima ipotesi mi pare al momento la meglio fondata.

III. Alcune annotazioni sulla traduzione e sul lessico

Due problemi principali si presentano a chi metta mano a tradurre testi isacchiani. Anzitutto egli si troverà davanti a un pensiero estremamente preciso e misurato; vi sono alcune sottigliezze nei discorsi del Ninivita — spesso propri al suo genio peculiare — che richiedono estrema attenzione per non essere appiattite o stravolte. Sono questi i luoghi in cui il suo pensiero si fa più originale, e in cui egli elabora quanto pure attinge da coloro che furono i suoi maestri. Un secondo problema, che rende ancora più difficile l'esatta intelligenza delle «finezze isacchiane», è costituito dallo stile del Ninivita; esso, in non pochi casi, si presenta

---

[44] Scartandola senza alcuna riflessione anche perché, conoscendo egli solo i due manoscritti «efremiani» (Berlino e Dublino), l'unico riferimento al Ninivita di cui dispone è la correzione a margine nel manoscritto di Berlino (cf. Kruse, «Ein audianisches Nachtgebet», p. 76).

[45] Cf. Kruse, «Ein audianisches Nachtgebet», pp. 75-83.

[46] Bou Mansour, «La distinction», p. 7.

appesantito da idee che si intrecciano l'una con l'altra in frasi di cui è difficile discernere esattamente inizio e fine; e in ciò i segni di interpunzione del nostro manoscritto base a volte non ci sono di grande aiuto. A questi due problemi, che possiamo definire più propriamente, anche se non esclusivamente, «isacchiani», se ne aggiunge poi un terzo, dovuto al genio stesso della lingua siriaca, vale a dire la ricchezza del suo vocabolario. Termini che con eccessiva disinvoltura siamo a volte tentati di considerare sinonimi (anche perché in taluni casi come tali sono utilizzati dagli autori), a un più attento esame rivelano sfumature particolari che se è già difficile cogliere, è poi quasi impossibile rendere in un'altra lingua. Si pone dunque il problema, qui come sempre, di quale tipo di traduzione si voglia proporre: se una traduzione letterale, o una che sia attenta più al senso e che non avvilisca troppo la lingua in cui si traduce. Senza voler entrare in una questione che esula da questa breve nota, mi pare di poter dire che l'opposizione tra traduzione letterale e traduzione libera è alquanto oziosa. Quanto segue, dunque, vorrebbe essere una traduzione «libera», vale a dire attenta al senso più che alle parole, ma allo stesso tempo «letterale», laddove l'uso di tale letteralismo può recare giovamento all'intelligenza dei concetti espressi. Quello che si intende rendere in una traduzione non sono delle «parole», bensì dei «significati». Ma quel significato è contenuto nelle parole; e a volte è proprio l'esattezza delle parole che ci rende l'esattezza del senso. Il tentativo, dunque, di rendere, ove possibile, un termine siriaco in ogni sua occorrenza con il medesimo termine italiano (che pure resterà sempre inadeguato rispetto a ciò che traduce), non va inteso come puro letteralismo, ma mira ad aiutare il lettore a seguire più agevolmente il discorso svolto dall'opera tradotta, nelle sue varie articolazioni. Nei casi in cui, invece, l'ampiezza semantica di un termine è tale da non poter essere riassunta, neppure lontanamente, da un unico termine italiano, si preferirà tradurre diversamente a seconda del contesto.

Tenendo conto di queste tre difficoltà incontrate nell'opera di traduzione, mi è parso utile offrire qui un piccolo «lessico isacchiano». Esso raccoglie alcuni termini chiave del pensiero del Ninivita, raggruppati per aree semantiche. Ho preferito presentarli in questa successione, per gruppi di concetti affini anziché secondo l'ordine alfabetico, perché dal confronto di termini imparentati o apparentemente sinonimi, possa emergere più chiaramente la specificità di ciascuno di essi. In questo lavoro di interpretazione mi sono ovviamente servito dei dizionari, ma ho soprattutto cercato di osservare l'uso proprio di Isacco; e a partire da questo uso peculiare, ho provato a cogliere le sfumature di senso proprie a ciascuna locuzione.

Concludendo, confesso che in vari casi il testo di Isacco ha resistito ai miei tentativi di interpretazione. Vi sono passi in cui la traduzione che propongo non mi convince pianamente. La offro tuttavia al lettore, non avendo trovato di meglio, nella speranza che altri sappiano rischiarare ciò che resta ancora oscuro.

1. Sfera della conoscenza e dei suoi luoghi

ܗܘܢܐ – si tratta indubbiamente di uno dei termini più difficili da tradurre; è stato reso con «Intelletto», scritto con l'iniziale maiuscola a sottolineare l'inadeguatezza del termine italiano rispetto al concetto siriaco che vorrebbe esprimere. Il termine siriaco, infatti, indica ben più che la psiche o l'intelletto: nel pensiero di Isacco, qui erede in particolare di Evagrio, esso costituisce il luogo più alto dell'essere umano, quasi l'uomo interiore, in cui lo Spirito santo dimora, agisce e si rivela, entrando in comunione con la realtà dell'uomo creato; esso corrisponde a una certa accezione del greco νοῦς;

ܡܕܥܐ – sembra indicare piuttosto l'organo in cui si elabora il pensiero, per cui è stato reso con il termine «mente»;

ܚܘܫܒܐ – sembra indicare il più delle volte l'organo del pensare, ma per distinguerlo dal termine precedente, è stato reso con «pensiero»; a volte però indica l'effetto più che l'organo, in tal caso è stato reso anche con «opinione»;

ܣܘܟܠܐ – indica perlopiù la comprensione di qualcosa, per cui è stato tradotto con il termine «intelligenza»;

ܢܦܫܐ – indica il soffio vitale dell'essere animato, dal quale dipende la vita; è stato resto con «anima», anche se questo termine può dare adito a interpretazioni fuorvianti;

ܬܐܪܬܐ – comunemente impiegato per indicare la «coscienza»;

ܪܥܝܢܐ – usato il più delle volte al plurale, presenta non poche difficoltà di traduzione: indica i pensieri e in taluni casi, soprattutto nella forma plurale, ha un'accezione negativa, come il greco λογισμός (λογισμοί); da ܚܘܫܒܐ si differenzia perché è più chiaramente utilizzato per significare l'effetto del pensare, il suo risultato, piuttosto che l'organo del pensare; per questa ragione è stato tradotto, a seconda dei contesti, con «pensiero», «idea», «opinione» o anche «intenzione»;

ܬܪܥܝܬܐ – non molto diverso è il significato di questo termine, reso con «pensiero», «intenzione» o «progetto»;

ܟܘܢ – termine dall'ampio spettro semantico; per quanto concerne la presente area, esso indica il «fine», l'«intimo senso» o il «proposito»;

ܒܘܢܐ – tradotto con «discernimento»;

ܣܘܟܠܐ – spesso utilizzato al plurale, è un altro termine di difficile traduzione; il suo spettro semantico comprende i concetti di «intuizione», «senso» e «comprensione»; indica generalmente ciò che di qualcosa può essere afferrato e viene effettivamente colto, ma non si tratta assolutamente di una conoscenza superficiale o casuale; è stato tradotto con «comprensione», anche se la soluzione non è soddisfacente;

ܡܪܓܫܢܘܬܐ – altro termine relativo alla conoscenza-esperienza, indica l'atto del «sentire» una qualche realtà, vale a dire il farne esperienza concreta; è stato reso con «percezione».

2. Sfera delle passioni-sofferenze-tormenti

ܚܫܐ – normalmente utilizzato al plurale, corrisponde al greco πάθος e dunque copre un campo semantico che va dalla passione, nelle sue varie accezioni (tra cui le «passioni»), alla sofferenza; è stato tradotto, a seconda dei contesti, con «passione» o «sofferenza»;

ܢܣܝܘܢܐ – normalmente utilizzato al plurale, è il termine specifico per indicare la «tentazione», vocabolo con cui è stato reso;

ܒܘܩܝܐ – termine più generico del precedente, indica la «prova» in senso lato; in alcuni casi è stato tradotto anche con «esperienza»;

ܐܘܠܨܢܐ – normalmente utilizzato al plurale, è stato reso con «afflizione»;

ܣܘܓܦܢܐ – indica la sofferenza piuttosto nella sua sfumatura di «contraddizione»;

ܟܐܒܐ – indica la sofferenza nella sua accezione di «pena»;

ܥܣܩܘܬܐ – termine più generico per indicare la «difficoltà»;

ܩܫܝܘܬܐ – simile al precedente, è stato tradotto con «asperità»;

ܫܚܩܐ – questo termine, indicante anch'esso la sofferenza, ha in sé l'immagine della frantumazione; è stato dunque tradotto con «vessazione»;

ܛܘܪܦܐ – reso normalmente con «ansietà» o «agitazione»;

ܡܪܪܐ – indica il «fegato», la «bile» e in senso metaforico l'«amarezza»;

ܬܘܩܠܬܐ – indica l'«offesa» o lo «scandalo»; è stato reso con il secondo termine;

ܢܓܕܐ, ܚܘܫܒܐ e ܫܢܕܐ – difficile discernere l'esatta sfumatura si significato di questi tre termini che sembrano essere utilizzati come sinonimi; sono dunque stati tradotti tutti con «tormento»;

ܫܘܢܩܐ – termine che indica il più delle volte la sofferenza deliberatamente inflitta; è stato dunque tradotto con «tortura»;

ܡܪܕܘܬܐ – termine il cui spettro semantico va da «istruzione» a «correzione» e a «castigo»; è stato reso con il primo e con l'ultimo termine, a seconda del contesto.

3. *Sfera della volontà e del desiderio*

ܨܒܝܢܐ – indica una forte determinazione ed è stato tradotto con «volontà»;

ܪܓܬܐ o ܪܓܐ – indica un desiderio ardente per qualcosa; è stato tradotto con la locuzione «ardente desiderio»;

ܝܐܝܒ – questo termine può indicare sia un desiderio «positivo», sia un desiderio «negativo»; è stato dunque tradotto, a seconda dei contesti, con «desiderio» o «bramosia»;

ܥܠܘܒܘܬܐ – ha un'accezione di desiderio piuttosto negativa, per cui è stato reso con l'italiano «avidità».

4. *Sfera del male-peccato*

ܒܝܫܐ e ܒܝܫܬܐ – termini che indicano il male, subíto o commesso; sono stati resi con «male-mali» o «avversità», a seconda dei contesti;

ܥܠܬܐ – il suo primo significato è quello di «causa», ma è spesso utilizzato da Isacco per indicare ciò che provoca il peccato; in questi casi è stato reso con l'espressione «occasione [di peccato]»; in talune occorrenze è stato reso con «appiglio», nel senso di pretesto che l'uomo potrebbe offrire a Dio in vista del perdono dei propri peccati;

ܚܛܗܐ e ܚܛܝܬܐ – termini generici e sinonimi per indicare il «peccato»;

ܚܛܝܘܬܐ – forma di sostantivo astratto che indica la «condizione di peccatori» e la «peccaminosità»;

ܚܘܒܐ – indica ciò che si deve come debito, e viene spesso utilizzato per indicare i peccati commessi; è stato reso con «debito»;

ܥܒܪܬܐ – tradotto normalmente con «trasgressione»;

ܥܘܠܐ – tradotto con «iniquità»;

ܪܫܥܐ – tradotto con «empietà»;

ܢܦܠܬܐ – termine costruito sulla radice del «cadere», ha all'interno del suo campo semantico anche quello di caduta come peccato; in questi casi è stato appunto reso con «caduta»;

ܣܘܪܚܢܐ – molto vicino al termine precedente, è stato reso con «fallo»;

ܫܪܥܬܐ e ܫܘܪܥܬܐ – anche questi termini appaiono sinonimi dei due precedenti; sono stati tuttavia tenuti distinti, tradotti ambedue con «sbaglio» o «inciampo»;

ܒܘܨܪܐ – indica un qualcosa che si doveva fare e non si è fatto; è stato dunque tradotto con «mancanza»;

ܡܐܢܘܬܐ – termine indicante un atteggiamento di «pigrizia», vocabolo con cui è stato reso;

ܡܗܡܝܢܘܬܐ – termine analogo al precedente, con una sfumatura di «negligenza»; è normalmente impiegato nel linguaggio relativo all'impegno ascetico;

ܐܫܝܕܘܬܐ – indica la mancanza di unificazione in vista di un fine; è stato reso con «distrazione»;

ܦܗܝܐ – analogo al termine precedente, ma con una sfumatura di dispersione e tendenza ad errare, che in taluni casi può avere valore positivo; è stato reso con «dissipazione» o con la locuzione «il vagare»;

ܒܣܝܘܬܐ – indica la scarsa applicazione al lavoro ascetico; è stato tradotto con «noncuranza».

5. *Sfera della debolezza-forza*

ܡܚܝܠܘܬܐ – tradotto con «debolezza»;

ܪܦܝܘܬܐ – tradotto con «rilassatezza» o «fragilità», a seconda dei contesti e dell'accezione;

ܟܘܪܗܢܐ e ܟܪܝܗܘܬܐ – tradotti ambedue con «infermità»;

ܬܫܘܒܘܬܐ – tradotto con «impotenza»;

ܚܣܝܪܘܬܐ – tradotto indifferentemente con «inadeguatezza» o «manchevolezza»;

ܡܣܟܢܘܬܐ – indica la povertà nella sua accezione negativa di «miseria», termine con cui è stato reso;

ܚܝܠܐ e ܚܝܠܬܢܘܬܐ – termini comuni, soprattutto il primo, per esprimere il concetto di forza, sono stati tradotti ambedue con «forza»;

ܚܝܠܘܬܐ – dalla stessa radice dei precedenti, è stato reso con «potenza»;

ܚܘܠܐ – può avere un significato analogo ai tre termini precedenti, ma indica più propriamente il concetto di «conforto», termine con cui è stato reso;

ܫܘܠܛܢܐ – indica il fatto di avere autorità per qualcosa o su qualcuno; è stato tradotto con «potere»;

ܥܘܫܢܐ – esprime l'idea di vigore, per cui è stato tradotto con «veemenza»;

ܬܘܩܦܐ – tradotto con «intensità».

6. Sfera della fatica ascetica

ܕܘܒܪܐ – è un altro dei termini siriaci particolarmente difficili da rendere con un unico corrispondente italiano; ho preferito renderlo con «condotta», ben consapevole del limite di tale traduzione. Nella sua forma singolare, esso indica il «modo di vivere», l'«esistenza» o il «modo di comportarsi», e in alcuni contesti anche la *forma vitae*; nella forma plurale, invece, è più comunemente utilizzato per indicare le «pratiche ascetiche», cioè quello che il solitario mette concretamente in opera nella sua vita monastica;

ܦܘܠܚܢܐ – indica l'occuparsi materialmente di qualcosa, il coltivarla, ed è stato tradotto con «lavoro» o «occupazione»;

ܥܡܠܐ – designa l'aspetto faticoso e impegnativo di un lavoro, per cui è stato tradotto con «fatica»;

ܐܓܘܢܐ – traslitterazione del greco ἀγών, indica la «lotta», in particolare ascetica, termine con cui è stato tradotto;

ܬܫܡܫܬܐ – tradotto con «esercizio»;

ܚܡܬܐ e ܚܡܝܡܘܬܐ – indicano la passione nel fare qualcosa; sono stati ambedue tradotti con il termine «ardore»;

ܚܪܝܚܘ – non molto dissimile nel significato dai termini precedenti; è stato tradotto con «fervore»;

ܒܛܝܠܘܬܐ – vedi *infra*, al paragrafo 13;

ܝܨܝܦܘܬܐ – molto vicino al termine precedente, ma con una sfumatura di «prendersi cura» di qualcosa; è stato reso con «cura» o con «diligenza»;

ܨܦܬܐ – può essere utilizzato come sinonimo del precedente, ma il più delle volte ha una sfumatura negativa; quanto ricorre in questa accezione, è stato dunque reso con «preoccupazione», altrimenti con «sollecitudine» o termini analoghi;

ܛܢܢܐ – termine ambivalente; il più delle volte in Isacco ha valore negativo, ma si registrano anche ricorrenze in cui è usato positivamente; è stato tradotto con «zelo», che può appunto avere la doppia valenza.

7. Sfera degli strumenti dell'ascesi

ܫܘܢܝܐ e ܡܫܢܝܘܬܐ – indicano l'uscita dal «mondo», che Isacco spiega come uscita dalla mondanità e non dalla realtà creata, per entrare nella vita della quiete; sono stati tradotti con «migrazione»;

ܡܫܢܝܢܘܬܐ – quasi sinonimo dei termini precedenti; si è tuttavia preferito distinguerlo nella traduzione, rendendolo con «trasmigrazione»;

ܡܦܩܘܬܐ – può essere utilizzato come sinonimo dei termini precedenti, ma è più generico; è stato reso con «esodo»;

ܡܣܪܩܘܬܐ – termine tradotto con «rinuncia»;

ܬܝܒܘܬܐ – indica genericamente il pentimento e il ritorno a Dio; è stato tradotto con «conversione»;

ܬܘܬܐ – corrispondente del greco πένθος, è stato tradotto con «compunzione»;

ܡܣܝܒܪܢܘܬܐ – indica la capacità di sopportare, di resistere; è stato tradotto con «pazienza»;

ܗܘܡܣܝܐ – quasi sinonimo del termine precedente, è stato tradotto con «perseveranza»;

ܢܟܦܘܬܐ – genericamente impiegato per significare la «sobrietà» e più specificatamente la «castità», termine con il quale è stato tradotto;

ܡܘܟܟܐ – termine tradotto con «umiltà»;

ܡܫܬܡܥܢܘܬܐ – termine tradotto con «obbedienza»;

ܕܟܝܘܬܐ – indica la «purezza», normalmente riferita alla mente e non al corpo, termine con cui è stato reso;

ܫܦܝܘܬܐ – potrebbe sembrare un sinonimo del termine precedente, ma in realtà ne indica un grado superiore; è stato reso con «limpidezza»;

ܡܝܬܪܘܬܐ – altro termine impossibile da rendere con un unico vocabolo italiano; è normalmente equiparato al nostro «virtù», ma si tratta di una traduzione fuorviante, in quanto in «virtù» è insita un'idea di forza che il termine siriaco non ha. Poiché esprime ciò che è più nobile, il meglio, si è preferito renderlo con l'espressione: «ciò che è eccellente», e con «eccellente» l'aggettivo corrispondente ܡܝܬܪܐ.

8. Sfera della quiete

ܫܠܝܐ e ܫܠܝܘܬܐ – corrispondono ambedue al concetto greco di ἡσυχία e a quello latino di *quies*; sono stati tradotti con il medesimo termine «quiete»;

ܫܝܢܐ – pur essendo un termine vicino ai due precedenti, sembra corrispondere più genericamente all'italiano «pace»;

ܢܝܚܘܬܐ – indica anch'esso una situazione di pace e quiete; è stato tradotto con «tranquillità»;

ܢܘܚܐ, ܢܝܚܐ e ܢܝܚܬܐ – costruiti sulla medesima radice del termine precedente, sembrano essere utilizzati come sinonimi; sono stati resi il più delle volte, ma non sempre, con «riposo»;

ܢܦܐܫܐ – tradotto con «sollievo»;

ܒܗܠܘܬܐ – tradotto con «calma».

9. Sfera del silenzio-stupore

ܫܬܩܐ – termine comune per indicare il «silenzio»;

ܬܗܪܐ – termine relativo all'ultimo stadio dell'esperienza spirituale; indica la contemplazione silenziosa del mistero di Dio, ed è stato reso con «ammirazione»;

ܬܡܗܐ – non è facile comprendere in cosa differisca dal termine precedente di cui sembra un sinonimo; ho tuttavia preferito tradurlo con un termine diverso, vale a dire con «stupore»;

ܬܕܡܘܪܬܐ e ܕܘܡܪܐ – altri due termini della medesima sfera semantica dei precedenti; sono stati resi ambedue con «meraviglia».

10. Sfera della dolcezza-gioia

ܒܣܝܡܘܬܐ – indica un atteggiamento di mitezza e di dolcezza; è stato tradotto con «dolcezza»;

ܒܘܣܡܐ – indica una situazione di delizia, di godimento o di piacere per qualcosa; è stato tradotto con «delizia»;

ܚܠܝܘܬܐ – indica la capacità che qualcosa o qualcuno ha di attirare; è stato tradotto con «amabilità»;

ܗܢܝܐܘܬܐ – pare un sinonimo di ܒܣܝܡܘܬܐ ma è più concreto, soprattutto nella forma plurale; è stato tradotto con «soavità», e al plurale con «piaceri»;

ܚܕܘܬܐ – è il termine comunemente utilizzato per indicare la gioia o l'esultanza; è stato tradotto con «gioia».

11. Sfera della consolazione-speranza

ܒܘܝܐܐ – termine indicante la «consolazione»;

ܠܘܒܒܐ – indica l'incitamento rassicurante; è stato tradotto con «incoraggiamento»;

ܬܘܟܠܢܐ – comunemente impiegato per «fiducia»;

ܦܪܗܣܝܐ – traslittera il termine greco παρρησία e ha un ampio spettro di significati: da quello positivo di «fiducia» a quello negativo di «eccessiva familiarità» con qualcuno; si è preferito renderlo con «parresia», lasciando al contesto di chiarirne l'accezione;

ܣܒܪܐ – termine comune per «speranza».

12. Sfera della meditazione-comunione con Dio

ܗܓܐ – è il termine comunemente impiegato per indicare la «meditazione», intesa come riflessione su qualcosa, ad esempio Dio o la Scrittura;

ܗܓܐ – indica l'indagare, l'approfondire, il ripensare; può essere accostato alla *ruminatio* dei latini medievali, per cui è stato reso con «ruminazione»;

ܪܢܝܐ – tradotto normalmente con «riflessione», indica appunto il pensare, l'approfondire qualcosa;

ܡܬܪܥܢܘܬܐ – costruito sulla stessa radice del termine precedente, ha un significato più intenso e può anche assumere una connotazione di «preoccupazione»; è stato tradotto con «scervellarsi»;

ܥܢܝܢ – altro termine di difficile traduzione; indica l'intrattenersi con qualcosa o con qualcuno, il più delle volte con Dio e richiama alla memoria il latino *commercium*; è stato reso con «assiduità» e in alcuni casi con «l'intrattenersi con...»;

ܬܬܓܘܪܬܐ – meno specifico del termine precedente perché utilizzato anche per indicare lo scambio materiale, è stato reso con «commercio»;

ܫܘܬܦܠܐ – tradotto con «compagnia»;

ܒܝܬܝܘܬܐ – tradotto con «familiarità»;

ܚܕܝܘܬܐ – tradotto con «unione»;

ܫܘܬܦܘܬܐ – tradotto quasi sempre con «comunione»;

ܕܘܟܪܢܐ – atteggiamento che ha normalmente per oggetto Dio o le realtà ultraterrene; è stato reso con «memoria» o «memoriale»;

ܥܘܗܕܢܐ – sembra essere utilizzato come un sinonimo del precedente; si è tuttavia preferito distinguerlo nella traduzione, rendendolo con «ricordo»;

ܬܐܘܪܝܐ – traslitterazione del greco θεωρία; è stato tradotto con «contemplazione».

13. Sfera dell'azione di Dio in favore dell'uomo

ܡܕܒܪܢܘܬܐ – termine corrispondente al greco οἰκονομία; indica tutto quello che Dio fa in favore dell'uomo, dalla creazione alla redenzione, e fino agli ultimi tempi. Unico termine che può rendere il concetto, senza dover ricorrere a una perifrasi, è «economia» che però, avendo normalmente in italiano un'altra accezione, sarà scritta con l'iniziale maiuscola;

ܒܛܝܠܘܬܐ – quando riferito a Dio, indica la cura che egli si prende della creazione, dunque la sua «provvidenza», termine con sui è stato reso; quando invece ha per soggetto l'uomo, indica la buona disposizione a fare qualcosa; in questo caso è stato tradotto con «sollecitudine»;

ܝܨܝܦܘܬܐ – indica normalmente l'attenzione sollecita di Dio nei confronti dell'uomo; è stato reso con «cura»;

ܦܘܪܣܐ – traslitterazione del greco πόρος, indica una «via per fare qualcosa», una «possibilità», uno «stratagemma»; nel linguaggio isacchiano questo termine assume un significato molto preciso, indicando tutto ciò che Dio mette in opera, ricorrendo anche a scaltrezza e inventiva, per poter attuare il suo disegno di salvezza in favore dell'uomo; è stato reso con «espediente».

14. Sfera dell'amore-compassione-perdono

ܚܘܒܐ – termine comune per dire l'affetto e l'amore, è stato normalmente tradotto con «amore»;

ܪܚܡܐ – nella forma plurale, questo sostantivo indica un amore che sgorga da viscere materne, termine di cui conserva l'immagine nella radice, vale a dire un amore intenso; è stato tradotto con «misericordia»;

ܡܪܚܡܢܘܬܐ – costruito sulla medesima radice del precedente, sembra avere un'accezione più vicina al termine italiano «compassione», termine con cui è stato reso;

ܪܚܡܬܐ – sembra esprimere l'amore attivo, l'attaccamento a qualcosa o a qualcuno; è stato tradotto con «amore per», «desiderio di», «affetto per»;

ܚܢܢܐ – tradotto con «benevolenza»;

ܛܝܒܘܬܐ – tradotto con «bontà»;

ܛܝܒܘܬܐ – tradotto con «grazia»;

ܫܘܒܩܢܐ – indica la «remissione» di un peccato o di un debito; è stato tradotto con «perdono»;

ܚܘܣܝܐ – spesso utilizzato come sinonimo del precedente; si è tuttavia preferito tenerlo distinto nella traduzione, rendendolo con «remissione».

ABBREVIAZIONI

BM	=	Bibliothèque du Muséon
BUSE	=	Bibliothèque de l'Université Saint-Esprit
CO	=	Cahiers d'Orientalisme
CP	=	Corona Patrum
CSCO	=	Corpus Scriptorum Christianorum Orientalium
HS	=	Horae Semiticae
NA	=	Neutestamentliche Abhandlungen
OCA	=	Orientalia Christiana Analecta
OLA	=	Orientalia Lovaniensia Analecta
PG	=	Patrologia Graeca
PIOL	=	Publications de l'Institut Orientaliste de Louvain
PO	=	Patrologia Orientalis
PS	=	Patrologia Syriaca
PTS	=	Patristiche Texte und Studien
RILOB	=	Recherches de l'Institut de Lettres Orientales de Beyrouth
SCh	=	Sources Chrétiennes
SH	=	Subsidia Hagiographica
ST	=	Studi e Testi
TU	=	Texte und Untersuchungen zur Geschichte der altchristlichen Literatur

Alfeev, *La forza dell'amore* = I. Alfeev, *La forza dell'amore. L'universo spirituale di Isacco il Siro*, Bose 2003.

de Andia, «Hèsychia et contemplation» = I. de Andia, «Hèsychia et contemplation chez Isaac le Syrien», in *Collectanea Cisterciensia* 53 (1991), pp. 20-48.

Assemani, *Bibliotheca Orientalis* III/1 = J.S. Assemani, *Bibliotheca Orientalis Clementino-Vaticana*, III/1. *De Scriptoribus Syris Nestorianis*, Roma 1725.

Bardy, *Histoire ecclésiastique* = G. Bardy (ed.), *Eusèbe de Césarée. Histoire ecclésiastique* III, Paris 1958 (SCh 55).

Baumstark, *Geschichte* = A. Baumstark, *Geschichte der syrischen Literatur mit Ausschluss der christlich-palästinensischen Texte*, Bonn 1922.

Beck, *Hymnen de Ecclesia* = E. Beck (ed.), *Des heiligen Ephraem des Syrers Hymnen de Ecclesia*, Louvain 1960 (CSCO 198, Script. Syr. 84).

Beck, *Hymnen de Virginitate* = E. Beck (ed.), *Des heiligen Ephraem des Syrers Hymnen de Virginitate*, Louvain 1962 (CSCO 223, Script. Syr. 94).

Beck, *Paschahymnen* = E. Beck (ed.), *Des heiligen Ephraem des Syrers Paschahymnen (de azymis, de crucifixione, de resurrectione)*, Louvain 1964 (CSCO 248, Script. Syr. 108).

Beck, *Sermones IV* = E. Beck (ed.), *Des heiligen Ephraem des Syrers Sermones IV*, Louvain 1973 (CSCO 334, Script. Syr. 148).

Bedjan, *Acta Martyrum* = P. Bedjan (ed.), *Acta Martyrum et Sanctorum* I-VII, Paris - Leipzig 1890-1897.

Bedjan, *Homiliae selectae* = P. Bedjan (ed.), *Homiliae selectae Mar Jacobi Sarugensis* I, Paris - Leipzig 1905.
Bedjan, *Mar Isaacus* = P. Bedjan (ed.), *Mar Isaacus Ninivita. De perfectione religiosa*, Paris – Leipzig 1909 (1908 secondo l'iscrizione in siriaco).
Bettiolo, *Gli scritti siriaci* = P. Bettiolo (ed.), *Gli scritti siriaci di Nilo il Solitario*, Louvain-la-Neuve 1983 (PIOL 30).
Bettiolo, «Sulla preghiera» = P. Bettiolo, «Sulla preghiera: Filosseno o Giovanni?», in *Le Muséon* 94 (1981), pp. 75-89.
Beulay, *La Lumière sans forme* = R. Beulay, *La Lumière sans forme. Introduction à l'étude de la mystique chrétienne syro-orientale*, Chevetogne 1987.
Bou Mansour, «La distinction» = T. Bou Mansour, «La distinction des écrits des Isaac d'Antioche. Les œuvres inédites», in *The Journal of Eastern Christian Studies* 57 (2005), pp. 1-46.
Bou Mansour, «Les écrits ascétiques» = T. Bou Mansour, «Les écrits ascétiques ou 'monastiques' d'Isaac dit d'Antioche», in Ch. Chartouni (ed.), *Christianisme oriental. Kérygme et histoire. Mélanges offerts au Père Michel Hayek*, Paris 2007, pp. 47-80.
Bou Mansour, *Jacques de Saroug* = T. Bou Mansour, *La Théologie de Jacques de Saroug* II, Kaslik 2000^2 (BUSE 40).
Brock, «Discerning the Evagrian» = S. Brock, «Discerning the Evagrian in the Writings of Isaac of Nineveh: A Preliminary Investigation», in *Adamantius* 15 (2009), pp. 60-72.
Brock, «Early Syrian Asceticism» = S. Brock, «Early Syrian Asceticism», in *Numen* 20 (1973), pp. 1-19 (ried. in *Syriac Perspectives on Late Antiquity*, London 1984).
Brock, «From Qatar to Tokyo» = S. Brock, «From Qatar to Tokyo, by way of Mar Saba: The Translations of Isaac of Beth Qatraye (Isaac the Syrian)», in *Aram* 11-12 (1999-2000), pp. 475-484.
Brock, «John the Solitary» = S. Brock, «John the Solitary, *On Prayer*», in *Journal of Theological Studies* 30 (1979), pp. 84-101.
Brock, «Maggnânûtâ» = S. Brock, «Maggnânûtâ: A Technical Term in East Syrian Spirituality and its Background», in *Mélanges Antoine Guillaumont. Contributions à l'étude des christianismes orientaux*, Genève 1988, pp. 121-129 (CO 20).
Brock, *The Second Part* = S. Brock (ed.), *Isaac of Nineveh (Isaac the Syrian). 'The Second Part', Chapters IV-XLI*, Louvain 1995 (CSCO 554-555, Script. Syr. 224-225).
Brock, «Secundus» = S. Brock, «Secundus the Silent Philosopher: Some Notes on the Syriac Tradition», in *Rheinisches Museum für Philologie* 121 (1978), pp. 94-100.
Brock, «Some Uses» = S. Brock, «Some Uses of the Term *theoria* in the Writings of Isaac of Nineveh», in *Parole de l'Orient* 20 (1996), pp. 407-419.
Brock, «The Spirituality» = S. Brock, «The Spirituality of the Heart in Syrian Tradition», in *The Harp* 1 (1988), pp. 93-115.
Brock, «Syriac into Greek» = S. Brock, «Syriac into Greek at Mar Saba: The Translation of St. Isaac the Syrian», in J. Patrich (ed.), *The Sabaite Heritage in the Orthodox Church from the Fifth Century to the Present*, Leuven 2001 (OLA 98), 201-208.

Brock, «Traduzioni siriache» = S. Brock, «Traduzioni siriache degli scritti di Basilio», in Comunità di Bose (ed.), *Basilio tra Oriente e Occidente. Convegno Internazionale «Basilio il Grande e il monachesimo orientale». Cappadocia, 5-7 ottobre 1999*, Bose 2001, pp. 165-180.

Brock - Ashbrook Harvey, *Holy Women* = S. Brock – S. Ashbrook Harvey (edd.), *Holy Women of the Syrian Orient. Updated Edition with a New Preface*, Berkeley - Los Angeles - London 1987.

Budge, *The Discourses* = E.A.W. Budge (ed.), *The Discourses of Philoxenus Bishop of Mabbôgh. A.D. 485-519*, I-II, London 1893-1894.

Budge, *The Paradise* = E.A.W. Budge (ed.), *The Paradise of the Holy Fathers*, I-II, London 1907.

Bunge, «Le 'lieu de la limpidité'» = G. Bunge, «Le 'lieu de la limpidité': à propos d'un apophtegme énigmatique: Budge II,494», in *Irénikon* 55 (1982), pp. 7-18.

Cerbelaud, «Aspects de la Shekinah» = D. Cerbelaud, «Aspects de la Shekinah chez les auteurs chrétiens syriens», in *Le Muséon* 123 (2010), pp. 91-125.

Chabot, *De S. Isaaci* = J.B. Chabot, *De S. Isaaci Ninivitae vita, scriptis et doctrina*, Paris 1892.

Chabot, «Le Livre de la Chasteté » = J.B. Chabot (ed.), «Le Livre de la Chasteté composé par Jésusdenah, Évêque de Baçrah», in *Mélanges d'Archéologie et d'Histoire* 16 (1896), pp. 1-80 e 225-291.

Chabot, *Synodicon orientale* = J.B. Chabot (ed.), *Synodicon orientale ou recueil des synodes nestoriens*, Paris 1902.

Chialà, *Abramo di Kashkar* = S. Chialà, *Abramo di Kashkar e la sua comunità. La rinascita del monachesimo siro-orientale. In appendice le* Regole di Abramo, Dadisho' e Babai, l'Epitome della vita di Abramo *e le altre fonti sul Grande monastero del Monte Izla*, Bose 2005.

Chialà, *Dall'ascesi eremitica* = S. Chialà, *Dall'ascesi eremitica alla misericordia infinita. Ricerche su Isacco di Ninive e la sua fortuna*, Firenze 2002.

Chialà, «L'importance du corps» = S. Chialà, «L'importance du corps dans la prière, selon l'enseignement d'Isaac de Ninive», in *Connaissance des Pères de l'Église* n. 119 (2010), pp. 30-39.

Dedering, *Ein Dialog* = S. Dedering (ed.), *Johannes von Lykopolis. Ein Dialog über die Seele und die Affekte des Menschen*, Leiden 1936.

Dolabani, *Catalogue Za'faran Monastery* = F.Y. Dolabani, *Catalogue of Syriac Manuscripts in Za'faran Monastery (Dairo dmor Hananyo)*, a cura di Mar G.Y. Ibrahim, Damascus 1994 (si tratta di due volumi editi in uno solo, ma con la paginazione originaria).

Dörries, *Die 50 Homilien* = H. Dörries - E. Klostermann - M. Kroeger (edd.), *Die 50 geistlichen Homilien des Makarios*, Berlin 1964.

Draguet, *Les cinq recensions* = R. Draguet (ed.), *Les cinq recensions de l'Ascéticon syriaque d'Abba Isaïe*. II, *Logoi XIV-XXVI*, Louvain 1968 (CSCO 290, Script. Syr. 121).

Draguet, *Commentaire* = R. Draguet (ed.), *Commentaire du livre d'abba Isaïe (logoi I-XV) par Dadišo Qaṭraya (VIIe s.)*, Louvain 1972 (CSCO 326, Script. Syr. 144).

de Durand, *Traités* = G.-M. de Durand (ed.), *Marc le Moine. Traités* I, Paris 1999 (SCh 445).
Fiey, *Assyrie Chrétienne* = J.M. Fiey, *Assyrie Chrétienne*, I-III, Beirut 1965-1986 (RILOB 22, 23, 42).
Forlin Patrucco, *Le lettere* = M. Forlin Patrucco (ed.), *Basilio di Cesarea. Le lettere* I, Torino 1983 (CP 11).
Frankenberg, *Evagrius* = W. Frankenberg, *Evagrius Ponticus*, Berlin 1912.
Géhin, *Pensées* = P. Géhin – C. e A. Guillaumont (edd.), *Évagre le Pontique. Sur les pensées*, Paris 1998 (SCh 438).
Géhin, *Proverbes* = P. Géhin (ed.), *Évagre le Pontique. Scholies aux Proverbes*, Paris 1987 (SCh 340).
Géhin, «Les versions» = P. Géhin, «Les versions syriaques et arabes des Chapitres sur la prière d'Évagre le Pontique: quelques données nouvelles», in *Patrimoine Syriaque. Actes du Colloque IX*, Antélias 2005, pp. 181-197.
Gibson - Harris, *The Commentaries* = M.D. Gibson – J.R. Harris (edd.), *The Commentaries of Isho'dad of Merv, Bishop of Ḥedatha (c. 850 A.D.), in Syriac and English*, I-V, Cambridge 1911-1916 (HS 5-7 e 10-11).
Guidi, «La lettera di Simeone» = I. Guidi «La lettera di Simeone vescovo di Bêth-Aršâm sopra i martiri omeriti», in *Atti della Reale Accademia dei Lincei*, ser. 3, Memorie della Classe di scienze morali, storiche e filologiche 7, Roma 1881 (ried. in *Raccolta di scritti* I, Roma 1945, pp. 1-60).
Guillaumont, *Le gnostique* = A. e C. Guillaumont (edd.), *Évagre le Pontique. Le gnostique ou à celui qui est devenu digne de la science*, Paris 1989 (SCh 356).
Guillaumont, *Les six centuries* = A. Guillaumont (ed.), *Les six centuries des «Kephalaia gnostica» d'Évagre le Pontique*, Paris 1958 (PO 28/1).
Guillaumont, *Traité Pratique* = A. e C. Guillaumont (edd.), *Évagre le Pontique. Traité Pratique ou le moine*, I-II, Paris 1971 (SCh 170-171).
Guinan, «Where are the Dead?» = M.D. Guinan, «Where are the Dead? Purgatory and Immediate Retribution in James of Serug», in *Symposium Syriacum 1972. Célébré dans les jours 26-31 octobre 1972 à l'Institut Pontifical Oriental de Rome*, Roma 1974 (OCA 197), pp. 541-549.
Guy, *Les apophtegmes des Pères* = J.-C. Guy (ed.), *Les apophtegmes des Pères. Collection Systématique. Chapitres X-XVI*, Paris 2003 (SCh 474).
Guy, *Recherches* = J.-C. Guy, *Recherches sur la tradition grecque des* Apophthegmata Patrum, Bruxelles 1984^2 (SH 36).
Hagman, «St. Isaac of Nineveh and the Messalians» = P. Hagman, «St. Isaac of Nineveh and the Messalians», in M. Tamcke (ed.), *Mystik – Metapher – Bild. Beiträge des VII. Makarios-Symposiums. Göttingen 2007*, Göttingen 2008, pp. 55-66.
de Halleux, «Dieu le Père tout-puissant» = A. de Halleux, «Dieu le Père tout-puissant», in *Revue Théologique de Louvain* 8 (1977), pp. 401-422.
de Halleux, *Martyrius* = A. de Halleux (ed.), *Martyrius [Sahdona]. Œuvres Spirituelles*, I-IV, Louvain 1960-1965 (CSCO 200, 214, 252, 254, Script. Syr. 86, 90, 110, 112).
de Halleux, *Philoxène* = A. de Halleux, *Philoxène de Mabbog. Sa vie, ses écrits, sa théologie*, Louvain 1963.

Hansbury, «Insight without Sight» = M.T. Hansbury, «'Insight without Sight': Wonder as an Aspect of Revelation in the Discourses of Isaac the Syrian», in *Journal of Canadian Society for Syriac Studies* 8 (2008), pp. 60-73.

Hausherr, «Le 'De Oratione'» = I. Hausherr, «Le 'De Oratione' d'Évagre le Pontique en syriaque et en arabe», in *Orientalia Christiana Periodica* 5 (1939), pp. 7-71.

Khalifé-Hachem, «L'âme et les passions» = É. Khalifé-Hachem, «L'âme et les passions des hommes d'après un texte d'Isaac de Ninive», in *Parole de l'Orient* 12 (1984-1985), pp. 201-218.

Khalifé-Hachem, «La prière pure» = É. Khalifé-Hachem, «La prière pure et la prière spirituelle selon Isaac de Ninive», in *Mémorial Mgr Gabriel Khouri-Sarkis (1898-1968)*, Louvain 1969, pp. 157-173.

Kmosko, *Ammonii eremitae epistolae* = M. Kmosko (ed.), *Ammonii eremitae epistolae*, Paris 1913 (PO 10).

Kmosko, *Liber graduum* = M. Kmosko (ed.), *Liber graduum*, Paris 1926 (PS 1/3).

Kruse, «Ein audianisches Nachtgebet» = H. Kruse, «Ein audianisches Nachtgebet im römischen Brevier?», in *Oriens Christianus* 66 (1982), pp. 75-97.

Lamy, *Sancti Ephraem Syri Hymni et Sermones* = Th.J. Lamy (ed.), *Sancti Ephraem Syri Hymni et Sermones* III, Mechelen 1889.

Lichter, «Tears and Contemplation» = D.A. Lichter, «Tears and Contemplation in Isaac of Nineveh», in *Diakonia* 11 (1976), pp. 239-258.

Louf, «*Temha*-stupore» = A. Louf, «*Temha*-stupore e *tahra*-meraviglia negli scritti di Isacco il Siro», in E. Vergani - S. Chialà (edd.), *La grande stagione della mistica Siro-orientale (VI-VIII secolo). Atti del 5° Incontro sull'Oriente Cristiano di tradizione siriaca. Milano, Biblioteca Ambrosiana, 26 maggio 2006*, Milano 2009, pp. 93-119.

Marsh, *The Book* = F.S. Marsh (ed.), *The Book which is Called the Book of the Holy Hierotheos*, Oxford 1927.

Mascia, «The Gift» = P.T. Mascia, «The Gift of the Tears in Isaac of Nineveh», in *Diakonia* 14 (1979), pp. 255-265.

Mathews «'On Solitaries': Ephrem or Isaac» = E.G. Mathews, «'On Solitaries': Ephrem or Isaac», in *Le Muséon* 103 (1990), pp. 91-110.

Mingana, *Catalogue of the Mingana Collection* = A. Mingana, *Catalogue of the Mingana Collection of Manuscripts now in the Possession of the Trustees of the Woodbrooke Settlement, Selly Oak, Birmingham*, I. *Syriac and Garshūni Manuscripts*, Cambridge 1933.

Muyldermans, *Evagriana Syriaca* = J. Muyldermans (ed.), *Evagriana Syriaca. Textes inédits du British Museum et de la Vaticane*, Louvain 1952 (BM 31).

Nedungatt, «The Covenanters» = G. Nedungatt, «The Covenanters of the Early Syriac Speaking Church», in *Orientalia Christiana Periodica* 39 (1973), pp. 191-215; 419-444.

Parisot, *Aphraatis Demonstrationes* = I. Parisot (ed.), *Aphraatis Sapientis Persae Demonstrationes*, Paris 1894 (PS 1/1).

Pataq Siman, *Narsaï* = E. Pataq Siman (ed.), *Narsaï. Cinq homélies sur les paraboles évangeliques*, Paris 1984.

Rahmani, *Studia Syriaca* = Ignatius Ephraem II Rahmani (ed.), *Studia Syriaca seu collectio documentorum hactenus ineditorum ex codicibus syriacis primo publicavit, latine vertit notisque illustravit*, Monte Libano 1904.
Regnault, *Série des anonymes* = L. Regnault (ed.), *Les sentences des Pères du désert. Série des anonymes*, Solesmes - Bellefontaine 1985.
Reuss, *Matthäus-Kommentare* = J. Reuss (ed.), *Matthäus-Kommentare aus der griechischen Kirche*, Berlin 1957 (TU 61).
Rignell, *Briefe* = L.G. Rignell (ed.), *Briefe von Johannes dem Einsiedler*, Lund 1941.
Sagnard, *Extraits* = F. Sagnard (ed.), *Clément d'Alexandrie. Extraits de Théodote*, Paris 1970 (SCh 23).
Sbath, *Traités religieux* = P. Sbath (ed.), *Traités religieux, philosophiques et moraux, extraits des œuvres d'Isaac de Ninive (VIIe siècle) par Ibn as-Salt (IXe siècle)*, Le Caire 1934.
Scher, *Liber scholiorum* = A. Scher (ed.), *Theodorus Bar Kōnī. Liber scholiorum* II, Louvain 1954 (CSCO 69, Script. Syr. 26).
Scher, «Manuscrits de Mossoul» = A. Scher, «Notice sur les manuscrits syriaques conservés dans la Bibliothèque du Patriarcat Chaldéen de Mossoul», in *Revue des Bibliothèques* 17 (1907), pp. 237-260.
Séd, «La Shekhinta» = N. Séd, «La Shekhinta et ses amis 'araméens'», in *Mélanges A. Guillaumont. Contributions à l'étude des christianismes orientaux*, Genève 1988 (CO 20).
Shahîd, *The Martyrs* = I. Shahîd, *The Martyrs of Najrân. New Documents*, Bruxelles 1971 (SH 49).
Sinkewicz, *The Greek Acetic Corpus* = R.E. Sinkewicz (ed.), *Evagrius of Pontus. The Greek Acetic Corpus*, Oxford 2003.
Sony, *Le catalogue du Couvent des Dominicains* = B. Sony, *Le catalogue des manuscrits du Couvent des Dominicains. Mossoul*, Mosul 1997.
Staab, *Pauluskommentare* = K. Staab, *Pauluskommentare aus der griechischen Kirche*, Münster i. W. 1933 (NA 15).
Strothmann, *Sechs* = W. Strothmann (ed.), *Johannes von Apamea. Sechs Gespräche mit Thomasios. Der Briefwechsel zwischen Thomasios und Johannes und drei an Thomasios gerichtete Abhandlungen. Syrischer Text*, Berlin – New York 1972 (PTS 11).
Tonneau, *Sancti Ephraem Syri* = R.-M. Tonneau (ed.), *Sancti Ephraem Syri in Genesim et in Exodum commentarii*, Louvain 1955 (CSCO 152, Script. Syr. 71).
Tonneau – Devreesse, *Les Homélies* = R. Tonneau – R. Devreesse (edd.), *Les Homélies catéchétiques de Théodore de Mopsueste. Reproduction phototypique du ms. Mingana syr. 561 (Selly Oak Colleges' Library, Birmingham)*, Città del Vaticano 1949 (ST 145).
Vadakkel, *Anaphora of Mar Theodore* = J. Vadakkel (ed.), *The East Syrian Anaphora of Mar Theodore of Mopsuestia. Critical Edition, English Translation and Study*, Mannanam (Kerala) 1989.
Van Esbroeck, «La vie de Saint Martinien» = M. Van Esbroeck, «La vie de Saint Martinien en version syriaque», in *Parole de l'Orient* 20 (1995), pp. 237-269.

Vitestam, *Seconde partie* = G. Vitestam (ed.), *Seconde partie du Traité qui passe sous le nom de «La grande lettre d'Évagre le Pontique à Mélanie l'Ancienne» publiée et traduite d'après le manuscrit du British Museum Add. 17192*, Lund 1963.

Vosté, *In Evangelium Johannis* = J.M. Vosté (ed.), *Theodori Mopsuesteni commentarius in Evangelium Johannis Apostoli*, Paris 1940 (CSCO 115, Script. Syr. 62).

Wensinck, *Mystic Treatises* = A.J. Wensinck (ed.), *Mystic Treatises by Isaac of Nineveh*, Amsterdam 1923.

INDICAZIONI PER GLI SCRITTI ISACCHIANI

Prima collezione (Pri.): segue il numero del discorso e la pagina dell'edizione di Bedjan, *Mar Isaacus*, purtroppo sprovvista di divisione in paragrafi;

Seconda collezione (Sec.): per i discorsi I-II, inediti, al numero del discorso seguirà l'indicazione del numero di pagina del manoscritto Teheran, Issayi 4; per i discorsi IV-XLI, si seguirà il testo edito in Brock, *The Second Part*, con relativa indicazione di discorso e paragrafo; per il discorso III, composto delle quattro *Centurie*, vedi seguito;

Centurie (Cent.): segue il numero della centuria in carattere romano e il numero del capitolo in numero arabo; per il testo, essendo ancora inedito, si seguirà il manoscritto Teheran, Issayi 4;

Terza collezione (Ter.): segue il numero del discorso e del paragrafo, secondo la numerazione di questa edizione.

ISACCO DI NINIVE
TERZA COLLEZIONE

(Traduzione)

TERZA PARTE DI MAR ISACCO[1]

I

Discorso sulla vita in solitudine[2]*; [sulla] figura delle realtà future*[3] *che viene con essa rappresentata da quanti posseggono tale [figura] in verità; e [sulle] somiglianze tra ciò che le è proprio e la condotta che sarà dopo la resurrezione*[4].

1. La vita dei solitari è al di là di questo mondo e la loro condotta assomiglia a quella del *mondo futuro*[5], infatti non prendono moglie né

---

[1] Il manoscritto di Teheran si apre con l'affermazione: «Con la forza di nostro Signore Gesù Cristo, iniziamo a scrivere la terza parte di Mar Isacco». Formulazione tipica con l'indicazione esplicita, da parte del redattore o del copista, dell'autore (Isacco) e del titolo dell'opera (*Terza parte*). Ricordo che la numerazione dei discorsi e la divisione in paragrafi non si trovano nel manoscritto.

[2] «Vita in solitudine» (ܫܠܝܘܬܐ) è un termine generico con cui si indica la vita monastica, senza specificarne la precisa configurazione, vale a dire l'articolazione tra vita comune e vita eremitica (cf. *Ter.* XII, titolo, 1; XIII, 24; cf. anche *Sec.* I, pp. 2b, 4b; XIV, 29; *Cent.* II, 8, 10, 56; IV, 52, 55, 92, 93).

[3] «Figura (o: simbolo) delle realtà future» (ܛܘܦܣܐ ܕܥܬܝܕܬܐ) si riferisce all'idea, ribadita ancora nell'ultima espressione del titolo, che la vita solitaria prefigura in qualche modo la realtà dell'aldilà, ciò che è preparato nel Regno, e che gli angeli già vivono (cf. ad esempio VI, 48, 51; *Sec.* VIII, 5-6; e Brock, *The Second Part [Versio]*, p. 27, n. 6,1), ragione per cui la vita monastica è associata alla vita angelica. La medesima espressione, o una analoga, ricorre in *Ter.* I, 14, *Pri.* LI, p. 375 e *Cent.* I, 89.

[4] «La condotta che sarà dopo la resurrezione» (ܕܘܒܪܐ ܕܒܬܪ ܩܝܡܬܐ) si riferisce a quanto si diceva nella nota precedente, vale a dire alla vita dopo la morte e dunque alla sorte di coloro che vi avranno accesso. Si tratta di un'espressione ricorrente negli scritti isacchiani, sia secondo questa esatta formulazione (cf. *Ter.* VI, 54; *Pri.* XXXV, p. 254; *Sec.* VIII, 6; *Cent.* II, 103) sia con l'analogo «esistenza (ܗܘܝܐ) che sarà dopo la resurrezione» (cf. *Pri.* XL, pp. 304-305; *Sec.* VIII, 2; cf. anche *Ter.* III, 11, 18). Altre espressioni equivalenti si trovano in: *Ter.* VI, 58; X, 16, 18; *Pri.* LXXIX, pp. 538, 545; LXXX, p. 550; *Sec.* XIII, 2; XXXVIII, titolo; *Cent.* I, 65, 87; III, 77). Alcune di esse ricorrono ad esempio anche in Giovanni il Solitario (*Dialogo sull'anima*; Dedering, *Ein Dialog*, pp. 11, 56, 85-87, 89; e *Lettera sul mistero della vita nuova*; Rignell, *Briefe*, pp. 3, 10) e Martyrios Sahdona, *Libro della perfezione* I, 4,10-11 e II, 6,3 (de Halleux, *Martyrius* I, p. 107 e II, p. 66). Cf. anche Brock, *The Second Part [Versio]*, p. 27, n. 6,2.

[5] Cf. Eb 2,5; 6,5. «Mondo futuro» (ܥܠܡܐ ܕܥܬܝܕ) è un'espressione particolarmente ricorrente: *Ter.* IV, 14, 22; VI, 18, 57; VIII, 19; IX, 27, 30; XI, 31; XIII, 7; XVI, 2; *Pri.* I, p. 10; II, p. 12; III, p. 28; IV, p. 41; VI, pp. 84, 87, 95; XIV, p. 126; XXVII, p. 200; XLV, p. 325; LVI, p. 396; LIX, p. 419; LX, p. 423; LXII, p. 433; LXV, p. 461; LXVI, p. 470; LXXIII, p. 503; *Sec.* I, pp. 16b, 26b; V, 9, 15; XI, 13; XIII, 2; XXIX, 11;

marito⁶; e invece di quel faccia a faccia, per mezzo della vera icona del mondo dell'aldilà⁷, [i solitari], fanno esperienza in ogni momento della compagnia di Dio, nella preghiera. La preghiera, infatti, più di ogni altra cosa, avvicina la mente⁸ a Dio perché entri in comunione [con lui], e [così essa] risplende nelle sue condotte.

2. Io ritengo che anche ciò che noi [chiediamo] al momento della preghiera di domanda ci viene abitualmente da coloro che ci hanno preceduti, affinché noi cerchiamo rifugio nelle preghiere degli uomini eccellenti⁹. Infatti, grazie alla rettitudine e ai buoni modi [di vivere] che furono i loro — cose che, soprattutto, perpetuano il loro ricordo — anche la nostra preghiera viene purificata dalla rilassatezza, dalla pigrizia e dalla distrazione dei pensieri¹⁰, per mezzo dello zelo¹¹ da essi [profuso] in ciò

XXXVI, 1; XXXIX, 8, 21; XL, 14; *Cent.* I, 9, 62, 90, 91; II, 24, 60; III, 9, 49, 56, 77, 94; IV, 78, 81, 82, 87. Si tratta di una formula utilizzata spesso da Evagrio, soprattutto nelle *Centurie* (II, 26, 73; III, 65; Guillaumont, *Les six centuries*, pp. 70-71, 88-89, 124-125 e *passim*). Ricorre anche in Giovanni il Solitario (*Dialogo sull'anima*; Dedering, *Ein Dialog*, pp. 9, 16, 89; come anche in *Dialoghi e trattati con Thomasios* II; Strothmann, *Sechs*, pp. 14, 19, e *passim*) e in Teodoro di Mopsuestia (*Omelie catechetiche* I, 4; VI, 12-13 [dove l'espressione è associata a ܪܡܐܠ]; X, 6 e *passim*; Tonneau – Devreesse, *Les Homélies*, pp. 8, 154, 252). Si veda infine l'analoga espressione «mondo nuovo» (cf. *Ter.* I, 8, n. 26).

⁶ Cf. Mt 22,30. Il celibato dei solitari è un segno della vita non coniugata che, secondo il testo evangelico qui riecheggiato, è riservata all'esistenza dell'aldilà.

⁷ Unica occorrenza di questa espressione simile, ma non perfettamente identica, a «mondo futuro».

⁸ Su «mente» (ܪܥܝܢܐ) e gli altri termini afferenti alla medesima sfera, cf. *supra*, pp. XXVI-XXVII. Isacco ne offre una definizione in *Pri.* LXVII, p. 472, dove è detta essere uno dei «sensi spirituali» (su questo, si veda *Ter.* I, 11, n. 37). Cf. anche *Pri.* LXXI, p. 489.

⁹ L'intero periodo non è di facile comprensione. Quello che Isacco sembra voler dire è che per la preghiera di domanda, della quale è necessario conoscere bene i limiti, si deve ricorrere alla tradizione degli antichi, attenendosi ai loro usi. Su questo, e in particolare sulle richieste rivolte a Dio, si vedano i discorsi III-IV.

¹⁰ «Pensieri» (ܚܘܫܒܐ), corrispondente al greco λογισμοί, mostra, per l'uso che ne è fatto, una chiara dipendenza da Evagrio e da Giovanni il Solitario (cf. Brock, «Discerning the Evagrian», pp. 64-65).

¹¹ «Zelo» (ܛܢܢܐ) è in Isacco un termine ambivalente. In questo caso (come anche in XII, 4, 33) è impiegato nella sua accezione positiva, con una valenza di fervore (quasi sinonimo di ܚܘܒܐ, su cui si veda il discorso XIII, e di ܪܚܡܬܐ e ܚܢܢܐ). All'illustrazione dello «zelo positivo» Isacco dedica buona parte del discorso *Pri.* LV (pp. 392-394) e il discorso *Sec.* XVII, dove riprende l'immagine evagriana (*Pseudo supplemento alle Centurie* 10; Frankenberg, *Evagrius*, p. 430) del «cane da guardia» già utilizzata nel discorso *Pri.* LV (su questa medesima accezione positiva si veda anche: *Pri.* LVII, p. 406 e LXXVII, p. 535, dove si usa il verbo corrispondente; *Sec.* IX, titolo; XIX, 1; XXXI, 10; *Cent.* II, 45, 61; III, 31, 77, 78). In altri casi, invece, con questo medesimo termine Isacco indica una passione negativa che prende soprattutto i monaci, rendendoli fanatici. Nella *Terza collezione* ne abbiamo un'unica ricorrenza (II, 4). Ma si veda: *Pri.* L, pp. 343

che è eccellente[12]. **3.** E Dio, Signore di tutto[13], molte volte accondiscende alle nostre richieste proprio per questo, affinché siamo ancor più infiammati nell'emulare ciò che è in loro; e per esaltare davanti ai nostri occhi quel genere di vita eccellente che è per lui così degno di magnificenza. In tal modo, coloro che hanno camminato in ciò [che è eccellente] possono essere anche per gli altri un luogo di rifugio, non solo mentre sono in vita, ma anche dopo la loro morte. **4.** Questo lo dico in accordo con l'intimo senso[14] delle Scritture, dal momento che [Dio] opera in tutte le cose secondo l'intimo senso da lui stabilito, esaltando anche in ciò i suoi santi, come sta [scritto]: *Adombrerò questa città e la salverò a causa di me e del mio servo Davide*[15].

5. Questi sono i modi dell'assiduità[16]. Due di questi principi riguardano le fatiche del cuore nella quiete. Grazie ad essi la mente è fortificata ed è purificata; espelle la pigrizia e desidera ardentemente dimorare, in ogni istante, nell'assiduità con ciò che è bello[17]. **6.** Essa, allora, progre-

(discorso che il titolo dice dedicato principalmente ai danni causati dallo «zelo stolto»: ܪܠܐܚܐ ܚܠܝܐ); *Sec.* I, pp. 21b-22a; *Cent.* II, 38; IV, 77, 78. Dello zelo cattivo parla già Giovanni il Solitario, *Dialogo sull'anima* (Dedering, *Ein Dialog*, pp. 21-22); e si veda anche Simeone di Ṭaibuteh, *Libro della grazia* II, 93; VI, 29, 30, 49; VII, 62, 72-74, 91.

[12] «Ciò che è eccellente» (ܪܠܚܬܐ); su questa traduzione, cf. *supra*, p. XXXI. Per una definizione isacchiana del concetto, cf. *Pri.* LX, p. 423.

[13] «Signore di tutto» (ܡܪܐ ܟܠ), che ricorre anche in *Ter.* XI, 24, è uno dei corrispondenti siriaci del greco παντοκράτωρ (cf. de Halleux, «Dieu le Père tout-puissant», pp. 418-419). Per altre attestazioni isacchiane, cf. *Pri.* LXXIV, pp. 509, 510; *Sec.* II, p. 29b; XVIII, 6; *Cent.* I, 27; IV, 89.

[14] «Intimo senso» (ܚܝܠܐ), indica, in questa accezione, l'esatto intento che non sempre appare in modo evidente. Sulla traduzione, si veda *supra*, p. XXVII.

[15] 2Re 19,34; Is 37,35; cf. anche 2Re 20,6. Sul tema dell'intercessione dei padri Isacco ritorna ancora in *Ter.* VI, 26, dove sono riecheggiati i medesimi passi biblici. Questi sono ripresi anche in *Pri.* LIV, p. 390 e in *Sec.* XVI, 2, due passi sul tema dell'«adombramento» (ܡܓܢܢܘܬܐ), su cui cf. Brock, «Maggnânûtâ».

[16] «Assiduità» (ܥܢܝܢܐ) è un termine particolarmente ricorrente in tutti gli scritti isacchiani (per la *Terza collezione*, si veda l'indice del volume *Textus*). Indica l'intimità, la frequentazione di «qualcuno» che può essere Dio, e in questi casi essa è raccomandata, o gli uomini (e il «mondo»), e allora è ritenuta dannosa; oppure l'intrattenersi con «qualcosa», ad esempio una pratica ascetica, ed è il caso di questa ricorrenza. In *Sec.* XXX, 2, abbiamo una definizione dell'assiduità con Dio (per la *Terza collezione*, si veda I, 18 e X, 107); cf. anche Brock, *The Second Part [Versio]*, p. 134, n. 1,1). Sull'assiduità con gli uomini, si veda ad esempio *Pri.* XVI, pp. 131-132; *Cent.* II, 44 (vi ricorre l'espressione «assiduità con il mondo» che troviamo anche in *Ter.* X, 107). Di altre specificazioni positive si dirà più avanti; qui ricordo solo l'assiduità intelligibile con il ricordo dei santi, vale a dire il meditare gli esempi dei padri di un tempo (cf. *Pri.* LIII, p. 381), che mi pare di qualche pertinenza con questo contesto. Per l'espressione «modi dell'assiduità», si veda anche *Ter.* II, 3.

[17] Ecco una declinazione dell'«assiduità» di cui si è detto (cf. la nota precedente). L'autore, con questa espressione, intende l'intrattenersi del solitario con ogni realtà posi-

dendo nella distruzione del ricordo del mondo[18] che regna su di essa e nell'infiammarsi continuamente nel ricordo di ciò che è buono, perviene alla limpidezza del lavoro della mente[19]. Dunque, dall'eccellenza nel lavoro in quei due principi [derivano] altre indicazioni più importanti che ci sono state lasciate[20], tra cui vi sono la fatica principale[21] e la riflessione eccellente. **7.** Il primo di tali principi si accompagna con il contemplare le realtà create e quindi con l'ammirare l'Economia[22] divina nei nostri riguardi, sia quella relativa al passato sia quella relativa a ciò che sarà della nostra umanità alla fine [dei tempi]. Il secondo principio è invece la riflessione[23].

8. Eccellente è colui che se ne sta solitario in Dio, poiché questi lo attrae ad ammirare ininterrottamente ciò che è nella sua natura; e così la [sua]

---

tiva che possa farlo progredire nel suo cammino verso Dio. Il termine qui tradotto con «ciò che è bello» (ܫܦܝܪܐ) ricorre anche in *Ter.* IX, 6 e XVI, 2, ma in un contesto e con un significato diversi.

[18] Il termine «mondo» (ܥܠܡܐ) è quasi sempre utilizzato in accezione negativa, come qualcosa da fuggire (la *fuga mundi* dei latini). Si tratta di un'entità non di facile delimitazione. Tuttavia, in un passo della *Prima collezione*, Isacco spiega come con questa espressione egli intenda designare non la realtà creata in quanto tale, ma una «realtà collettiva», vale a dire «l'insieme della passioni» (*Pri.* II, pp. 17-18).

[19] «Limpidezza del lavoro della mente» (ܫܦܝܘܬ ܥܡܠܐ ܕܪܥܝܢܐ). Il primo termine, tipico del linguaggio isacchiano anche in questa collezione ricorre ancora solo in *Ter.* XIII, 11, indica il livello più alto della «purezza» (ܕܟܝܘܬܐ) (sulla questione cf. Bunge, «Le 'lieu de la limpidité'», che però attribuisce a Isacco il *Libro della grazia* successivamente restituito a Simeone di Ṭaibuteh; e Brock, *The Second Part [Versio]*, pp. 29-30, n. 15,2, che indica in Giovanni il Solitario la fonte ispiratrice del Ninivita su questo punto; si veda anche di Giovanni il Solitario il *Dialogo sull'anima*; Dedering, *Ein Dialog*, p. 6). Per l'espressione «limpidezza del lavoro», cf. *Cent.* I, 32 (per altre declinazioni del primo termine, cf. *Ter.* XIII, 11, n. 23). L'espressione «lavoro» indica la «pratica», l'«occupazione» in una particolare attività del corpo o della mente; associato alla «mente» ricorre anche in *Ter.* IX, titolo, nonché in *Pri.* II, p. 15; LXVIII, p. 478; *Sec.* X, titolo; XXIV, titolo, 2; *Cent.* III, 52.

[20] Il passo non è molto chiaro. Il senso mi sembra essere il seguente: la buona riuscita nella pratica dei due principi su enunciati (vale a dire, la distruzione del ricordo mondano e l'ardere in quello buono) apre la mente a nuove pratiche, più eccelse, tra cui le due che seguono.

[21] «Fatica principale» (ܥܡܠܐ ܪܝܫܝܐ), dove l'aggettivo è derivato dalla medesima radice di «principio» (ܪܝܫ). In *Sec.* XXIX, 8 si parla di «lavoro principale» (ܦܘܠܚܢܐ ܪܝܫܝܐ).

[22] Su «Economia» (ܡܕܒܪܢܘܬܐ), corrispondente del greco οἰκονομία, cf. *supra*, p. XXXIII. Nell'opera isacchiana esso ricorre con una certa frequenza e indica tutto quello che Dio ha realizzato e realizza fino alla fine dei tempi nei confronti della creazione. Troviamo già qui quanto sarà esplicitato più avanti, sulla capacità rivelativa della creazione e dell'Economia divina (cf. I, 17). Cf. anche Evagrio, *Centurie* V, 51 (Guillaumont, *Les six centuries*, pp. 198-199).

[23] «Riflessione» (ܪܢܝܐ), particolarmente ricorrente, è uno dei termini con cui si indica l'atto del meditare, ripensare, approfondire; cf. *supra*, p. XXXIII.

intelligenza è elevata[24], perché è resa sapiente circa le realtà dello Spirito, la [sua] conoscenza è eccellente e la [sua] fede è esperta dei misteri[25]. Allora il [suo] scervellarsi circa il *mondo nuovo*[26] si accresce; come anche la riflessione sulle realtà future, la meditazione attenta di ciò che le riguarda, la migrazione[27] costante che consiste nel viaggio del pensiero verso quelle realtà, **9.** i misteri che vengono rivelati, i mondi che vengono trasfigurati nell'Intelletto[28], i pensieri che vengono rimossi — e pur essendo egli ancora nella carne, non sembra più di carne —, l'Intelletto che cambia di dimora e passa da una [dimora] all'altra, e non di sua volontà[29]. Infatti

---

[24] Su «intelligenza» (ܬܪܥܝܬܐ) e i termini correlati, cf. *supra*, pp. XXVI-XXVII; per una definizione dei suoi gradi, si veda invece *Cent*. III, 51. L'espressione «intelligenza elevata (ܪܡܬܐ)» ricorre anche in *Cent*. II, 9 (e cf. XIII, 11). Particolarmente frequente in questa collezione è l'espressione similare «intelligenza grande (ܪܒܬܐ)», su cui cf. IV, 9, n. 17.

[25] Letteralmente: «Misteriosa» (ܐܪܙܢܝܬܐ), non nel senso di «nascosta», ma in quello di «relativa ai misteri». Cf. anche *Ter*. XI, 30.

[26] «Mondo nuovo» (ܥܠܡܐ ܚܕܬܐ) è un'espressione analoga a «mondo futuro», di cui si è già detto (cf. *Ter*. I, 1, n. 5). Indica il mondo dell'aldilà verso il quale il solitario deve costantemente dirigere lo sguardo della mente. Nella nostra collezione, ricorre anche in IX, 31 e XI, 2; ma l'espressione è particolarmente frequente nel resto dell'opera isacchiana: *Pri*. XIV, p. 125; XXII, pp. 169-170; XXXV, pp. 231, 256; LIV, p. 391; LXII, p. 437; LXXIX, p. 540 e *passim*; *Sec*. I, p. 13a; V, 5; VII, 2; VIII, 4, 5, 7; XIV, 3; XV, 8 (scholion); XVI, 6; XX, 6, 10; XXXVIII, titolo, 2; XLI, 2; *Cent*. I, 68, 79, 88; II, 59; III, 49; IV, 14, 17, 25, 83, 95. Brock la ritiene di origine neotestamentaria; così infatti la Pešitta traduce il greco παλιγγενεσία di Mt 19,28 (cf. *The Second Part [Versio]*, p. 8, n. 5,4); essa ricorre particolarmente in Giovanni il Solitario; si veda ad esempio il *Dialogo sull'anima* (Dedering, *Ein Dialog*, pp. 56, 60); *Dialoghi e trattati con Thomasios* II (Strothmann, *Sechs*, pp. 15, 20 e *passim*) e la *Lettera a Esichio* (Londra, Add. 17166 [Wright 737], ff. 41r, 42v, 46r).

[27] «Migrazione» (ܫܘܢܝܐ) è il termine più comune nel lessico isacchiano per indicare il movimento con cui il solitario si allontana dalle realtà terrene per dimorare in Dio. Tale movimento è sia fisico (allontanamento dal consesso umano) sia interiore (come in questo caso, in cui esso è interpretato come «viaggio del pensiero»). Analogamente a quanto detto per il «mondo», non si tratta, dunque, di una realtà solo fisica né di recessione assoluta dalle realtà terrene, ma di «presa di distanza». Dice Isacco tentando una definizione del concetto: «Non può avvicinarsi a Dio se non colui che si allontana dal mondo. Migrazione (ܫܘܢܝܐ), però: io non parlo di distacco dal corpo, ma dai suoi desideri. Questo è ciò che è eccellente: essere nel proprio pensiero vuoti di mondo» (*Pri*. I, p. 2). Si vedano anche: *Ter*. XII, 1-4 (in IV, 25 il termine è utilizzato in un altro senso); *Pri*. II, pp. 12, 15; III, pp. 25, 28 e *passim*; *Sec*. I, p. 8a; VIII, 13; X, 26; XX, 8, 20; *Cent*. II, 5; III, 22; IV, 66. Termini quasi sinonimici (cf. *supra*, pp. XXX-XXXI), impiegati nella nostra collezione, sono: ܫܢܝܘܬܐ, che ho tradotto anch'esso con «migrazione» (cf. *Ter*. VI, 51) e ܫܘܢܝܬܐ, che ho invece reso con «trasmigrazione» (cf. *Ter*. III, 18). Evagrio enumera quattro tipi di «migrazione» (nella versione siriaca: ܫܘܢܝܐ), l'ultima delle quali è quella «presso la santa Trinità» (*Centurie* II, 4; Guillaumont, *Les six centuries*, pp. 60-63).

[28] Su «Intelletto» (ܗܘܢܐ) e gli altri termini della medesima sfera concettuale, cf. *supra*, pp. XXVI-XXVII.

[29] Queste migrazioni dell'Intelletto sembrano riecheggiare quanto detto da Evagrio in *Pseudo supplemento alle Centurie* 23 (Frankenberg, *Evagrius*, p. 444).

la sua corsa, mentre esso si raccoglie e si unifica, si arresta presso l'Essenza divina; [e] alla causa prima e principale[30] si volge la mente, alla fine della sua corsa. Così, la natura degli esseri dotati di ragione contempla l'ordine eccelso dell'amore[31] di [Dio], mediante la comprensione dell'Essenza[32]. **10.** Ora, tutte queste cose avvengono in favore degli esseri dotati di ragione, anche senza che uno persuada [Dio a loro riguardo] con una buona volontà; e non è che vi siano alcuni che sono già eredi e altri che vengono resi tali[33]: sono infatti radunati tutti insieme e se ne stanno nella quiete per ammirare un amore così grande; e [ne] sono anche scossi! Anche la condotta, infatti, con ciò si fa bella e si fa ancora più sollecita[34].

11. È dunque [grazie] all'assiduità[35], e non operando in qualcuna delle realtà di quaggiù, che [i solitari][36], come attraverso gli occhi

---

[30] «Causa prima e principale» (ܥܠܬܐ ܩܕܡܝܬܐ ܘܪܝܫܝܬܐ) si riferisce a Dio, come conferma il parallelismo con «Essenza divina» appena precedente. La definizione di Dio come «causa prima», elaborata a partire dal pensiero aristotelico (cf. ad esempio *Metafisica* A 3, 983a) che conobbe grande successo tra i siri, potrebbe essere giunta a Isacco tramite quei padri greci che la adattarono alla teologia cristiana. Si pensi in particolare a Clemente Alessandrino (ad esempio negli *Stromata*), Gregorio di Nissa (in particolare nel *Contro Eunomio*), Gregorio di Nazianzo (in varie opere) e Basilio (in varie opere), ove l'espressione ricorre con una certa frequenza. Giovanni il Solitario, nella prima delle due *Lettere sull'amore*, parla del Padre come «nostra causa prima (ܥܠܬܐ ܩܕܡܝܬܐ)» (testo inedito; cito dal Londra, Add. 17167 [Wright 743], f. 136v). Evagrio, che non sembra attestarla come tale, in un passo della *Lettera* LVIII parla dell'Intelletto che avanza, attraverso le intellezioni, fino «alla Causa e Padre degli esseri intelligibili» (cf. Frankenberg, *Evagrius*, p. 606; cf. anche *Trattato pratico* 98; Guillaumont, *Traité Pratique*, p. 706, che utilizza il medesimo linguaggio, benché in un contesto diverso); si veda anche Martyrios Sahdona, *Lettere* V, 24 (de Halleux, *Martyrius* IV, p. 81). Infine, in *Sec.* XVII, 4, ricorre l'espressione ܥܠܬܐ ܩܕܡܝܬܐ, ma nel senso ordinario di «prima ragione».
[31] Per l'espressione «ordine dell'amore» (ܛܟܣܐ ܕܚܘܒܐ), si veda anche *Pri.* LXXIV, p. 511; *Sec.* X, titolo; XL, 3.
[32] In *Ter.* IV, 2-4, Isacco dirà che l'amore è uno degli attributi propri dell'Essenza divina; si comprende dunque il legame di conoscenza qui espresso. Sulla possibilità di accedere all'Essenza divina, cf. *Ter.* I, 17.
[33] Letteralmente: «Alcuni che ereditano e altri cui è fatto ereditare». Sia il testo di T sia quello di L è oscuro e anche l'emendamento proposto resta incerto. L'idea espressa, secondo l'emendamento, potrebbe riecheggiare quanto affermato da Ger 31,34 e da 1Gv 2,27, dove si parla di un'era in cui tutti conosceranno allo stesso modo e dunque non ci sarà più bisogno di chi dia a chi non ha. Il concetto è chiaramente affermato in *Pri.* XXVII, p. 201 e *Cent.* III, 57.
[34] È qui appena accennato un tema ricorrente nella riflessione isacchiana, vale a dire che la contemplazione dell'amore di Dio, lungi dall'indurre al rilassamento della condotta, rende quest'ultima ancora più profondamente radicata e vigorosa. Cf. *Ter.* VI, 59, n. 111.
[35] Cf. *Ter.* I, 5, n. 16.
[36] Sia qui che nel seguito si potrebbe integrare con «i solitari» (cui l'autore si riferisce all'inizio del discorso), con «gli esseri dotati di ragione» (che è l'ultimo soggetto plurale esplicitato), o anche si potrebbe rendere con l'impersonale.

dell'anima[37], contemplano fin d'ora la condotta [futura], e conformano le realtà di quaggiù a quelle di lassù. Perciò qui cessa anche la conversazione, e ci si unisce a Colui che è al di là della parola e del silenzio[38]. È ugualmente anche questo un modo in cui [i solitari] si applicano[39], benché facciano tacere la lingua ministra della parola, e le ordinano con autorità di non applicarsi, senza necessità, alla [parola], eccetto che per il moto[40] della preghiera e dei salmi, a motivo dell'aiuto [che ne deriva] e [per] tenere legata la mente[41].

12. Qualora, infatti, uno smettesse quelle realtà eccelse [cioè la preghiera e i salmi] per starsene, secondo l'ordine di quaggiù, in un completo silenzio, senza [essere afflitto] dalla prova[42] e [dimorando] nelle realtà dell'alto, egli non ne sarebbe assolutamente capace! Fino ad ora,

---

[37] Con «occhi dell'anima» (ܥܝܢܐ ܕܢܦܫܐ) si intendono gli «occhi interiori», secondo una distinzione tra sensi interiori ed esteriori ricorrente nella mistica, in particolare siriaca (cf. Beulay, *La Lumière sans forme*, pp. 64-83). Un primo elemento di questo concetto può essere rintracciato in Ef 1,18 dove si parla di «occhi del cuore» (espressione che Isacco impiega in *Pri.* LIV, p. 391). Per gli sviluppi successivi, si vedano ad esempio: Giovanni il Solitario, *Dialogo sull'anima* (Dedering, *Ein Dialog*, pp. 2, 4-6); Filosseno di Mabbug, *Lettera a un suo discepolo* (inedito, cito dal manoscritto Londra, Add. 12167 [*Wright* 785], f. 180r; vi è qui un interessante parallelo tra Filosseno e Isacco sulla definizione di «mente» come uno dei sensi spirituali; cf. *Ter.* I, 1); lo Pseudo Macario, *Collezione di cinquanta omelie* IV, 7; XXVIII, 5; XXXIII, 4 (Dörries, *Die 50 Homilien*, pp. 32, 233-234, 259-260); Evagrio, *Centurie* II, 35 (Guillaumont, *Les six centuries*, pp. 74-75); Nilo il Solitario, *Sulla virtù e sull'uscita dal mondo* 22 (Bettiolo, *Gli scritti siriaci*, p. 242); e per Isacco, *Ter.* VII, 34; *Pri.* III, p. 29; XXXIII, p. 219; LI, p. 374; LXVIII, p. 475; LXX, p. 487; *Sec.* I, p. 25b. L'espressione «occhi dell'anima» (o sue minime varianti) ricorre in *Pri.* XLIII, p. 315; LXV, p. 464; *Cent.* IV, 52. Espressioni analoghe, nella *Terza collezione* sono: «Occhi dell'intelligenza (ܥܝܢܝ ܬܪܥܝܬܐ)» in VI, 5; «occhi del pensiero (ܪܥܝܢܐ)» in VII, 36; «occhi interiori» in VII, 33; e «uomo interiore» in X, 7 (per queste ultime espressioni si veda nei luoghi rispettivi).

[38] «Al di là della parola e del silenzio» (ܠܥܠ ܡܢ ܡܠܬܐ ܘܫܬܩܐ); espressione quasi identica in *Sec.* V, 7. Si veda *Ter.* XIII, 20-21.

[39] Vale a dire si impegnano nella vita spirituale.

[40] «Moto» (ܙܘܥܐ), il più delle volte usato al plurale, è frequentissimo nei testi isacchiani (per alcune sue declinazioni, cf. Brock, *The Second Part [Versio]*, p. 27, n. 2,2). Può essere genericamente definito come l'impulso interiore che è all'origine di un qualche fenomeno; in molti casi, e questo è uno, sembra invece solo caratterizzare del proprio dinamismo il termine con cui è correlato. Il «moto della preghiera» significa semplicemente «il fatto della preghiera».

[41] Letteralmente: «Legame della mente» (ܐܣܪܐ ܕܡܕܥܐ). In *Sec.* XIV, 28, si parla di «legame dell'Intelletto (ܗܘܢܐ)» in un contesto molto simile; vi si dice che la comprensione dei versetti della Scrittura, durante la preghiera e l'ufficio, ha il potere di tenere legato l'Intelletto. Cf. anche *Sec.* XV, 5. Sul rapporto tra parola e silenzio nella preghiera, cf. *Ter.* XIII, 20.

[42] Vale a dire non sottoposto ad alcun genere di «prova» (ܢܣܝܘܢܐ). Sul significato di questo termine e sul quasi sinonimo «tentazione» (ܢܣܝܘܢܐ), cf. *supra*, p. XXVII.

infatti, [i solitari] si prendono cura del [proprio] corpo come di un vaso che è al servizio del Creatore, e lo purificano con cura[43], non quale realtà terrestre utile alla terra, ma come un vaso di santità[44] che sarà elevato in cielo[45]. **13.** Così, di quel Regno di cui si rallegreranno di persona[46] nell'aldilà, già qui si rallegrano, tramite l'ardente desiderio del loro cuore: [lo] immaginano, come in mistero, e così *vengono trasfigurati a sua somiglianza*, per la grazia dello *Spirito*[47]. L'ardente desiderio, infatti, è capace, anche quando una realtà è lontana, di mettere in comunione [con essa] attraverso l'immaginazione. Per la gioia, esso rende l'anima come folle, liberandola da tutto, nel volo del pensiero, per far[la] entrare in comunione con Colui che è al di là di tutto, mentre nulla assolutamente è mescolato con la mente. **14.** Per mezzo della quiete del corpo e dell'allontanamento dalle realtà mondane, [i solitari] si fanno un'idea della vera quiete e dell'allontanamento dalla natura, che vi sarà alla consumazione del mondo materiale[48]; tramite l'Intelletto, si uniscono al mondo dello Spirito[49]; e, per mezzo della meditazione[50], sono coinvolti nell'esteso spazio dell'aldilà. Così, in figura, essi dimorano continuamente nella realtà futura[51].

---

[43] Cf. Rm 9,20-21; 2Tm 2,21. Sull'immagine del vaso, cf. anche *Ter.* VII, 35.

[44] «Vaso di santità» (ܡܐܢܐ ܕܩܘܕܫܐ) potrebbe anche tradursi con «vaso del santuario», con allusione ai vasi sacri del tempio di Gerusalemme; cf. ad esempio 2Cr 24,14.

[45] Sul tema del corpo umano destinato al regno futuro, si veda in particolare *Cent.* III, 74-75.

[46] «Di persona» (ܒܩܢܘܡܐ) è qui usato nel senso di «pienamente» o «concretamente».

[47] Cf. 2Cor 3,18. L'espressione «grazia dello Spirito» (ܛܝܒܘܬ ܪܘܚܐ) è particolarmente ricorrente nell'opera isacchiana (per la *Terza collezione*, cf. III, 13; IV, 32; VII, 31; VIII, 19; IX, 27; XIII, 8, 26). Brock ricorda che si tratta di un elemento caratteristico dell'insegnamento di Teodoro di Mopsuestia, come anche dei testi liturgici siro-orientali (cf. Brock, *The Second Part [Versio]*, p. 19, n. 31,2).

[48] «Mondo materiale» (ܥܠܡܐ ܦܓܪܢܐ), letteralmente «mondo corporeo». Questa è l'unica ricorrenza nella presente collezione, ma la dizione è particolarmente frequente nella *Seconda* (cf. VIII, 15; XXI, 15; XXXV, 13; *Cent.* I, 84; IV, 86). Si ritrova già in Evagrio (cf. *Lettere* XXVII e XXVIII; Frankenberg, *Evagrius*, pp. 584 e 586).

[49] «Mondo dello Spirito (o: dello spirito)» (ܥܠܡܐ ܕܪܘܚ), in opposizione a «mondo corporeo», è un altro dei modi per indicare l'aldilà (cf. *Ter.* I, 1, n. 5 e 8, n. 26). In Isacco è di uso non comune; nella forma analoga di «mondo spirituale» (ܥܠܡܐ ܪܘܚܢܐ) ricorre in *Ter.* X, 25; *Pri.* LXV, p. 454; *Cent.* I, 13).

[50] «Meditazione» (ܗܓܝܐ) è uno dei vari termini impiegati per indicare l'azione di meditare, riflettere, approfondire; cf. *supra*, pp. XXXII-XXXIII.

[51] Sul vocabolario si veda il titolo del discorso. A più riprese Isacco ritorna sulla possibilità che i solitari hanno di accedere fin d'ora, anche se solo per anticipazione e in mistero, alla gioia del mondo futuro; cf. *Ter.* XIII, 17; *Pri.* II, p. 12-13; LXXX, p. 550; *Sec.* I, pp. 14b-15a; II, pp. 29b-30a; XX, 10; *Cent.* I, 89-90.

15. Fratello nostro, mercante spudorato[52], più di ogni altra cosa, applichiamoci dunque alla condotta del pensiero[53]! Se, infatti, Dio e il suo amore, che è più eccelso di ogni [nostra] corsa, potessero essere trovati per mezzo dei soli esercizi esteriori[54], i filosofi avrebbero potuto avvicinarsi a un tale amore più di noi[55]. Dunque, mentre moderiamo con forza le realtà del corpo, chiediamo a Dio, con l'impegno che conviene, che [ci conceda lui] ciò che è utile per tali realtà.

16. Non vi è nulla che sia capace di allontanare il pensiero dal mondo, quanto l'assiduità con la speranza[56]; nulla che unisca a Dio, quanto l'invocare la sua sapienza; nulla che faccia dono della sublimità dell'amore, quanto lo scoprire il suo amore per noi[57]; e nulla che elevi la mente nell'ammirazione, al di fuori di tutto ciò che è visibile, per farla dimorare al di là dei mondi, presso [Dio], quanto l'investigare[58] i misteri della sua

---

[52] L'immagine del «mercante» applicata al monaco è frequente in Isacco (cf. ad esempio *Pri.* XXIV, p. 179; XLV, p. 325; LXVI, p. 467; LXXX, p. 565), come anche quella del «commercio» riferita alla vita spirituale e alla lotta ascetica (cf. Brock, *The Second Part [Versio]*, p. 68, n. 7,3).

[53] «Condotta del pensiero» (ܕܘܒܪܐ ܕܪܥܝܢܐ); cf. anche *Pri.* XL, p. 304; LVIII, p. 411; *Cent.* IV, 15, 47. Con questa espressione Isacco intende quella che potremmo chiamare «la parte nascosta-invisibile della lotta ascetica», vale a dire tutto ciò che non è esercizio fisico o esteriore, ma applicazione interiore e meditazione di tutto ciò che riguarda Dio e il regno futuro. Un'esplicitazione è già presente nei paragrafi precedenti, e ancora vi ritornerà lungo il resto dell'opera.

[54] Vale a dire degli esercizi fisici, cioè dell'ascesi del corpo.

[55] In varie occasioni Isacco si riferisce all'esempio dei filosofi, per apprezzarne l'ascesi o come in questo caso per sottolineare la differenza tra la loro condotta e quella dei solitari; cf. *Pri.* III, p. 21; LVII, pp. 401-406; *Sec.* XXXV, 7-8 (si vedano anche *Pri.* XXXVII, pp. 285, 290; LXXXII, p. 577; su un caso di citazione di un testo filosofico, cf. Brock, «Secundus»).

[56] «Assiduità con la speranza» (ܐܡܝܢܘܬܐ ܕܣܒܪܐ). Sul primo termine, cf. *Ter.* I, 5, n. 16, mentre per la presente declinazione si veda *Ter.* VII, 27 e *Pri.* LXV, p. 453. L'idea qui espressa è ricorrente nell'opera del Ninivita, che insiste sulla necessità per il solitario di conoscere la propria speranza, quindi di meditarla continuamente e soprattutto di «sentirla» (ܪܓܫ), cioè di farne un'esperienza concreta e costante. Questo darà alla sua attività ascetica quella tensione interiore di cui ha bisogno (cf. *Pri.* XXXVIII, p. 291; LXV, p. 454; LXXIV, p. 511; LXXIX, p. 543; *Sec.* I, pp. 20b, 22b, 25a; VIII, 17; *Cent.* III, 28-29). È qui evidente l'influsso innanzitutto di Giovanni il Solitario, che ritorna spesso sull'utilità di «sentire la speranza» (cf. *Dialogo sull'anima*; Dedering, *Ein Dialog*, pp. 11, 21, 57, 67, 71-73, 89). Per contro, la disperazione è considerata una delle vittorie di Satana (cf. *Ter.* XII, 21-22).

[57] Isacco ricorda in più passi della sua opera l'importanza del «sentire» o «scoprire» l'amore e la misericordia di Dio per la creazione e di meditare su questo; si veda ad esempio *Ter.* VI, 42; *Pri.* LXV, p. 455.

[58] L'atto di «investigare» (ܒܨܐ) qui è visto come positivo e ha per oggetto i «misteri della natura» divina. Tale positività si riscontra anche in vari altri passi, dove Isacco incita all'investigazione soprattutto delle parole della Scrittura (cf. *Pri.* LI, pp. 367-

natura⁵⁹. **17.** Infatti, la natura dell'Essenza⁶⁰ è invisibile, e dunque può essere conosciuta [solo] attraverso i suoi misteri; cioè quei misteri che [Dio] vuole che siano conosciuti⁶¹. Questi poi sono conosciuti mediante la meditazione della costituzione dell'universo⁶², e soprattutto mediante l'osservazione continua di ciò che è [narrato] nelle Economie di [Dio] e

368; *Sec.* X, 4; XIV, 28, 45; XXIX, titolo). Si segnalano però almeno due casi in cui egli avanza alcune riserve circa l'investigazione in quanto tale (ܒܨܬܐ), perché incapace di far accedere alla piena conoscenza (cf. *Pri.* LI, p. 367; *Sec.* XVIII, 20).

⁵⁹ L'oggetto dell'investigazione sono i «misteri della natura (ܟܝܢܐ)» divina. Questi sono conoscibili, a differenza dell'Essenza in sé stessa, come dice di seguito Isacco (ma vedi anche *Ter.* I, 9). Di una «investigazione dei misteri» che porta a Dio si parla in *Sec.* XXIX, 7. Sull'accesso (ma non tramite investigazione) ai misteri della natura divina, si veda invece *Pri.* V, p. 72 e *Sec.* XXXV, 5 (si vedano anche *Ter.* IX, 8-9 e VII, 5 che parla dell'ammirazione davanti alla natura divina, che è dunque in qualche misura «accessibile»). Tutto questo ci porta a dire che il termine «natura» non va qui inteso tanto nel suo senso teologico, quanto piuttosto come sinonimo generico di «essere-realtà» (come sembra mostrare anche l'inizio del paragrafo successivo dove si parla di «natura dell'Essenza»); i «misteri» relativi a tale natura sarebbero poi tutto ciò che di Dio è conoscibile (dunque attributi e atti, comunicabili), in altri termini quello che Isacco altrove dice essere stato rivelato nell'Economia divina (cf. *Ter.* I, 7 e il seguito del nostro discorso, come anche III, 35).

⁶⁰ «Natura dell'Essenza» (ܟܝܢܐ ܕܐܝܬܘܬܐ), cf. anche *Pri.* XXVII, p. 198; *Cent.* I, 2. In questo caso, il primo termine sembra ricoprire il significato generico di «essere-realtà».

⁶¹ L'Essenza è detta invisibile e dunque direttamente inaccessibile, tuttavia qualcosa di essa può essere conosciuto, come Isacco dice anche altrove (cf. *Ter.* I, 10; IV, 1-2, 5; XI, 2; *Pri.* XXV, p. 187; XXVI, p. 194; XXVII, pp. 198-200; LII, p. 378; LXV, p. 455; *Sec.* I, pp. 18a, 23b-24a; X, 17-18; *Cent.* III, 49, 77). Nel nostro passo egli indica due vie d'accesso particolari: la meditazione sulla costituzione dell'universo e l'osservazione dell'Economia divina dispiegata in favore dell'umanità e delle sue rivelazioni (su questo, vedi già *Ter.* I, 7 e III, 35).

⁶² È qui appena accennato quanto Isacco dice più chiaramente altrove circa la capacità rivelativa della creazione. In *Pri.* V, p. 61, egli definisce la «natura degli esseri creati» il «primo libro dato da Dio» (riprendendo alla lettera un passo di Nilo il Solitario, *Discorso sulle osservanze* 42; Bettiolo, *Gli scritti siriaci*, p. 123), mentre la Scrittura si sarebbe resa indispensabile in seguito al peccato (tema ricorrente in Giacomo di Sarug; cf. Bou Mansour, *Jacques de Saroug*, p. 444). L'idea, già biblica (cf. Rm 1,20), si ritrova in vari maestri e predecessori del Ninivita. Si vedano ad esempio, oltre ai due autori già menzionati: l'immagine delle tre arpe in Efrem (*Inni sulla verginità* 28-30; Beck, *Hymnen de Virginitate*, pp. 101-113); Giovanni il Solitario, che parla di «sapienza della natura» e «sapienza della Scrittura» (*Dialogo sull'anima*; Dedering, *Ein Dialog*, p. 4; cf. anche *Dialoghi e trattati con Thomasios* IV e V; Strothmann, *Sechs*, pp. 53, 64-65); Evagrio, che definisce la «creazione» lo «specchio della bontà, forza e sapienza di Dio», triade su cui si veda *Ter.* IV, 4 (*Centurie* II, 1, S1; Guillaumont, *Les six centuries*, p. 60; cf. anche I, 50, 87 e II, 21; *ibidem*, pp. 40, 56, 68; *Epistula fidei* 12,35-40; Forlin Patrucco, *Le lettere*, p. 112; *Lettera a Melania*; Frankenberg, *Evagrius*, pp. 612, 624-616). Il Pontico tuttavia precisa: «Colui che guarda a Dio attraverso la visione degli esseri, non vede la sua natura, ma l'Economia della sua sapienza» (*Centurie* V, 51, S1; Guillaumont, *Les six centuries*, p. 198), istituendo così un interessante parallelo tra le due vie di conoscenza menzionate dal Ninivita.

nei vari generi delle sue rivelazioni[63]; [osservazione] concessa appunto al fine di istruire la mente diligente che cerca con costanza e che contempla tali realtà senza pigrizia.

18. Questa è la lodevole meditazione e l'assiduità pura con Dio. Questo è ciò che la riflessione eccellente semina nell'anima; e quest'ultima vi trova una sapienza pura. Questa è la vita gloriosa dei solitari. Quanto poi al fatto che essi abitano in una completa solitudine — preferendo in tutto la dimora al di là del mondo — e al [loro] mirabile modo di vita, che rivela il mistero della resurrezione: [in tutto ciò] viene rappresentata l'esistenza che [sarà vissuta] nei cieli e la vita con Dio[64]. [I solitari], infatti, sono morti in mistero e sono vivi in mistero[65]; e in mistero sono elevati, mentre il [loro] corpo è sulla terra. Lo Spirito, infatti, opera[66] per mezzo dell'Intelletto e compie tutto ciò[67].

---

[63] Sulle rivelazioni, si veda in particolare il discorso *Ter.* VIII.
[64] Cf. *Ter.* I, titolo e 1.
[65] Cf. Rm 6,2-11. Sul tema della morte al mondo dei solitari e della loro vita in Dio, cf. ad esempio *Pri.* V, p. 76; XI, pp. 120-121.
[66] Altra traduzione possibile: «Visita».
[67] Sull'azione dello Spirito santo nello spazio interiore dell'uomo, si veda in particolare *Ter.* VIII, 1.

II

Sull'ordine del corpo quando siamo da soli,
e sul pudore delle membra esteriori.

1. Perché i pensieri [dimorino] nella pace, è necessario che mostriamo grande cura anche per le realtà materiali. L'ordine esteriore, infatti, sa orientare verso ogni direzione il pensiero del cuore. Esso inoltre è il maestro per colui che nel suo intimo [si volge] a cose cattive, anche quando le realtà mondane sono lontane; il pudore del corpo è dunque particolarmente utile in vista dell'eccellenza del pensiero[1]. Come dalla noncuranza [proviene] un grande tumulto del pensiero, anche a motivo del disordine del corpo si risvegliano nella cella grandi detestabili lotte; **2.** e ancora, per il rilassamento degli occhi e [dei] sensi[2], insorgono molti pensieri. Mentre infatti, quando i [pensieri] sono mortificati, il tuo corpo[3] se ne sta nella pace, accade anche che molte abitudini [buone] si instaurino, grazie ai modi del corpo e alle prostrazioni[4] davanti a [Dio]. Ciò accresce la preghiera del cuore, la passione[5], l'umiltà e la meditazione delle realtà eccellenti[6].

---

[1] «Eccellenza del pensiero» (ܪܘܚܢܐ ܕܚܘܫܒܐ) è un'espressione che, nella nostra collezione, ricorre ancora più volte in *Ter.* XIII, 2-4; vedi anche: *Sec.* I, p. 21a; XXXIV, 3; XXXIX, 15; *Cent.* II, 23. Per «eccellenza» si intende l'esito positivo di un itinerario ascetico-spirituale; con la specificazione «del pensiero», Isacco intende distinguere un livello «interiore» di tale esito da uno «esteriore», cioè corporale; distinzione cui corrisponde dunque anche una doppia pratica, vale a dire due generi di fatiche ascetiche, relative al corpo e relative al pensiero. Più volte il Ninivita insiste sulla necessità e sulla complementarietà di tali pratiche distinte (cf. ad esempio: *Pri.* IV, pp. 40-41; VI, p. 82; XL, pp. 303-304; LXV, p. 447; LXXXI, pp. 570-571; *Sec.* I, p. 5b; XXIV, 1, 5; *Cent.* I, 56; III, 52-54). Nel nostro testo si afferma che un certo comportamento del corpo incide sulla qualità del pensiero, dunque che l'esteriore influisce sull'interiore. Una particolare applicazione di questo principio si trova in *Pri.* XLIX, laddove si parla del beneficio che viene all'anima insensibile da un corpo che si affatica nell'esercizio fisico delle metanie o prostrazioni (cf. anche *Sec.* XIV, 1, 24).

[2] Letteralmente: «Della sensazione», cioè della capacità sensitiva.

[3] Letteralmente: «Le tue realtà», vale a dire «tutto ciò che riguarda il tuo essere».

[4] Il contesto mi suggerisce di tradurre così il siriaco ܡܦܘܠܬܐ, più generalmente usato per indicare le «cadute» nel senso di «peccati».

[5] L'intero secondo paragrafo è di non facile comprensione. La traduzione proposta è quella che mi è sembrata più sensata. L'autore insiste sul concetto già espresso in apertura: l'ordine o il disordine del corpo incidono anche sulla pace interiore (quella dei pensieri). La conclusione del paragrafo afferma che le abitudini del corpo accrescono la preghiera del cuore. Un'altra possibile traduzione è la seguente: «Quando i [pensieri] sono mortifi-

3. Quanto poi ai modi all'assiduità[7] con le realtà eccellenti, essi sono: il rimuginare nell'anima la bellezza delle condotte dei santi, perché da ciò si può essere risvegliati; l'adornarsi dell'eccellenza e dei modi delle loro condotte, perché così uno porta nella sua persona la loro immagine; **4.** la pazienza, la gioia nelle afflizioni, la calma nei modi [di fare], la perseveranza nella solitudine, la castità delle membra, il disprezzo della bramosia del corpo, la preoccupazione incessante per la santità, il non ritenere di esservi [già giunto][8], perché da ciò è generato il fare spazio all'ignobile zelo dell'anima; [zelo] che a sua volta rende manifesta la prova dell'orgoglio che insidia l'intimo[9].

5. Inoltre, contemplando tali realtà *come in uno specchio*[10], nei modi [di vivere] narrati nelle storie di tutti i santi[11], [il solitario] ne riceve un esempio e, senza fatica, egli percorre la sua strada, ricordando la loro pazienza e le loro bellezze. Essi, di cui già il ricordo riempie oltremodo l'anima di gioia! **6.** Grazie alle vittorie dei santi, l'anima del [solitario] erra [lontano] dal mondo, questi riceve consolazione nelle battaglie che si abbattono su di lui, ottiene di possedere nel suo cuore il disprezzo della [propria] coscienza e l'umiltà, e si adorna di modi eccellenti. Da quel momento [non vi sono più] dubbi né timore; e [il solitario] percepisce ormai solo la paternità [di Dio] e la [propria] figliolanza: nient'altro più c'è tra lui e Dio![12].

---

cati — e le tue realtà se ne stanno nella pace — proprio in quel momento molte abitudini [cattive] si instaurano, a motivo dei comportamenti del corpo e delle cadute che ne provengono». Seguendo questa interpretazione, però, mi pare meno conseguente il seguito.

[6] Il termine qui reso con «passione» (ܚܫܐ) è il corrispondente del greco πάθος e dunque copre un campo semantico che va da quello di «sofferenza» a quello di «passione», nel senso di partecipazione intensa, e di «passioni» (al plurale), vale a dire «pensieri/vizi». Nell'articolazione di tali concetti, Isacco è ovviamente debitore nei confronti di Evagrio, ma un'analisi attenta degli usi del Ninivita, ha consentito a Brock di individuare qui una particolare consonanza con il pensiero di Giovanni il Solitario (cf. Brock, «Discerning the Evagrian», pp. 65-66).

[7] Cf. *Ter.* I, 5.

[8] Cioè «alla santità». Letteralmente: «Il non pensare che egli ad essa». Con «ritenere» traduco il sostantivo ܡܣܒܪܢܘܬܐ che, a quanto mi risulta, è attestato solo in Isacco, qui e in *Sec.* XX, 21; *Cent.* II, 41, 97 (anche in queste ricorrenze preceduto dalla negazione ܠܐ). Questo tratto stilistico mi pare un'ulteriore conferma della paternità isacchiana della presente collezione.

[9] Sullo «zelo» (ܛܢܢܐ) cf. *Ter.* I, 2, n. 11. In particolare si veda *Sec.* I, p. 22a, dove lo zelo, come in questo caso, è messo in relazione con l'orgoglio (ܪܡܘܬܐ).

[10] Cf. 1Cor 13,12; 2Cor 3,18.

[11] Il Ninivita si riferisce spesso alle «vite» dei santi e ne raccomanda la lettura; si veda in particolare il discorso XII della presente collezione e gli altri passi isacchiani citati in nota a *Ter.* XII, 2.

[12] L'opposizione tra il «timore» e il «percepire la paternità di Dio» rimanda a un tema ricorrente. Isacco infatti, sulla scia di vari autori precedenti, distingue tre livelli nella

7. Tale ordine della perfezione[13] richiede: il proposito di una condotta solitaria nella quiete e la fatica solitaria nella cella; un corpo sottomesso e un pensiero ringiovanito; sensi ammansiti e una conoscenza elevata; membra che si indeboliscono e pensieri che si illuminano nel loro splendore; un Intelletto che vola e penetra presso Dio nella contemplazione[14] di lui; un pensiero ritirato dal mondo e che con la sua riflessione erra in Dio. **8.** [Un tale solitario] è [ancora] intrecciato alla carne, ma il [suo] pensiero[15] non dimora con essa; e mentre è da questa scosso, egli è interamente assiduo con quelle realtà che perdurano e che sono molto più grandi di lui. Il [suo] corpo ha sopportato ed è stato vessato, mentre il cuore ha esultato nella gioia, senza [averne] conoscenza, perché è detto: *Il cuore non si esalta*[16].

9. O Cristo che tutti arricchisci, conferma in me la tua speranza; e fammi uscire dalla tenebra, verso la conoscenza della tua luce, perché io ti lodi con le lodi del cuore e non solo con la bocca.

---

relazione con Dio, all'apice dei quali vi è «l'essere figlio». Dice ad esempio: «Colui che è 'corporale', come gli animali, teme di diventare una vittima; colui che è 'razionale', invece, [teme] il giudizio di Dio. Ma colui che è figlio, è impaurito non dalla verga, ma dalla bellezza dell'amore» (*Pri.* LXII, p. 430); ancora sui tre livelli, si veda *Cent.* I, 11 e 17 (dove ricorre anche il termine ܐܒܗܘܬܐ) e in generale la n. 19 a *Ter.* XIII, 9. Sulla paternità di Dio si veda anche, oltre a *Ter.* III, 37 (dove ritorna il termine ܐܒܗܘܬܐ): *Pri.* LI, p. 361; LXXVII, p. 524; *Cent.* I, 80; III, 71; *Sec.* V, 2 (con ܐܒܗܘܬܐ). Sull'essere figlio e il vivere di conseguenza, si veda, oltre a *Ter.* III, 15: *Pri.* III, 33; *Sec.* XX, 15; XXI, 5.

[13] Vale a dire l'ordine più alto, quello del «figlio». Per l'espressione, si veda, oltre a *Ter.* XIII, 13 e 17, anche *Pri.* III, p. 31; XII, pp. 121, 123; *Cent.* I, 67; III, 48.

[14] «Contemplazione» (ܬܐܘܪܝܐ), trascrizione del greco θεωρία, è un termine molto frequente nell'opera isacchiana. In uno dei vari passi in cui vi si riferisce, il Ninivita la definisce l'anima (ܢܦܫܐ) dell'attività spirituale, mentre l'eccellenza (ܡܝܬܪܘܬܐ) ne è il corpo (ܓܘܫܡܐ); insieme formano «un solo uomo completo, spirituale» (*Pri.* II, p. 17). Sull'argomento, si veda: Brock, «Some Uses» e Id., «Discerning the Evagrian», pp. 62-63.

[15] Quest'ultima ricorrenza del termine «pensiero» traduce il siriaco ܚܘܫܒܐ, mentre appena prima Isacco aveva utilizzato il quasi sinonimo ܪܥܝܢܐ, tradotto anch'esso con «pensiero». Sulla questione, cf. *supra*, p. XXVI-XXVII.

[16] Sal 131,1.

III

Dello stesso Mar Isacco. Sulla preghiera: come [essa] lega il nostro pensiero a Dio e fa sì che si applichi alla meditazione di ciò che è suo; e come, per mezzo dei moti eccellenti che sono nella [preghiera], questa [rende] la mente potente contro quell'amore per questo mondo da cui [sono alimentate] le passioni.

1. Non c'è condotta che sia capace di attirare il pensiero fuori da questo mondo e di preservarlo dagli inciampi che [avvengono] in esso, come la meditazione su Dio. Dura è quest'opera; dura ma stupefacente, e anche facile e dolce. Tu, mio amato, ama dimorare continuamente nella meditazione[1] su Dio, perché ciò è una porta [chiusa] in faccia a tutti i pensieri corruttibili. Intrattieniti con abbondanti preghiere: le preghiere continue sono una meditazione continua su Dio. **2.** Affinché noi siamo fedeli alle preghiere, tale preghiera dev'essere mossa dal cuore alla meditazione incessante su Dio. Allora essa rende la mente come un cielo[2], per mezzo dei moti eccellenti che sono conformi all'insegnamento divino, tramite le parole della preghiera che portano a compimento il timore di Dio[3].
3. Già da quello che ci è stato insegnato dal Signore nostro nei comandamenti che precedono la preghiera, [ci è detto] come dev'essere la vita dei cristiani e quali sono le cose che è utile che gli domandiamo nella preghiera[4]. È noto, infatti, che colui che ha imparato ad agire, grazie

---

[1] Letteralmente: «Meditazione continua» (ܗܘ ܐܡܝܢܐ ܕܐܘܝܪ), espressione frequente nell'opera isacchiana, in vari casi, come qui, completata dalla precisazione «su Dio (ܕܐܠܗܐ)». Si veda ad esempio: *Pri.* XIII, p. 125; LIII, p. 379; *Sec.* I, p. 18a; X, 16; XVIII, 3; XX, 27; XXIX, 9; *Cent.* I, 77; IV, 47. In *Ter.* IX, 6, Isacco offre un'illustrazione di cosa egli intende per «meditazione».

[2] Letteralmente: «Celeste». L'idea che la preghiera e la meditazione rendano la mente un «cielo», vale a dire luogo di dimora di Dio e suo tempio, sarà ripresa e approfondita successivamente; cf. *Ter.* VI, 45 e soprattutto VIII, 1, 17.

[3] Il discorso si chiarirà nel seguito: l'idea qui appena accennata è che le parole della preghiera (nella fattispecie quella del «Padre nostro») sono per colui che le recita innanzitutto un insegnamento e una via di purificazione.

[4] Dal contesto si può dedurre che qui Isacco si riferisce a quanto Gesù dice nel vangelo di Matteo, nei versetti che precedono il «Padre nostro». Vi è lì una serie di indicazioni, che Isacco chiama «comandamenti», sul come i cristiani devono comportarsi (si veda in particolare Mt 5,17-6,8). Già questi comandamenti, egli afferma, indirizzano la preghiera e le richieste che essa legittimamente può rivolgere; le parole del «Padre nostro» sono dunque una ricapitolazione e un'esemplificazione.

all'insegnamento divino, secondo quei comportamenti ed è dunque sollecito a presentare a Dio, nella preghiera, la richiesta che essi diventino realtà, percepisce che, al momento della preghiera, questi pensieri sgorgano in lui da quei [comportamenti]. Avviene infatti necessariamente che quali vogliamo che siano le nostre condotte, tale sia anche la nostra preghiera[5].

4. È perché non vi fosse in loro [alcuna] realtà estranea alla perfezione, che quanti progrediscono secondo l'insegnamento divino nella vita di perfezione sono stati un tempo istruiti dal Signore nostro a non *blaterare come i pagani*, ma a presentare a Dio domande di sapienza, salate con la speranza celeste[6]. [Il Signore] ha mostrato loro la provvidenza di Dio[7] nei loro confronti, e che il loro pensiero non deve essere preoccupato delle realtà mondane e temporali, ma [piuttosto] essi devono acquisire un pensiero dilatato e devono cercare quelle realtà che si addicono a quanti sono intimi [di Dio][8].

5. [In verità] neppure queste ultime realtà [Dio] le concede per la loro preghiera, poiché non ha bisogno di preghiere Colui che al momento della creazione non ebbe bisogno della supplica degli esseri creati; e quanto più eccellente è [la creazione] dei doni che vengono dopo![9] Ma

---

[5] Si insiste ancora sul rapporto tra comportamento e preghiera: la preghiera è in qualche modo specchio del proprio comportamento e viceversa. Il rapporto è di reciproca rivelazione, ma anche di reciproco condizionamento: si chiede quanto è in accordo alla vita che si vuole condurre. In *Pri.* III, p. 34 Isacco afferma: «La preghiera si accorda strettamente con le condotte»; e in *Sec.* XIV, 37, spiegando il senso delle «richieste» contenute nel «Padre nostro» (come nel seguito di questo discorso), ribadisce il medesimo concetto che la condotta deve conformarsi alle parole della preghiera recitata. Si veda in proposito Teodoro di Mopsuestia, *Omelie catechetiche* XI, 1, 3 (Tonneau – Devreesse, *Les Homélies*, pp. 282, 286); Marco il Solitario, *La giustificazione tramite le opere* 153 (de Durand, *Traités*, p. 178).

[6] Cf. Mt 6,7; Col 4,6. Sull'invito a non chiedere come i pagani, con allusione al primo passo biblico, si veda *Pri.* III, p. 33.

[7] «Provvidenza di Dio» (ܐܠܗܐ ܕ ܒܛܝܠܘܬܐ), espressione molto frequente in Isacco: *Ter.* XII, 5, 19, 25; *Pri.* V, p. 65; VII, p. 103; XXXV, p. 262; XL, p. 304; XLVII, p. 337; LX, p. 422; LXXI, pp. 489-490; LXXII, p. 498; *Sec.* VIII, 26; XVII, 6, 8; *Cent.* I, 51; II, 73, 102. Frequente è anche l'analogo «provvidenza divina (ܐܠܗܝܬܐ ܒܛܝܠܘܬܐ)»: *Ter.* XII, 20; *Pri.* XXXV, p. 248; XXXIX, p. 301; XLVIII, p. 339; LI, pp. 360, 370; LVII, p. 399; LIX, p. 418; LXXI, p. 489; *Sec.* VIII, 25; XVII, 4; XIX, 8; *Cent.* II, 15, 47. Ma l'affermazione dell'esistenza di una provvidenza divina, cioè del fatto che Dio si prende cura degli esseri creati e della storia, a volte in polemica con chi la nega, è presente ben al di là di queste occorrenze. Le due espressioni su segnalate si ritrovano già in Evagrio; per la prima, si veda: *Centurie* IV, 43, 59, 75 (Guillaumont, *Les six centuries*, pp. 234-235, 242-243, 248-249); per la seconda: *Professione di fede* (Muyldermans, *Evagriana Syriaca*, p. 140).

[8] Letteralmente: «Della casa». Cf. Mt 6,25-34.

[9] Dio ha creato ogni essere di sua esclusiva iniziativa, senza che alcuno gli chiedesse di essere creato. Su questa constatazione Isacco fonda l'affermazione che dunque ogni

[tale preghiera è necessaria] perché essi siano ricolmi della meditazione delle realtà invisibili, in modo che il loro pensiero, grazie alla forma della preghiera[10], sia ricolmo di quelle realtà, ed essi possano percepire fin d'ora a quale speranza sono destinati[11].

6. Cosa ne deriva dunque? Che mentre si intrattengono in questa riflessione mirabile, discernendo ciascuna delle realtà che invocano da Dio con sollecitudine, giustamente da quel momento essi aspirano a procedere nelle condotte che sono conformi a quel bene e a [quella] gloria che li attraggono; e tramite queste realtà essi se ne stanno continuamente in un luogo elevato, al di sopra di questo mondo, nella familiarità[12] e nella vicinanza con Dio, nell'assiduità [con lui] e nella conoscenza dei suoi misteri.

7. Se, infatti, come dice il beato Interprete, «ogni preghiera, quale che essa sia, è un insegnamento per la vita»[13], per ogni forma di preghiera, elevata da un uomo intelligente, sollecito in ciò che stabilisce l'ordine dell'insegnamento divino, ecco che l'Intelletto sviluppa una qualche comprensione, per la quale esso si svincola dalla carne; e, per mezzo della riflessione, si trova legato a quelle realtà che insegnano a vivere[14], e che incidono [nella vita terrena] il ricordo dell'esistenza immortale e

---

bene che Dio concede agli uomini, e che certo non può superare il bene per eccellenza che è l'essere stati creati, non può essere altro che frutto della spontanea bontà di Dio, e non delle richieste innalzate dalle creature (cf. anche III, 35-36). Sulla creazione come libera iniziativa di Dio si veda anche *Ter.* V, 1, 18 e *Sec.* I, p. 24a. Si veda anche Evagrio, *Lettera a Melania* (Vitestam, *Seconde partie*, p. 22). Altrove Isacco aggiunge che, non solo Dio ha creato di propria iniziativa e quando è parso bene a lui, ma lo ha fatto anche senza averne avuto bisogno (cf. *Ter.* III, 37; V, 14).

[10] Con «forma della preghiera» (ܐܣܟܡܐ ܕܨܠܘܬܐ), espressione ricorrente in questo discorso e nel seguente (*Ter.* III, 7, 8, 23, 24, 29; IV, 12, 14, 15), Isacco intende la preghiera nella sua materialità o esteriorità, vale a dire nelle sue parole, recitando e meditando le quali, l'orante potrà entrare in quella contemplazione che costituisce l'esito della preghiera.

[11] Dio non ha bisogno della preghiera degli uomini; essa è necessaria a coloro che la praticano (cf. *Sec.* XIV, 13); infatti, nel mondo futuro non ci sarà più preghiera (cf. *Pri.* XXII, p. 170; LXXIII, p. 503; *Cent.* III, 46) né liturgia (cf. *Ter.* III, 34) e neppure vi sarà bisogno che Gesù continui a «esercitare il suo sacerdozio di riconciliazione» (*Cent.* I, 21). Sulla «speranza futura», cf. *Ter.* IX, 9, n. 18.

[12] «Familiarità» (ܒܝܬܝܘܬܐ), indica letteralmente «l'essere di casa», «l'intimità»; cf. *Ter.* IV, 19, n. 38.

[13] Teodoro di Mopsuestia, *Omelie catechetiche* XI, 1 (Tonneau – Devreesse, *Les Homélies*, p. 282). A questa stessa omelia di Teodoro, Isacco si ispira in più punti del nostro discorso. Anche in *Sec.* XIV, 36, commentando il «Padre nostro», si riferirà all'insegnamento del Mospsuesteno.

[14] Cf. Tt 2,12.

dell'aldilà[15]. **8.** Così, gli elementi che [compongono] la forma della preghiera furono ordinati dal Signore nostro [quale] insegnamento elevato e particolarmente sintetico; [quale] conoscenza eccellente circa la vita incorruttibile e dello Spirito. Ragione per cui, ogni volta che noi preghiamo, miriadi di comprensioni sgorgano nel nostro pensiero: da dove siamo [giunti] nella natura, cioè [se] dalla terra; da cosa siamo [originati] e per opera di chi; di quale stirpe siamo stati resi partecipi; con quali misteri siamo entrati in comunione; verso dove stiamo per essere condotti; quale genere di esistenza prefigura questo mistero; in che modo noi, in figura, siamo stati già ora resi sapienti circa la speranza [futura][16]. E poiché, attraverso la mente, siamo solo messi in comunione e siamo condotti in prossimità delle realtà della vita [futura] e degli stupefacenti comportamenti che [le] sono conformi, [tali realtà] rinsaldano la [mente] circa il mistero, quaggiù, attraverso l'opera[17].

9. La preghiera, dunque, conforme alla perfezione[18] — vale a dire quella di coloro che hanno preferito una vita come questa, hanno desiderato ardentemente il cielo e hanno fatto spazio ai comandamenti perfetti[19] — è quella [del detto]: *Non preoccupatevi dei vostri corpi, di quello che mangeremo, di quello che berremo o di quello con cui ci copriremo*[20]; e quella del [detto]: *Il Padre sa che anche a voi sono necessarie quelle cose*, già prima che siano manifestate tramite una preghiera [fatta] con fiducia[21]. E perché si elevino al di là di tutte le realtà terrestri, nella perfezione della mente, il Signore nostro ha dato un comando, dicendo: *Cercate solo il regno di Dio e della sua giustizia*[22]. **10.** Allora la preghiera che è conforme

---

[15] Idea già espressa all'inizio del primo discorso (titolo e paragrafo 1), secondo cui un certo genere di vita sulla terra può costituire una prefigurazione di quella dell'aldilà.

[16] Cf. *Ter.* I, titolo, n. 3. Non nei precisi termini qui attestati, ma nel genere, queste «comprensioni» ricordano un tema gnostico ripreso da Clemente di Alessandria negli *Estratti da Teodoto* 78 (Sagnard, *Extraits*, p. 202).

[17] In questo passo, di non facile comprensione, Isacco sembra affermare che la pratica della preghiera introduce non alla realtà delle cose dette, ma solo ad una certa forma di comprensione e comunione con esse. Per questo, sarà poi la pratica delle cose pregate a rinsaldare la mente anche nella comprensione del mistero ad essi relativo. Siamo dunque ancora rimandati alla doppia relazione, già enunciata e ancora sviluppata nel seguito, che intercorre tra preghiera e vita.

[18] Per un'espressione analoga, cf. *Ter.* III, 13.

[19] «Comandamenti perfetti» (ܦܘܩܕܢܐ ܓܡܝܪܐ), ricorda una terminologia tipica del *Liber graduum* (cf. VII, 1; XI, 1; XIX, 5; XXX, 2; Kmosko, *Liber graduum*, pp. 145, 273, 456-457, 864).

[20] Mt 6,31.

[21] Mt 6,32; cf. anche Mt 6,8.

[22] Mt 6,33. I testi biblici qui citati ricorrono anche, in contesti che sviluppano la medesima idea, nei seguenti passi della *Prima collezione*: III, p. 33; VII, p. 100; LIII, p. 385.

alla vita perfetta e si dà pensiero di essere in accordo con il suddetto passo [della Scrittura] diventa rettitudine del pensiero, ammonimento ad [assumere] bei modi, libertà in vista di quelle realtà che elevano, meditazione dello spirito[23], ricordo delle realtà celesti, riflessione sulle realtà nascoste. Ciò perché tutti questi pensieri sono racchiusi, in sintesi, nella preghiera che istruisce a proposito della perfezione futura[24].

11. In tal modo la preghiera, opportunamente, rende forte la mente di coloro che osano mettere in pratica, sulla terra, le condotte perfette relative al mistero dell'esistenza futura[25]. «La preghiera continua è una forza che riveste la mente», dice il beato Basilio[26]; quella [preghiera] che è

---

[23] «Meditazione dello spirito» o «dello Spirito» (ܗܘܢܐ ܕܪܘܚܐ); per l'analogo «meditazione spirituale» cf. *Ter.* IX, 9, n. 19.

[24] «Perfezione futura» (ܓܡܝܪܘܬܐ ܕܥܬܝܕܐ) indica lo stato di pienezza promesso per l'aldilà. La medesima espressione ricorre in *Ter.* III, 11 e XIII, 17. Si veda anche *Pri.* LI, p. 367; *Cent.* IV, 34.

[25] Cf. *Ter.* I, titolo, n. 3.

[26] L'affermazione in quanto tale non si ritrova negli scritti noti di Basilio, benché l'idea qui espressa potrebbe essere accostata a un testo basiliano (*Lettere* II, 4; Forlin Patrucco, *Le lettere*, pp. 66-69) che peraltro Isacco cita esplicitamente in *Ter.* VIII, 18 e in *Pri.* L, p. 353. Coincide invece alla lettera con l'inizio di un breve testo sulla «preghiera continua» della cui paternità non v'è certezza. Questo è tradito nel manoscritto Londra, Add. 12167 (*Wright* 785; ff.182v-183r) dove è preceduto dalla *Lettera a un suo discepolo* di Filosseno di Mabbug ed è introdotto dalla dizione: «Ancora dello stesso». A margine, però, un lettore anonimo ha aggiunto l'annotazione: «Questo trattato è di s. Basilio». Infine, a rendere ancora più complessa la situazione, vi è che esso è seguito da altri due testi (il primo molto breve e il secondo più ampio) ancora sul tema della preghiera e ambedue introdotti dalla dizione: «Ancora dello stesso», il secondo dei quali in altri manoscritti è tradito sotto il nome di Giovanni il Solitario. De Halleux, nel suo studio su Filosseno (dove prende in considerazione solo il manoscritto «filosseniano», Londra, Add. 12167, e dunque sembra ignorare le altre attestazioni), nota l'attribuzione marginale a Basilio ma dice di non essere riuscito a identificarlo «dans aucun des passages de l'*asceticon* basilien consacrés à la prière»; conclude quindi l'analisi dei tre frammenti, dicendo: «Rien ne nous paraît donc s'opposer à leur authenticité» (*Philoxène*, p. 269), cioè alla paternità filosseniana. Per i primi due frammenti la valutazione di de Halleux resta a tutt'oggi l'unica. Diverso è invece il caso del terzo testo che sia Brock sia Bettiolo, basandosi sulle altre attestazioni manoscritte, hanno restituito a Giovanni il Solitario (Brock, «John the Solitary»; Bettiolo, «Sulla preghiera»). La paternità del primo estratto, quello che qui ci interessa, resta dunque problematica; esso potrebbe essere: di Filosseno, come suggerisce de Halleux visto il contesto; di Basilio, come vorrebbe la nota a margine e anche la nostra citazione isacchiana che potrebbe corroborare l'ipotesi basiliana; o infine di Giovanni il Solitario, vista la concatenazione anche tematica dei tre frammenti, nonché il vocabolario. De Halleux, addirittura, proponeva di considerarli tre estratti di una medesima lettera a un novizio sulla preghiera; intitolava infatti il capitolo ad essi relativo con: «Une lettre à un novice, sur la prière?» (de Halleux, *Philoxène*, p. 268). I tre estratti sono stati editi da Bettiolo, «Sulla preghiera»; il primo è alle pp. 76-77 e il passo qui citato da Isacco è a p. 76. Sulla preghiera che «fortifica la mente» Isacco ritorna ancora in *Ter.* III, 24-25 e 30; sulla «preghiera continua», si veda invece *Ter.* VIII, 1, n. 5.

[generata] dall'amore per la lettura del vangelo[27]. Ma di quale mente [si tratta]? È chiaro che si tratta della [mente] di coloro che hanno desiderato avidamente la vita celeste, che si sono fortificati grazie alla lettura del vangelo[28], che hanno disprezzato la terra, che hanno desiderato ardentemente il cielo e che hanno tenuto fissa davanti ai loro occhi la perfezione futura[29].

12. È dunque chiaro che da una tale preghiera e meditazione di coloro che in essa si intrattengono in modo eccelso, costoro ottengono incoraggiamento e forza nelle loro menti, perché la speranza incendia i loro pensieri. Da qui ricevono la forza di afferrare saldamente quello che possiedono, e di sopportare soavemente quei mali in cui [incorrono] sulla terra, al punto da ritenerli un nulla in confronto ai beni futuri, che sono stati loro promessi. **13.** Di tali [realtà] essi godranno tra breve, ma già ora, di tanto in tanto, *vengono trasfigurati a* [loro] *somiglianza, nello specchio* del proprio pensiero, *per mezzo* della grazia *dello Spirito*[30]. Infatti, a misura dell'ardente desiderio della volontà, [tale] forza riveste convenientemente la mente, per mezzo della preghiera perfetta[31] che indica la via per tale ascesa al di là del mondo[32].

14. Subito, infatti, al ricordo delle realtà celesti che nella preghiera vengono presentate [come] suppliche, l'anima, che aveva già disprezzato questo mondo, si dilata per mezzo dell'amore per Dio. E a causa di ciò, contro di essa si scatenano lotte, mentre la mente si appoggia alla speranza, e si rinvigorisce per mezzo delle suppliche elevate che nella preghiera ha imparato a formulare, persuasa a riguardo dal Signore nostro che ha detto: *Padre nostro che sei nei cieli*[33].

15. O compassione e grandezza della bontà di Dio, in cui egli introduce la natura creata! Ma le ricorda anche la santità[34] della natura

---

[27] «La lettura del vangelo» traduce l'espressione siriaca ܩܪܝܢܐ ܕܝܢ ܕܐܘܢܓܠܝܘܢ, che potrebbe anche essere resa con: «Quella lettura (cioè: passo) del vangelo»; in questo caso Isacco si riferirebbe non alla lettura del vangelo in genere, ma di quei precisi testi citati nel paragrafo 9. In ambedue i casi è qui annunciato un tema ricorrente nell'opera del Ninivita, vale a dire che la preghiera è alimentata e sostenuta dalla lettura della Scrittura (cf. *Ter.* IX, 3, n. 6).

[28] Qui «lettura del vangelo» traduce l'espressione siriaca ܩܪܝܢܐ ܕܐܘܢܓܠܝܘܢ.

[29] Su «perfezione futura», cf. *Ter.* III, 10, n. 24.

[30] Cf. 2Cor 3,18. Si veda *Ter.* I, 13, n. 47.

[31] «Preghiera perfetta» (ܨܠܘܬܐ ܕܓܡܝܪܘܬܐ); per un'espressione analoga, cf. *Ter.* III, 9.

[32] Sull'ascesa tramite la preghiera, cf. *Ter.* IX, 12, n. 26.

[33] Mt 6,9. Comincia qui un commento, succinto ma abbastanza sistematico, alle invocazioni del «Padre nostro».

[34] Qui vengono commentare le parole: «Sia santificato il tuo nome» (Mt 6,9).

divina³⁵; quella [natura] alla quale, per grazia, egli ha reso degno di accostarsi colui che è figlio³⁶. Poiché l'ha fatto accedere a una tale altezza nella santità — concedendo[gliene] la comprensione — che quella natura cui appartiene la santità ha concesso alla [creatura], per grazia, quanto non le apparteneva per natura³⁷. **16.** A tale [santità] è bene allora che si conformi la condotta degli esseri viventi che sono sulla terra, come disse [Dio] a Mosè: *Siate santi, perché io sono santo*³⁸. Se la santità si addice³⁹ ai servi, a motivo della parola di Dio loro [rivolta], quanto più dunque ai figli⁴⁰, dal momento che la riflessione della preghiera fa salire la [loro] mente a tali comprensioni e a una tale elevata meditazione, per mezzo di quei generi di richieste che conformano la forza delle parole⁴¹ della [preghiera] all'insegnamento divino.

17. Lo stesso vale anche per il seguito dei versetti [del «Padre nostro»]. In essi si trovano⁴² altre comprensioni, che ci mostrano: come sia bene che chi ha una nobile origine e sta per ritornare al Regno, non possieda alcuna delle realtà inferiori e corrotte; come, persistendo presso [Dio], il pensiero si leghi all'amore per lui; e che è giusto che i figli di Dio ritengano una vergogna il fatto che il [loro] pensiero si trattenga sulla terra e

---

³⁵ «Natura divina» (ܟܝܢܐ ܐܠܗܝܐ), espressione particolarmente frequente in Isacco, soprattutto nelle due ultime collezioni: *Ter.* VII, 5; XI, 2, 10; *Pri.* LXXXI, p. 570; *Sec.* I, pp. 24a, 28a; VIII, 4, 6; X, 25; XI, 35; XIV, 42; XVIII, 3; XXXVIII, titolo, 4; XXXIX, 22; XL, titolo; *Cent.* I, 22; II, 19, 44. Brock (*The Second Part [Versio]*, p. 27, n. 4,1) suggerisce di vedervi, più che un influsso di 2Pt 1,4 (testo entrato a far parte del canone siro-orientale solo tardivamente), una reminiscenza teodoriana; cf. *Omelie catechetiche* I, 16-17; V, 1, 3-4 e *passim* (Tonneau – Devreesse, *Les Homélies*, pp. 26, 29, 98, 102), peraltro esplicitamente citate proprio in questo discorso, e l'*Anafora* attribuita a Teodoro di Mopsuestia, anch'essa esplicitamente menzionata nel discorso *Ter.* XI, dove la nostra espressione ricorre per due volte (Vadakkel, *Anaphora of Mar Theodore*, pp. 58, 70). Si veda anche Evagrio, *Lettera a Melania* (Frankenberg, *Evagrius*, p. 618).
³⁶ Letteralmente: «La figliolanza» o «l'essere figlio» (ܒܪܘܬܐ). Cf. *Ter.* II, 6, n. 12.
³⁷ Su questo, si veda in particolare *Ter.* V.
³⁸ Lv 19,2.
³⁹ Nel doppio senso di «è accessibile» ed «è richiesta».
⁴⁰ La comparazione tra la condizione di servi (credenti dell'antica alleanza) e figli (credenti della nuova alleanza) è già sviluppata in Teodoro di Mopsuestia, *Omelie catechetiche* XI, 7-8 (Tonneau - Devreesse, *Les Homélies*, pp. 294-298) che a sua volta si rifà ai testi di Gal 4,24-25; Ef 2,15; Rm 8,15. Qui il tema della figliolanza dei cristiani è evocato a partire dall'invocazione iniziale della preghiera del «Padre nostro», in cui l'orante si rivolge a Dio chiamandolo appunto «Padre».
⁴¹ Letteralmente: «Forza dei versetti» (ܚܝܠܐ ܕܦܬܓܡܐ); sul significato, cf. *Ter.* III, 29, n. 68.
⁴² Letteralmente: «Si muovono». Il testo del «Padre nostro» qui commentato è: «Venga il tuo regno, sia fatta la tua volontà» (Mt 6,10). Su queste invocazioni, cf. anche *Pri.* II, p. 13; *Sec.* XIV, 37; *Cent.* I, 59, 89; II, 59.

in ciò che le appartiene. **18.** Per questo noi chiediamo aiuto al compiacimento della sua volontà, come stiamo per fare: affinché la sua grazia, detta *Regno*[43], si pieghi su di noi; e così, percependola, noi dimentichiamo la terra e dimoriamo in mistero nelle realtà [del cielo], mediante una trasmigrazione[44] che nella mente ci istruisce su ambedue [i mondi][45]. Da ciò, infatti, viene la forza dalla quale siamo trasformati e grazie alla quale persistiamo nelle realtà eccellenti; e così, essendo [ancora] sulla terra, mostriamo la vita del cielo[46]. **19.** E [chiediamo aiuto] anche per ottenere incoraggiamento, percependo che ci sono dati un conforto e un aiuto, una forza che [viene] dal cielo la quale [ci] è invisibilmente vicina in ogni tempo e [ci] soccorre; e [ci] fa accedere inaspettatamente a quelle realtà che elevano la natura. E [chiediamo aiuto] per rimanere, [pur] in una natura debole, estranei alle opinioni, ai moti e alle volontà umane. Se, infatti, così non fosse — cioè se non fosse possibile che noi, per la forza dello Spirito, siamo a volte trasferiti e dimoriamo in quelle realtà, anche prima che venga la pienezza — il Signore nostro non ci avrebbe ordinato di chiedere ciò al Padre.

20. Per il fatto poi che siamo ancora nella carne, egli ci ha insegnato a chiedere [il pane] *necessario oggi*[47], perché senza di esso ora non è possibile [vivere]. E benché, a motivo di ciò che è eccellente, le realtà temporali appaiano decisamente superflue, tuttavia io sono persuaso che la vostra natura deve chiedere; però, ciò che [è previsto che] chiediate, e non qualcosa di più rispetto a questo[48]. E ancora a questo [proposito], la parola *dacci*[49] ci insegna a mettere la fiducia in lui e [ci] fa capire che

---

[43] Mt 6,10.

[44] «Trasmigrazione» (ܡܫܘܢܝܬܐ), nel senso di distacco, interiore prima che fisico, dalle realtà terrestri; cf. *Ter.* I, 8, n. 27.

[45] Il senso dell'ultima frase non è chiarissimo; potrebbe però essere spiegato dall'insieme del passo. L'autore ribadisce che la venuta del Regno, e il farne esperienza, diventano per l'orante motivo di purificazione dei propri atteggiamenti nei riguardi delle realtà terrestri. La «percezione» del Regno è ciò che rende possibile sia una presa di distanza dalle realtà mondane, sia anche la pregustazione di quelle future, istruendo la mente sul valore dell'uno e dell'altro mondo.

[46] «La vita del cielo», letteralmente «l'esistenza (ܗܘܝܐ) del cielo». Cf. *Ter.* I, titolo, n. 4.

[47] L'invocazione qui commentata è: «Dacci oggi il nostro pane quotidiano» (Mt 6,11). Il termine tradotto con «necessario» è ܣܘܢܩܢܢ, corrispondente (con una minima variante) a ciò che la Pešiṭta rende del greco ἐπιούσιον, tradotto in italiano con «quotidiano». Non entro qui nel problema delle traduzioni e interpretazioni del testo greco. A questa medesima invocazione Isacco accenna anche in *Sec.* XIV, 37.

[48] Si veda su questa argomentazione Teodoro di Mopsuestia, *Omelie catechetiche* XI, 14 (Tonneau - Devreesse, *Les Homélies*, pp. 308-312).

[49] Mt 6,11.

egli è sollecito anche per i nostri [bisogni] più elementari. Attraverso simili richieste, [Dio] si abbassa a preoccuparsi di ammonirci riguardo a queste realtà.

21. Ancora di qui impariamo che egli perdona quanto gli chiediamo riguardo ai peccati. Egli cioè, insegnandoci a presentare la richiesta del perdono[50] come chi è persuaso che questa è la volontà del Padre, mostra che egli difatti ama perdonare[51]. È il Padre stesso che dice tutto ciò; e [dice] anche che bisogna che noi accordiamo [agli altri] ciò che chiediamo [per noi], al fine di ottenere il medesimo trattamento.

22. Ma siccome abbiamo da lottare e [da affrontare] tentazioni inattese e altro ancora[52] — dal momento che la carne è [ancora immersa] nei suoi moti, sia quelli che [vengono] dal di fuori e affliggono la carne, sia ciò che [accade] per un cenno [proveniente] dall'alto[53] — abbiamo bisogno di essere custoditi in mezzo a tutte queste avversità. Ed essendo necessario che noi preghiamo per questo, dalla stessa formula [della preghiera][54] ci viene ciò che ci rende sapienti [in proposito]. **23.** Così troveremo rifugio in Colui dal quale viene la salvezza per tutto ciò che respira nella carne e per ciò che, al di fuori della carne, si muove nella vita[55]. E

---

[50] Qui Isacco commenta l'invocazione: «Rimetti a noi i nostri debiti, come noi li rimettiamo ai nostri debitori» (Mt 6,12).

[51] Cf. *Ter.* VI, 28.

[52] L'invocazione qui commentata è: «Non indurci in tentazione, ma liberaci dal male» (Mt 6,13).

[53] Con «un cenno ... dall'alto», letteralmente «un cenno eccelso» (ܪܡܙܐ ܪܡܐ), si intende l'esito di un intervento divino. Il Ninivita qui si riferisce all'idea che le tentazioni possano venire sia «dal di fuori» (si tratta delle tentazioni dovute alle sollecitazioni della carne), sia «dall'alto», vale a dire da Dio, che dunque a volte interviene anche sottoponendo a una prova, in vista di un bene maggiore. Poco oltre (in *Ter.* III, 27) Isacco enumera tre fonti di tentazioni (la natura, i demoni e gli uomini); ma altrove parla di tentazioni provvidenziali (*Ter.* VIII, 3) e, ancora più chiaramente, di tentazioni che sono in qualche modo provocate da Dio stesso (cf. in particolare *Pri.* XXXIX, pp. 298-303; LXXVII, p. 531) o che sono da lui permesse (cf. *Pri.* XXXVI, pp. 278-279; LIX, pp. 415-416). In molti casi, inoltre, ribadisce la necessità delle tentazioni nella vita spirituale e i vari frutti che esse possono arrecare (oltre a *Ter.* XII, 26, cf. *Pri.* V, pp. 64-65, 67-68; VIII, p. 109; LIX, p. 418; LXI, pp. 428-429; *Sec.* XVIII, 1). Infine nel discorso terzo della *Prima collezione* (III, pp. 34-39) abbiamo un'ampia trattazione del tema, ove si ribadisce l'importanza delle tentazioni, ma si specifica anche che ve n'è un genere (quelle dell'anima) per il quale è bene pregare di non esservi sottoposti.

[54] «Formula [della preghiera]» traduce il siriaco ܛܟܣܐ, che indica normalmente il rituale di una liturgia, corrispondente all'*ordo* dei latini, e che qui si riferisce alla formula del «Padre nostro».

[55] Probabilmente qui Isacco si riferisce ai vivi, che sono ancora nella carne, e ai morti, che, non più nella carne, sono «nella vita», vale a dire nel Regno. Ambedue questi gruppi ricevono la loro salvezza da Dio. Sulla salvezza dei morti, si veda in particolare il discorso undicesimo della presente collezione.

poiché è lui che governa su tutto e senza di lui nulla è possibile — lui, la cui gloria [viene] dalla sua stessa natura, il cui regno è al di sopra di tutto e il cui potere abbraccia tutti i confini — egli ha voluto che, per mezzo della forma della preghiera[56] con cui [chiediamo] quelle realtà che ci sono da lui procurate, il ricordo [di lui] ci accompagni continuamente[57], perché, tramite queste realtà, abbiamo accesso all'eccelsa nube oscura della conoscenza di lui[58] e del suo amore per gli uomini!

24. Bene ha detto il beato Marco il Solitario: «Colui che prega con discernimento, sopporta ciò che gli accade»[59]. La forma della preghiera, infatti, è tale che, per mezzo di comprensioni[60] varie e stupefacenti, essa rende forte la nostra mente, e la prepara perché non diventi un ricettacolo di passioni, come ha detto Evagrio[61]. Accade necessariamente, infatti, che chiunque preghi con discernimento, fa di quell'eccellente parola che è la preghiera fatta con discernimento [la sua arma] per la lotta contro la carne. Così essa lo infiamma con l'amore per le realtà future; [amore] che la conoscenza di quelle realtà muove in colui [che prega].

[56] Vale a dire tramite la ripetizione e meditazione della parole della preghiera (in questo caso del «Padre nostro»); cf. *Ter.* III, 5.

[57] Letteralmente: «La continuità del ricordo» (ܐܡܝܢܘܬ ܥܘܗܕܢܐ); cf. *Ter.* VIII, 1, n. 3.

[58] «Nube oscura della conoscenza di lui» traduce l'espressione siriaca ܥܢܢܐ ܚܫܘܟܬܐ. L'immagine della «nube oscura» legata alla conoscenza di Dio si rifà in primo luogo a Es 20,21, ove si dice che «Mosè entrò nella nube oscura (ܥܢܢܐ nella Pešitta) in cui era Dio». Isacco ricorre spesso a questa immagine, il più delle volte accompagnandola con specificazioni che rimandano alla fonte biblica cui è attinta e al suo stretto legame con Dio. Con l'esatta formulazione qui attestata ricorre solo in *Ter.* XI, 31; ma si veda anche: *Ter.* VII, 5, 7; IX, 25, 30. Per le altre collezioni, si veda: *Pri.* XXVI, p. 193; XXXII, p. 217 (dove il termine è legato alla conoscenza e all'amore di Dio, come nel nostro caso); LXXIV, p. 517 (in connessione con la Šekinah, su cui cf. *Ter.* VII, 4, n. 9); *Sec.* I, p. 24a; V, 1; VII, 1; IX, 11; X, 17, 24; *Cent.* I, 36, 51, 52; II, 73, 102. In *Pri.* XXVI, p. 193, ove sta trattando della contemplazione dei «giudizi divini», il Ninivita introduce il nostro termine attribuendo tale definizione ad «alcuni», lasciando dunque intendere che si sta rifacendo a una fonte, che probabilmente si può individuare nello Pseudo Dionigi (si veda in particolare *Teologia mistica* I, 3 e II, dove si parla di «tenebra oscura dell'inconoscenza», espressione molto vicina alla nostra; PG 3, coll. 1000-1101; 1025). Brock (cf. *The Second Part [Versio]*, p. 42, n. 17,3) ritiene invece improbabile un influsso di Gregorio di Nissa, *Vita di Mosè*, dove pure il termine, com'è richiesto dall'argomento trattato, è ricorrente (ma non in un costrutto simile al nostro).

[59] Marco il Solitario, *La legge spirituale* 115 (de Durand, *Traités*, p. 102).

[60] «Comprensione» traduce il siriaco ܣܘܟܠܐ, qui come quasi sempre nel resto dell'opera. In rari casi, tuttavia, è stato reso con «discernimento»; tra questi vi sono le altre tre ricorrenze nel presente paragrafo, vale a dire nella citazione di Marco il Solitario appena precedente, e nelle due che seguono.

[61] Il testo evagriano cui Isacco si riferisce è il medesimo che egli stesso citerà più esplicitamente nel paragrafo successivo. Sul tema della preghiera che rinforza la mente, cf. *Ter.* III, 11.

25. Quando poi, grazie a ciò, egli è preparato a fronteggiare la natura, e a separarsi da ciò che le appartiene e [a separare] la mente dalla carne, bisogna che chieda una grande forza per sopportare tutte le realtà che dopo di ciò si mettono in movimento. Tuttavia le comprensioni [generate] dalla preghiera e i doni [spirituali] in essa [contenuti], a motivo della speranza, fanno apparire tali asperità un nulla agli occhi di colui [che prega], anche quando si tratta di qualcosa di molto duro. Avendo visto ciò, il beato Evagrio, infatti, ha detto: «La preghiera rende forte la mente e la prepara perché non diventi un ricettacolo di passioni»[62]. **26.** E anche Marco ha indicato le aspre lotte che si muovono a seguito delle comprensioni della preghiera e l'intelligenza che è in essa[63].

27. Queste [comprensioni], mentre ci preparano mediante l'esempio delle realtà future a essere trasportati — [pur rimanendo] sulla terra — al di fuori della carne, ci comandano allo stesso tempo di sopportare le tempeste che necessariamente insorgono, come chi le attende. Tali tentazioni, infatti, sia che [vengano] dalla natura sia che [vengano] dai demoni sia che [vengano] dagli uomini[64], si levano contro colui che ama camminare in questa via. **28.** Evagrio, infatti, [ha detto]: «La mente che dimora nella dolce speranza, accresce l'aiuto che viene dalla preghiera»[65]; non solo perché è capace di mostrare come tutte le lotte siano un nulla e poca cosa la loro asperità, ma anche perché [spinge] a trascurare la carne, che è la causa della lotta.

29. Questa è dunque, [miei] amati, la condotta della preghiera; questa è la nostra divina meditazione nella [preghiera]; e questa è l'occupazione perfetta! Colui, infatti, che vuole percorrere, per mezzo dell'Intelletto, i gradini divini[66], ricerca l'abitare solitario e l'allontanamento dalla preoc-

---

[62] Il testo principale cui Isacco si riferisce è il *Trattato pratico* 49, dove si legge: «La preghiera rende forte e puro l'Intelletto per la lotta» (Guillaumont, *Traité Pratique*, pp. 610-613). Ma verosimilmente a questo testo ne è giustapposto un altro, dal *Trattato gnostico* 49, dove si legge: «Scopo delle buone condotte è purificare l'Intelletto e metterlo in condizioni di non essere un ricettacolo di passioni». In quest'ultimo testo, giunto sino a noi solo in versione siriaca, l'espressione «ricettacolo di passioni» è la medesima di quella utilizzata da Isacco (Guillaumont, *Le gnostique*, p. 191; Frankenberg, *Evagrius*, p. 552).

[63] Cf. Marco il Solitario, *La giustificazione tramite le opere* 81 (de Durand, *Traités*, p. 154).

[64] Sulle diverse origini delle tentazioni, cf. *Ter.* III, 22, n. 53.

[65] Possibile fonte è Evagrio, *Sulla preghiera* 7 (PG 79, col. 1169), corrispondente al 6 nella versione siriaca (Hausherr «Le 'De Oratione'», p. 12), dove si ritrova l'espressione «l'aiuto che viene dalla preghiera», ma in un contesto diverso da quello isacchiano.

[66] «Gradini divini» traduce ܪܕܘܡܐ ܐܠܗܝܐ, che ricorda l'espressione analoga ܡܣܩܬܐ ܐܠܗܝܬܐ (ascese divine), attestato in *Ter.* III, 32. Si tratta di un'immagine con

cupazione mondana, perché [ciò] genera la tranquillità e la quiete del cuore. Così, riposando continuamente in Dio e [dimorando] nella quiete dei pensieri, la mente[67] potrà contemplare l'intera forma della preghiera, per riceverne la conoscenza di Dio, attraverso l'ingresso nei misteri [contenuti] nei versetti[68].

30. La preghiera, allora, mediante la meditazione che essa [comporta], avvicina il pensiero a Dio, in ogni tempo[69]. Con la varietà delle sue [forme], fortifica e purifica la mente; e, per mezzo della ruminazione che la [costituisce], la santifica[70]. S'intende la meditazione onnicomprensiva e madre[71] di ogni meditazione, che lega necessariamente la mente a Dio, e da cui la [mente] è illuminata circa quelle realtà nascoste che sono all'interno di tali [varietà di preghiere]. **31.** Infatti è tramite queste che si ottiene la conoscenza delle realtà eccelse di Dio; e allora si fa concreta esperienza di quel nostro essere *figli del Padre che è nei cieli, eredi di Dio e coeredi di Gesù Cristo*[72]. E l'uomo ha il coraggio di dire: *Io sono*

---

cui si indica l'ascesa verso Dio, a proposito della quale Isacco dice: «La scala (ܣܒܠܬܐ) del Regno è nascosta dentro di te, nella tua anima. Tu sprofondati in te, lontano dal peccato, e là troverai i gradini (ܡܣܩܢܐ) per i quali salire» (*Pri.* II, p. 12; cf. anche XL, p. 306). Sull'ascesa tramite la preghiera si veda *Ter.* IX, 12, n. 26.

[67] Traduco qui con «mente» il termine siriaco ܪܥܝܢܐ, normalmente tradotto con «pensiero», per evitare la confusione con l'espressione «pensieri» (ܚܘܫܒܐ) che precede immediatamente e che indica non l'organo (strumento o luogo del pensare) ma i pensieri in quanto atti risultativi. Cf. *supra*, p. XXVI.

[68] L'espressione «i misteri [contenuti] nei versetti» (ܐܪܙܐ ܕܒܦܬܓܡܐ) rimanda a un'idea ricorrente e variamente espressa nell'opera isacchiana. Le parole e i versetti, secondo un pensiero comune a molta parte della tradizione patristica, non sarebbero che la parte esterna di una realtà duplice. Dunque il Ninivita esorta a cercare quello che sta all'interno, vale a dire quel qualcosa che egli definisce con varie espressioni: qui con «misteri» (cf. anche *Pri.* II, p. 17), altrove con «forza» (cf. *Ter.* III, 16 e IX, 10; *Pri.* XLV, p. 329; *Cent.* IV, 68), «comprensione» e «raggio» (*Pri.* I, pp. 4-6; *Sec.* XV, 5; XXIX, 1), «meraviglia» (*Cent.* III, 78), «dolcezza» (*Cent.* III, 37), «luce» (*Cent.* IV, 68), «moti» (*Sec.* XIV, 28) e altro ancora (si veda anche: *Cent.* II, 55, 58, 60; III, 12; IV, 90). Tale procedimento è ritenuto necessario, oltre che nella pratica della preghiera, che è il nostro caso (ma cf. anche *Ter.* III, 16; XI, 24), soprattutto nella lettura della Scrittura (cf. *Ter.* IX, 10), dove tale penetrazione è anche vista come l'indispensabile sforzo interpretativo necessitato dal fatto che a volte i testi usano un linguaggio simbolico (cf. *Pri.* III, p. 24) o perché i versetti sono, nella loro materialità, «difettosi e deboli» (cf. *Ter.* VI, 19 e i passi li citati). Ritornando al caso della preghiera, in *Sec.* XIV, 36-39 abbiamo un interessante parallelo con il nostro passo: riferendosi infatti alla preghiera del «Padre nostro», Isacco invita a non fermarsi all'esteriorità delle parole né al loro ordine, ma ad andare allo «scopo» (ܣܟܐ) e alla «comprensione» (ܣܘܟܠܐ) di quel testo.

[69] Il termine «meditazione» (ܗܓܝܐ) potrebbe riferirsi alla meditazione della Scrittura (il «Padre nostro» è infatti un testo biblico). In tal caso avremmo qui una ripresa di quanto già espresso precedentemente (cf. *Ter.* III, 11) circa il rapporto tra lettura e preghiera.

[70] Letteralmente: «Le dà la santificazione»; cf. *Ter.* VIII, 1.

[71] Letteralmente: «Padre».

[72] Cf. Mt 5,45; Rm 8,17.

pronto non solo a essere imprigionato, ma a morire per il nome di nostro Signore Gesù Cristo[73]; e: *Io sono crocifisso per il mondo e il mondo è crocifisso per me*[74]; e [ancora]: *Chi mi separerà dall'amore di Cristo? Il pericolo, la nudità, la miseria, la vergogna, l'infermità, la morte?*[75].

32. La santa natura di Cristo è dunque degna di ogni lode! Egli che, mediante la sua Economia[76], ci ha risollevati dal guardare le realtà terrene, e ha mostrato alla nostra mente la via delle ascese divine[77] che [conducono] al di là del mondo; e, per mezzo del nostro intrattenerci nella preghiera[78], ci ha fatto accedere alla visione del regno dei cieli e alla continua meditazione di ciò che è in esso; [vale a dire] a quel luogo in cui noi ci prepariamo ad offrire al Padre, per mezzo di [Cristo], l'adorazione continua dello Spirito. **33.** Questa [adorazione] che non può essere circoscritta né dal corpo né dallo spazio né dall'altezza del firmamento ma che [avviene] nella mente animata dai suoi moti, è lo stupore[79] infinito e ininterrotto in [Dio] in quel luogo in cui non ci sono realtà corporee, tramite quella condotta eccelsa più dell'ordine della preghiera[80], che si sostituisce alla preghiera[81]. L'ammirazione è l'officiante della [preghiera]; e al posto della fede, che [normalmente] è ciò che fornisce le ali alla preghiera[82], c'è la visione veritiera[83] di ciò in cui consiste il nostro

---

[73] At 21,13.
[74] Gal 6,14.
[75] Cf. Rm 8,35 (Pešiṭta).
[76] Cf. *supra*, p. XXXIII.
[77] Cf. *Ter*. III, 29 e, per l'ascesa tramite la preghiera, IX, 12.
[78] Letteralmente: «L'assiduità della preghiera» (ܪܟܐܠ ܓܝ ܪܟܘܣܐ). L'espressione ricorre anche in *Ter*. X, titolo e 49, oltre che in *Sec*. I, p. 28a; IV, 1; V, titolo; *Cent*. IV, 91. Si tratta di un'espressione già presente in Giovanni il Solitario (cf. *Dialogo sull'anima*; Dedering, *Ein Dialog*, p. 1) e in altri autori (cf. Brock, *The Second Part [Versio]*, p. 1, n. 1,2). Sul primo termine, cf. *Ter*. I, 5, n. 16.
[79] Con «stupore» (ܪܟܘܣܐ) e «ammirazione» (ܪܟܘܒܐ), che ricorre poco oltre, Isacco indica l'apice della percezione di Dio concessa all'uomo e della reazione umana a tale percezione. In *Cent*. IV, 95, egli offre una definizione dello stupore, menzionando come fonti ispiratrici Gen 15,12 e 2,21, e l'insegnamento di Teodoro di Mopsuestia. Per una proposta di articolazione dei due concetti (stupore e ammirazione), si veda Louf, «*Temha*-stupore»; cf. anche Hansbury, «Insight without Sight», che analizza in particolare l'influsso teodoriano.
[80] «Ordine della preghiera» (ܪܟܐܠ ܓܝ ܪܟܘܣܐ); cf. anche *Ter*. III, 36; IX, 12; *Sec*. XXX, 8; XXXII, 4; *Cent*. IV, 65.
[81] Cf. *Ter*. XIII, 20-21; XVI, 1.
[82] Per l'espressione «ali alla preghiera» (ܪܟܐܠ ܓܝ ܪܟܐ), cf. anche *Cent*. III, 50; le «ali» che trasportano il pensiero presso Dio si ritrovano già in *Pri*. XVII, p. 134. L'immagine ricorre varie volte in Evagrio; si veda ad esempio *Centurie* III, 56 (Guillaumont, *Les six centuries*, pp. 120-121); *Parenesi* 41 (Muyldermans, *Evagriana Syriaca*, p. 133), dove si parla delle «ali dell'Intelletto»; e *Trattato a Eulogio* 15 (Sinkewicz, *The Greek Acetic Corpus*, p. 319).
[83] «Visione veritiera» (ܪܟܙܝܙ ܪܟܘ); cf. anche *Pri*. XXV, p. 183; *Sec*. X, 17; XIV, 30.

Regno e la nostra gloria[84]. **34.** Cioè quel luogo in cui non sarà più necessario che Dio si riveli, né egli avrà bisogno delle liturgie e delle lodi delle creature. Da ciò ci è dunque fatto conoscere che, in verità, è per causa nostra che egli mostrava di ricercare tutte queste cose; [è per noi] che ha accondisceso a tutto ciò, e ha mostrato di aver bisogno delle lodi degli uomini e della santificazione degli esseri spirituali[85].

35. È là, dunque, che noi cogliamo l'intera verità sul Dio creatore — non sulla sua natura, ma sull'ordine della sua grandezza e della sua gloria divina, e [sul] suo grande amore per noi[86] — laddove saranno tolti da davanti alla mente tutti i veli, le denominazioni e le forme dell'Economia[87]; dove non riceveremo più i suoi doni in nome delle nostre richieste, né [riceveremo] la grazia della conoscenza in modo misurato e parziale. Là, infatti, [Dio] mostrerà secondo verità che anche le realtà di quaggiù, non [ce le] donava a motivo della nostra richiesta, ma faceva della richiesta un intermediario[88]. Così egli ha rivestito la [richiesta con] la forma di parole capaci di trasportare la mente nel vagare nell'Essenza di [Dio] e [nella] conoscenza della cura che egli si prende di noi.

36. Quando poi noi riceviamo ciò che l'ordine della preghiera[89] non era assolutamente riuscito a ottenere, e al cui riguardo la mente non aveva neppure concepito domande — perché questo *non era salito nel cuore dell'uomo*[90] e [perché] gli esseri dotati di ragione ricevono [a volte] ciò che la loro natura non aveva saputo domandare — allora noi discerniamo che [Dio], sia quaggiù che lassù, è solito donare in forza del suo amore,

---

[84] Il tema della preghiera che al suo ultimo grado cessa e lascia il posto allo stupore, diventando così «non-preghiera», è tipico del pensiero di Isacco; cf. *Ter.* XIII, 20-21; XVI, 1.

[85] Per «santificazione degli esseri spirituali» s'intende il canto del «sanctus» rivolto a Dio dagli esseri angelici, secondo Is 6,3. Sul fatto che Dio non ha bisogno della liturgia, cf. *Ter.* III, 5, n. 11.

[86] Cf. *Ter.* I, 16-17.

[87] All'inizio della terza centuria, Isacco dice: «Ci fu un tempo in cui Dio non aveva nome, e ci sarà un tempo in cui non ne avrà» (*Cent.* III, 1), affermazione con cui sembra riprendere un tema evagriano, presente ad esempio nella *Lettera a Melania* (cf. Frankenberg, *Evagrius*, pp. 616-618). Qui il Pontico afferma che vi sarà un tempo in cui i nomi che la Scrittura ha attribuito a Dio saranno tolti; precisa però che non si riferisce alle «ipostasi e ai nomi del Padre, del Figlio e dello Spirito santo», bensì «ai nomi con i quali Dio è stato nominato di necessità, a motivo dei mutamenti degli esseri dotati di ragione, secondo l'azione o l'Economia o per metafora», vale a dire «giudice», «vendicatore», «medico», eccetera. Affermando che nel regno futuro le «forme dell'Economia» (ܐܣܟܝܡܐ ܕܡܕܒܪܢܘܬܐ) saranno tolte, il Ninivita sembra ribadire questa medesima idea.

[88] Cf. *Ter.* III, 5.

[89] Cf. *Ter.* III, 33, n. 80.

[90] Cf. 1Cor 2,9.

mentre aggiudica a noi la causa [del dono elargito]; e per la sua grazia sovrabbondante attribuisce il suo dono alla bellezza della nostra preghiera e alla bellezza della nostra condotta[91].

37. O genere umano che hai ottenuto un tale Signore! O dolcezza e bontà senza misura! Quando noi riceveremo la conoscenza di tutto ciò, allora impareremo la vera paternità [di Dio][92], il suo amore e la sua bontà eterna, e che Dio non aveva bisogno né del mondo né della creazione né della struttura [del mondo] futuro né del regno dei cieli[93]; lui, la cui natura sono il regno, la delizia e la luce! **38.** Ma è per la sua bontà che egli realizza queste cose e [per essa] ci ha portati all'esistenza! È per noi che ha creato tutte queste cose: per darci il suo regno, la sua gloria, la sua grandezza, la sua magnificenza e l'intero potere della sua Essenza; e per fare di noi essenze eterne come lui e rivestite di luce, la cui vita non ha termine, e il cui regno e il cui essere non conoscono fine[94].

39. È per mezzo di lui che noi ci siamo accostati a tutta questa conoscenza; e pur essendo noi natura mortale, siamo chiamati *figli del Padre che è nei cieli*[95] e abbiamo conosciuto *Colui che è fin da principio*[96]. A lui *la gloria, in Gesù Cristo, per i secoli dei secoli. Amen, amen*[97].

---

[91] Dice altrove Isacco: «Dio è misericordioso e ama dare, ma vuole che siamo noi la causa [del dono]. Gioisce, infatti, quando qualcuno presenta una preghiera sapiente» (*Pri.* XXIV, p. 181).

[92] Cf. *Ter.* II, 6, n. 12.

[93] Al paragrafo quinto di questo discorso, Isacco afferma che Dio ha creato l'universo di sua iniziativa e quando è parso bene a lui; ora aggiunge che ha fatto ciò senza averne avvertito il bisogno (cf. anche *Ter.* V, 14). L'idea si ritrova già in Evagrio, *Lettera a Melania* (Vitestam, *Seconde partie*, p. 22).

[94] Cf. l'intero discorso V. Sulla bontà di Dio come ragione della creazione, cf. *Ter.* IV, 4.

[95] Cf. Mt 5,45.

[96] Cf. 1Gv 2,13.

[97] Cf. Rm 16,27.

IV

Dello stesso Mar Isacco. Secondo discorso sulla preghiera:
quale sia la preghiera autentica[1] che si realizza per mezzo
della perfezione del pensiero.

1. La preghiera autentica è la percezione di ciò che è in Dio[2]; [vale a dire] quella [preghiera] in cui il pensiero dimora non in forza delle richieste [che formula], ma per la pienezza dell'amore[3]; e in cui se ne sta in preghiera davanti a Dio non per chiedere questo o quello, ma per scrutare la sua Essenza. Cosicché, tramite quelle realtà che appartengono per natura a tale [Essenza, l'orante] la contempla, nel tempo della preghiera, come attraverso la vista degli occhi, nell'ammirazione[4].
2. Tre sono, infatti, le proprietà naturali che appartengono costituzionalmente a questa Essenza gloriosa. Esse non possono accrescersi oltre quello che [già] sono, perché sono perfette; e neppure possono essere diminuite o impoverite da cause accidentali[5]. Tali [proprietà] sono poi realmente conosciute dall'Intelletto, che è solito ammirare i moti che riguardano l'Essenza. **3.** [Accadrà] così che, ogni qual volta la mente cercherà di scrutare ciò che è nascosto e non vi riuscirà perché è arcano, essa potrà, grazie a tali [proprietà], contemplare nell'ammirazione quella Natura che, naturalmente, non può essere compresa né dalla vista né dall'Intelletto né dal pensiero.

---

[1] «Preghiera autentica» (ܨܠܘܬܐ ܫܪܝܪܬܐ) ricorre, oltre che in *Ter.* IV, 1, anche in *Pri.* LXIII, p. 440; LXVIII, p. 475; *Cent.* IV, 69.

[2] «Percezione di ciò che è in Dio» (ܒܪܓܫܬܐ ܕܒܐܠܗܐ); cf. anche *Ter.* XIII, 15; *Sec.* XV, 11; *Cent.* IV, 48.

[3] «Pienezza dell'amore» (ܫܘܡܠܝ ܚܘܒܐ), come in *Ter.* IV, 5, 6, nonché in *Sec.* XL, 4 e in altri autori (su cui cf. Brock, *The Second Part [Versio]*, p. 175, n. 4,1). Potrebbe indicare o la «pienezza dell'amore», vale a dire l'amore perfetto, oppure — come è più probabile in questo testo — l'amore come «grado della perfezione», cioè l'amore in quanto ragione più alta dell'agire umano, e dunque anche della preghiera; sui tre gradi dell'etica cristiana, cf. *Pri.* LXII, p. 430 (cf. anche *Ter.* II, 6, n. 12).

[4] Lungo tutto il discorso, Isacco torna spesso a trattare della preghiera di richiesta e del suo valore relativo; per i passi paralleli nel resto dell'opera, cf. *Ter.* IV, 9, n. 18.

[5] L'immutabilità delle proprietà di Dio — che, come Isacco preciserà poco oltre, sono l'amore, la bontà e la sapienza — è un elemento centrale del suo pensiero circa l'amore eterno di Dio per la creazione. La carità di Dio non viene meno, perché questi non muta i suoi sentimenti a causa del peccato delle creature (cf. *Pri.* L, p. 358, dove cita esplicitamente il *Commento alla Genesi* di Teodoro di Mopsuestia; *Sec.* XXXVIII, 3-5; XXXIX, 13-14; XL, 1-4; cf. anche *Cent.* II, 100; IV, 87).

4. Dunque io dico che tre sono i segni distintivi propri della natura di [Dio]: la bontà, l'amore e la sapienza[6]. È per la sua bontà, infatti, che Dio ha portato la creazione all'esistenza[7]; ha poi provato amore per essa prima ancora di crearla[8]; e infine con la sua sapienza ha ordinato tutte le realtà create perché fossero per essa motivo di aiuto e di delizia, sia quelle presenti sia quelle future. [Ha agito così] perché tramite esse sia conosciuto il suo amore veritiero e indefettibile per la [creazione][9].

5. A colui poi che, a partire da queste [proprietà], contempla continuamente l'Essenza divina, accade che la sua preghiera diventi illimitata e incontenibile, poiché la pienezza dell'amore è più elevata della preghiera mossa da richieste. Invece, quando il pensiero sta in preghiera davanti a Dio senza dissipazione [ma] a motivo di una richiesta, ciò è ancora [segno di] debolezza del pensiero, [del fatto] che esso non ha ancora percepito l'amore divino.

6. La pienezza dell'amore, infatti, non ha bisogno di chiedere a [Dio] nulla, eccetto il solo [dono] che il pensiero possa contemplare Dio, senza saziarsene. Quando infatti il pensiero penetra nell'amore e nella conoscenza divini, non sente più il desiderio di presentare richieste per ottenere questo o quello, neppure [per chiedere] realtà elevate e nobili[10]. **7.** [Il fatto di] scrutare la grandezza di [Dio a partire] dall'amore fervido[11] dei suoi

---

[6] Due triadi simili, benché non identiche, di elementi caratteristici dell'essere divino si ritrovano in *Ter.* VI, 40 e VII, 41. All'inizio della seconda delle *Centurie* di Evagrio, nella versione S1 (ma S2 in questo caso differisce di poco), si legge invece un testo vicino al nostro: «Specchio della bontà (ܛܒܘܬܐ) di Dio, della sua forza (ܚܝܠܗ) e della sua sapienza (ܚܟܡܬܗ) è la creazione che dal nulla è venuta all'esistenza» (*Centurie* II, 1, S1; Guillaumont, *Les six centuries*, p. 60); e nella *Lettera a Melania*, il medesimo autore dice: «Tramite le creature essi non percepiscono solo l'amore (ܚܘܒܐ) di Dio verso di loro, ma anche la sua forza (ܚܝܠܗ) e la sua sapienza (ܚܟܡܬܗ)» (Frankenberg, *Evagrius*, p. 612; e più avanti ritorna ancora sul tema); si veda anche Nilo il Solitario, *Discorso di ammonimento* 41 (Bettiolo, *Gli scritti siriaci*, p. 202). Ancora sulle qualità divine e le cause del suo agire, Isacco ritorna in *Sec.* X, 25; XXXVIII, 2; XXXIX, 6. In tutti questi testi emerge come costante l'affermazione che l'amore è il principio originante di ogni azione di Dio nei confronti dell'uomo, anche di quelle che sembrerebbero sconfessare tale amore.

[7] Isacco ripete in vari luoghi che la creazione è un atto di bontà e di amore da parte di Dio. Si vedano in particolare, oltre a *Ter.* III, 38: *Cent.* III, 70 (dove si cita in proposito un testo di Teodoro di Mopsuestia); *Sec.* II, p. 28b; X, 19; XVIII, 18; XXXVIII, 1-2, 5.

[8] Cf. *Ter.* V, 1.

[9] Sull'agire di Dio finalizzato a rivelare il suo amore per la creazione, si veda *Ter.* V, 14 e in particolare *Cent.* IV, 78-79. Si veda anche *Ter.* I, 17.

[10] Cf. *Ter.* XVI, 3.

[11] «Amore fervido» (ܚܘܒܐ ܚܡܝܡܐ); ricorre anche in *Ter.* V, 7; *Sec.* XVIII, 5. L'espressione si ritrova con una certa frequenza già in Martyrios Sahdona, *Libro della perfezione* II, 5, 8 (de Halleux, *Martyrius* II, p. 52); II, 11, 35 (de Halleux, *Martyrius* III, p. 93); *Lettere* IV, 106 (de Halleux, *Martyrius* IV, p. 52).

misteri — e il riceverne la percezione — è per esso più importante del vagare nelle realtà che sono esterne a [Dio] e che non appartengono alla sua natura. Infatti, la preghiera [composta] di richieste e di domande è un [insieme] di moti confusi e [consiste in] preghiere accidentali, mentre il dono dell'amore nella preghiera è il silenzio dello spirito[12]. Quando, dunque, il pensiero è unito a Dio, esso si astiene dalla richiesta e dalla preghiera.

8. Se però uno smette [una tale preghiera] di sua volontà, quando il [suo] pensiero non è ancora stato attratto, per mezzo di un'ammirazione potente, presso una delle comprensioni divine[13], allora su di lui dominerà la dissipazione ed egli si riempirà di ricordi inutili. Infatti, finché uno non è giunto a quelle realtà eccelse che sono nella preghiera, non è bene che smetta di innalzare frequenti richieste. Allora, tramite una richiesta fatta con insistenza, egli avrà accesso a quelle eminenti realtà di cui abbiamo detto[14].

9. Cosa vi è infatti di più grande della preghiera che il Salvatore nostro ha consegnato alla sua Chiesa? E questa è interamente fatta di richieste e domande![15]. Ma forse è così perché Dio ne ha bisogno? O perché gli ricordiamo ciascuna di quelle realtà [evocandone] i nomi? È noto, infatti, che Dio non ha bisogno che [gli diciamo]: «Fa' per me questo o quello», come se da ciò [dipendesse] il [suo] dare quelle cose che egli [già] sa che deve elargire, o come se si dimenticasse o disdegnasse [di darle], qualora non lo pregassimo [chiedendo] ciascuna realtà per nome. Una tale opinione, infatti, è propria di un'intelligenza infantile[16] e non di uomini che

---

[12] «Silenzio dello spirito» (ܫܬܩܐ ܕܪܘܚ) è probabilmente da intendersi nel senso di «silenzio spirituale», vale a dire della forma più eminente del tacere. L'espressione è attestata anche in *Sec.* XV, 11, dove Isacco la riferisce come un insegnamento «dei padri». La sua fonte potrebbe essere il trattato *Sulla preghiera* (5; Bettiolo, «Sulla preghiera», p. 81) attribuito a Giovanni il Solitario (cf. n. 26 a *Ter.* III, 11). Questo scritto distingue vari generi di silenzio, dicendo: «C'è un silenzio della lingua, c'è un silenzio di tutto il corpo, c'è un silenzio dell'anima, c'è un silenzio della mente e c'è un silenzio dello spirito (ܫܬܩܐ ܕܪܘܚ)»; segue un'esplicitazione delle caratteristiche di ciascuna delle forme enumerate.

[13] «Comprensioni divine» (ܣܘܟܠܐ ܐܠܗܝܐ); cf. anche *Sec.* IX, 11. Brock ne segnala alcune ricorrenze in Evagrio e nello Pseudo Dionigi (cf. Brock, *The Second Part [Versio]*, p. 36, n. 11,3).

[14] Sui rischi della cessazione volontaria della preghiera, si veda anche *Ter.* XIII, 20-21.

[15] Si tratta del «Padre nostro», cui Isacco ha dedicato buona parte del discorso precedente.

[16] «Intelligenza infantile» (ܬܪܥܝܬܐ ܕܛܠܝܘܬܐ). La medesima espressione ricorre in *Pri.* LI, p. 361 e *Sec.* XXIV, 5; XXXIX, 17; l'analogo ܫܒܪܘܬ ܗܘܢܐ (e ܗܘܢܐ ܕܫܒܪܘܬܐ) in *Pri.* LXXVII, pp. 527, 529 e *Sec.* XXXIX, 2. Con «pensiero» (ܚܘܫܒܐ) anziché «intelligenza»: *Ter.* XI, 4; *Sec.* XIV, 39; XXXIX, 14. Con «mente» (ܡܕܥܐ):

sono giunti alla conoscenza dell'intelligenza adulta[17] e che possiedono una conoscenza elevata del Dio creatore di tutto[18].

10. Anche Macario, uomo mirabile tra i santi rivestiti di Spirito, quando gli fu chiesto come l'uomo debba pregare e perché, disse: «Non bisogna moltiplicare le parole, ma, nella preghiera, l'uomo tenda la sua mano verso Dio e dica: 'Come tu vuoi e come a te piace'. Egli infatti sa ciò che è di giovamento»[19]. **11.** Ecco la preghiera dei perfetti[20]! Ecco la preghiera di coloro che conoscono Dio *così come egli è*[21]! Ecco l'uomo credente che possiede una fede salda! Quanto poi alla cura che Dio si prende della propria creatura, non è perché il Signore nostro non ne sia cosciente, che ha insegnato esplicitamente a pregare Dio: «Dacci questo o quello»[22], ma è a motivo della nostra debolezza[23] e per alimentare il

---

Sec. VIII, 9. In altri casi si parla di «infantilità» (ܪܒܘܬܐ); cf. *Ter.* V, 9, n. 11. Si veda anche *Ter.* XII, 23, n. 34 e XIII, 13, n. 25.

[17] Letteralmente: «Grande» (ܪܒܘܬܐ). La medesima espressione ricorre ancora in *Ter.* V, 10; VII, 47; XI, 5; cf. anche *Ter.* I, 8 dove è attestato l'analogo «intelligenza elevata (ܪܒܘܬܐ)».

[18] Isacco ritorna varie volte sulla preghiera di domanda, soprattutto in questa collezione (cf. *Ter.* III; IV; XVI, 3; ma anche *Pri.* III, p. 33; LI, pp. 360-361; *Sec.* VIII, 24). Il suo invito costante è a non ridurre la preghiera a richiesta di ciò di cui l'uomo crede di avere bisogno. Tuttavia, considerando la preghiera del «Padre nostro» che è appunto costituita di una serie di domande, il Ninivita riconosce un ruolo anche alla richiesta (cf. ad esempio *Ter.* III, 4). Come dice però nel nostro passo, quest'ultima non dev'essere finalizzata a ricordare a Dio ciò di cui l'uomo ha bisogno o a tentare di convincerlo. Ad essa va riconosciuta un'altra funzione, come ha illustrato nel discorso III e ancora spiegherà nel seguito. Sulla positività della preghiera di domanda, su questa terra, si veda anche *Pri.* LXXIII, pp. 502-503.

[19] *Apoftegmi dei padri, serie alfabetica*, Macario l'Egiziano 19 (PG 65, col. 269). Questo apoftemga non trova corrispondenza nel *Paradiso dei padri* di 'Enanišo', tradotto da Budge (*The Paradise*).

[20] «Perfetti» (ܓܡܝܪܐ) è un'espressione che Isacco usa anche altrove per designare la maturità dell'uomo spirituale (lo stato di perfezione, ܓܡܝܪܘܬܐ, cf. *Pri.* XII, p. 121; mentre in *Ter.* XIII, 1 si parla di «luogo della perfezione»). In *Pri.* LXXVII, p. 531, dove abbiamo il singolare, egli parla di «misura dell'uomo perfetto». Per la forma plurale, come nel nostro caso, si veda: *Ter.* IX, 31; *Pri.* XXXV, p. 250; XXXVI, p. 271; LXII, p. 495; LXXXI, p. 568; LXXXII, p. 578; *Sec.* VII, 3; XIV, 27; *Cent.* I, 59; II, 39; III, 46, 89. Sia il termine che il concetto soggiacente hanno innanzitutto un'ispirazione biblica (cf. Mt 5,48; 1Cor 2,6; Ef 4,13; Fil 3,15; Col 4,12), ma vi si può scorgere anche un influsso degli sviluppi successivi, attestati ad esempio nel *Liber graduum*; si veda in particolare il discorso XIV (Kmosko, *Liber graduum*, pp. 324-333), che in ambito siriaco ha conosciuto anche una circolazione indipendente, sotto il nome di Evagrio; si tratta del primo opuscolo edito da Muyldermans nei suoi *Evagriana Syriaca* (pp. 105-109), con il titolo *Sui giusti e i perfetti*.

[21] Cf. 1Gv 3,2.

[22] Abbiamo qui ancora un riferimento al «Padre nostro», composto appunto di richieste. Cf. *Ter.* IV, 9.

[23] Cf. *Ter.* VI, 1, n. 3.

nostro pensiero che ci ha dato di rallegrarci delle parole della preghiera, e per la consolazione alla nostra debolezza; e soprattutto, perché [la preghiera] ci diriga presso di lui.

12. Così [si devono interpretare] quelle [parole di preghiera dette] al momento della passione[24]: infatti è a motivo dei discepoli che [Gesù] faceva la preghiera; e anche la richiesta [rivolta] al Padre, annunciava loro che è per loro che [la] faceva[25], lasciando udire con suoni chiari quelle parole che erano colme di incoraggiamento. Ma così [Gesù] faceva conoscere ai discepoli, mediante la forma della preghiera[26], anche i misteri e la conoscenza delle realtà nascoste, essendo chiaro che quelle non erano preghiere e che la natura umana di nostro Signore non aveva bisogno di rivolgere tali parole al Padre. **13.** Egli, che ciò di cui persuadeva, con le parole, Dio Padre era secondo la propria volontà! Egli, la cui volontà era sufficiente a esaudire immediatamente la preghiera in tutto ciò che avesse voluto! Per questo, come abbiamo detto, non erano preghiere quelle udite in quell'ora da parte del Signore nostro; ma sono parole relative ai misteri[27] che, per mezzo dei discepoli, egli ha voluto farci conoscere. Giungendo infatti a compimento, in quella notte, la sua Economia, gli parve che quello era il momento in cui tali realtà dovevano essere svelate ai discepoli, essendo in esse un insegnamento e una profezia circa le realtà future.

14. Da tali [parole], infatti, [provengono] speranza e incoraggiamento per tutto il genere umano, e soprattutto per coloro che stavano per essere introdotti alla fede in lui. Da esse [provengono] conforto e grande speranza per i discepoli. Da esse [sono evocati] i misteri delle realtà future, quelli che diventeranno piena realtà nel *mondo futuro*[28]. È per l'istruzione dei [discepoli] e del mondo intero che il Signore nostro si esprimeva, rivestendo le sue parole con la forma della preghiera. Da tali [parole], inoltre, noi conosciamo la grandezza e la gloria di cui godeva presso il Padre[29], dal momento che egli non aveva bisogno di [rivolgere] a Dio Padre richiesta o preghiera.

---

[24] A partire di qui il riferimento non è più al «Padre nostro» ma alla preghiera di Gesù nel Getsemani (cf. Mt 26,36-46) e all'intera passione.

[25] Cf. Gv 11,42.

[26] Cf. *Ter.* III, 5, n. 10.

[27] Letteralmente: «Parole mistiche» (ܡܠܐ ܐܪܙܢܝܬܐ), non nel senso di «enigmatiche», ma «relative ai misteri»; cf. anche *Ter.* XI, 24.

[28] Cf. Eb 2,5; 6,5. Cf. *Ter.* I, 1, n. 5.

[29] Cf. Gv 17,5.

15. Ma tutto ciò che ha fatto e ha mostrato il Signore non sono altro che parole di insegnamento. Neppure al momento della passione, infatti, vi era bisogno che egli [innalzasse] una richiesta, come ha detto il beato Interprete nel *Commento a Giovanni* riguardo alle cose dette dal Signore nostro in quell'ora a mo' di preghiera. Dice [l'Interprete]: «È bene che colui che s'imbatte in questa Scrittura sappia che qui vi è una profezia riguardante le realtà che stavano per accadere ai discepoli. Queste sono infatti parole dette sotto forma di preghiera. Non si tenga dunque conto né della loro forma né della varietà dei loro generi, e neppure dell'aspetto della preghiera che qui è pronunciata»[30]. **16.** E un po' prima nel testo, laddove parla dell'intero ordine delle parole del nostro Vivificatore, [l'Interprete] dice: «Questo è chiaramente il senso[31] che il commento rivela: che [qui] non c'è una richiesta, ma [solo] la forma di una richiesta. [Gesù] infatti pronuncia le parole della preghiera a mo' di parabola; e se qualcuno vorrà giudicarle semplicemente, a partire dalla forma esteriore che ne ha ascoltato, troverà che molte di esse non era neppure il caso che fossero pronunciate»[32].

17. Quindi, come suggerisce il beato Interprete, sta a noi discernere l'intero insegnamento del Signore nostro: è da esso che riusciamo a comprendere il fine dell'ammonimento e la forma dell'istruzione; con esso [Gesù] rende sapienti, attraverso la trasmissione delle parole della preghiera; e in esso è come se [Gesù], chiedendo al Padre, insegnasse i misteri, la conoscenza spirituale[33] e ciò che riguarda le realtà nascoste. **18.** Infatti egli agì in questo modo e ci insegnò a pregare per questo o per

---

[30] Teodoro di Mopsuestia, *Commento a Giovanni* VI, 17,19 (Vosté, *In Evangelium Johannis*, p. 319).

[31] Letteralmente: «Forza» (ܚܝܠܐ).

[32] Teodoro di Mopsuestia, *Commento a Giovanni* VI, 16,33 (Vosté, *In Evangelium Johannis*, p. 306).

[33] «Conoscenza spirituale» (ܝܕܥܬܐ ܕܪܘܚ) indica, secondo la tripartizione che Isacco propone anche per la preghiera (cf. il discorso *Ter.* XVI), il grado supremo della conoscenza, vale a dire quella che lo stesso Spirito santo immette nell'uomo. L'espressione è molto ricorrente nell'opera isacchiana (cf. *Pri.* XXXII, p. 217; XLIV, pp. 318-320; LII, p. 377; LXVII, p. 473; LXXVI, p. 522; LXXVII, pp. 526-527; *Cent.* II, 75, 77; III, 49). Per l'analogo construtto «conoscenza dello Spirito», cf. *Ter.* IV, 21, n. 43. In *Cent.* II, 77 Isacco attribuisce questo insegnamento ai «padri» e la terminologia (nelle due formulazioni: «spirituale» e «dello Spirito») fa pensare in primo luogo al Pontico (cf. ad esempio *Trattato gnostico* 47; Guillaumont, *Le gnostique*, p. 184; Frankenberg, *Evagrius*, p. 552; e *Centurie* II, 14, S1; 20, S1; III, 15, S1; Guillaumont, *Les six centuries*, pp. 66, 68, 102 e *passim*). Ma si veda anche Giovanni il Solitario (*Dialogo sull'anima*; Dedering, *Ein Dialog*, pp. 64-65; e *Dialoghi e trattati con Thomasios* II e XI; Strothmann, *Sechs*, pp. 16, 133).

quello e a chiedere al Padre alcune cose in particolare[34] — quasi che di tale conoscenza il Signore nostro fosse sprovvisto — per farci comprendere con chiarezza che non è assolutamente necessario che noi ricordiamo a Dio nella preghiera ciascuna delle cose di cui abbiamo bisogno, [specificandone] i nomi; a lui, che conosce ciò che è nel cuore[35] e che si prende cura di tutto! Ma il Salvatore nostro, cui appartiene la conoscenza di ogni cosa, a motivo della compassione per cui si dà pensiero di tutto ciò che ci riguarda, di ciò che ci è utile e di ciò che ci è di insegnamento, ha agito così per trasmetterci la tradizione della preghiera in modo particolareggiato e le richieste precisate con i relativi nomi[36].

19. Ma perché questo? Perché, attraverso la continua meditazione di tali [parole], il pensiero si eleva al di là delle realtà terrene e, per mezzo dei misteri che sono nelle parole, si accosta alla sublimità della speranza. Perché in esse vi è [un qualcosa che induce] alla correzione dei modi [di vivere] e un insegnamento circa le realtà dei misteri[37], la condotta, la conoscenza e la meditazione su Dio, e [anche un insegnamento] circa la familiarità[38] con lui che, per mezzo del Cristo, noi abbiamo già acquisito. La spiegazione di tutte queste cose è stata illustrata sufficientemente, come ci è parso opportuno, in breve, nel discorso precedente a questo[39]. Colui che si accostasse correttamente al pensiero [esposto] in quelle sezioni, io penso che non rimarrà estraneo al gusto eccellente che è in una tale lettura.

---

[34] Letteralmente: «Queste o quelle».

[35] Cf. 1Re 8,39; At 1,24; 15,8.

[36] Qui Isacco probabilmente si riferisce ancora alla preghiera del «Padre nostro», dove appunto Gesù insegna ai suoi discepoli a chiedere a Dio alcune cose in particolare. Secondo il Ninivita, questo non significa che Dio ha bisogno che gli si ricordino le necessità di ciascuno, perché egli conosce tutto, ma esattamente il contrario. Le richieste del «Padre nostro» avrebbero la funzione di educare a chiedere, vale a dire a domandare quelle cose e non altre. Gesù avrebbe dunque specificato quali precise richieste si devono rivolgere al Padre, dichiarando inutili e fuori luogo tutte le altre. Emerge di qui un primo valore che Isacco riconosce alla preghiera di domanda, modellata sul «Padre nostro», vale a dire quello di purificare i desideri, insegnando a chiedere solo ciò che è opportuno.

[37] Letteralmente: «Le realtà misteriose» (ܐܪ̈ܙܢܝܬܐ); cf. *Ter.* IV, 13.

[38] «Familiarità» (ܒܝܬܝܘܬܐ), indica «l'essere di casa», «l'intimità». L'espressione ricorre anche in *Ter.* III, 6 e in *Cent.* IV, 55. Sono qui menzionate altre ragioni per cui Gesù avrebbe insegnato la preghiera del «Padre nostro». A quanto detto nel paragrafo precedente, si aggiunge la funzione che tale preghiera avrebbe di elevare la mente a Dio e ai suoi misteri, e di introdurre nella sua intimità (su quest'ultimo tema, si veda anche *Ter.* II, 6).

[39] Vale a dire nel nostro discorso terzo, dove Isacco ha trattato della preghiera di domanda riferendosi in particolare al «Padre nostro».

20. Ora, dunque, ci resta da trattare solo del pensiero raccolto[40], che è tra i temi previsti per questo discorso. Tramite la comprensione, ci innalzeremo fino all'origine dell'argomento e, analizzandone il fine, raccoglieremo [il tutto] in unità, luminosamente e con brevi [parole].

21. Quando uno ha ricevuto il *dono dello Spirito*[41], essendo nello stupore per quelle realtà che vengono insegnate tramite la comprensione, l'Intelletto acconsente ancor di più, al momento della preghiera, a non preoccuparsi di domandare nulla. Infatti l'intera sua brama, a causa della rivelazione[42], è completamente spenta e, invece di tutto ciò [che avrebbe chiesto], la conoscenza dello Spirito[43] lo colma di quelle realtà la cui [essenza] nascosta egli giunge a conoscere grazie alla rivelazione della comprensione[44]. Allora egli recede dai [desideri] della sua volontà propria, e solo se ne sta nel riposo per guardare quelle realtà inafferrabili[45]. 22. E la sua preghiera è questa: solamente stupire[46] in Dio, secondo l'ordine degli esseri spirituali che sono nei cieli[47] e secondo ciò che avverrà nel

---

[40] «Pensiero raccolto» (𐫰𐫰𐫰 𐫰𐫰𐫰𐫰) rimanda a un concetto ricorrente nell'opera isacchiana, in particolare alla fine della quarta centuria (*Cent.* IV, 92-95) specificamente dedicata all'argomento, come il Ninivita ricorda esplicitamente in *Sec.* VII, 3. L'espressione più comunemente impiegata per indicare il concetto, vale a dire «raccoglimento del pensiero» (nelle due forme: 𐫰𐫰𐫰𐫰 𐫰𐫰𐫰 e 𐫰𐫰𐫰 𐫰𐫰𐫰), ricorre in: XIII, 19, 22; *Pri.* LXV, p. 446; *Sec.* VII, 3; XIV, 10; XV, 5, 6, 9; XXI, 8; *Cent.* IV, 49, 56, 63, 72, 92-94 (espressioni analoghe si trovano in: *Ter.* IV, 24; *Sec.* I, p. 23b; XV, 2). Isacco parla anche di «raccoglimento dell'Intelletto (𐫰𐫰𐫰𐫰)» (cf. *Cent.* II, 34; IV, 58, 95) e di «raccoglimento dei pensieri (𐫰𐫰𐫰𐫰𐫰)» (cf. *Pri.* II, pp. 19-20; *Sec.* XV, 5). Circa le possibili fonti, lo stesso Isacco (in *Cent.* IV, 93) si richiama esplicitamente all'insegnamento di Giovanni il Solitario di cui cita un passo tratto dal *Dialogo sull'anima* (Dedering, *Ein Dialog*, p. 14). Si veda anche il già menzionato scritto *Sulla preghiera continua* (Bettiolo, «Sulla preghiera», p. 76), sulla cui paternità rimando alla n. 26 a *Ter.* III, 11.

[41] Cf. At 2,38; 10,45. Cf. anche *Ter.* IV, 22 e *Sec.* XXVII, 2.

[42] Sulle rivelazioni in genere, si veda in particolare *Ter.* VIII, 9-13.

[43] «Conoscenza dello Spirito» (𐫰𐫰𐫰𐫰 𐫰𐫰𐫰𐫰), vale a dire conoscenza operata nell'uomo dallo Spirito santo (ricorre anche in: *Ter.* VII, 8; IX, 18; *Pri.* III, p. 30; XXXIV, p. 221; XLVII, p. 337; LXVIII, p. 475; LXXVII, p. 527; *Sec.* XII, titolo; XVIII, 16; XXXIX, 18; *Cent.* II, 75, 85). L'espressione equivale a «conoscenza spirituale» (su cui, cf. IV, 17, n. 33) che, secondo la triplice articolazione dal Ninivita proposta anche per altre realtà come la preghiera, è il grado massimo della conoscenza.

[44] «Rivelazione della comprensione» (𐫰𐫰𐫰𐫰 𐫰𐫰𐫰𐫰𐫰), vale a dire «rivelazione» che avviene «tramite la comprensione»; cf. anche: *Pri.* XX, p. 162; L, p. 352; *Sec.* VIII, 7, 25.

[45] «Realtà inafferrabili» (𐫰𐫰 𐫰𐫰𐫰𐫰𐫰); cf. anche *Ter.* VII, 5, 9; VIII, 7; IX, 9, 27. Evagrio, nella *Lettera a Melania* (Frankenberg, *Evagrius*, p. 416) definisce Dio: «Carità inafferrabile» (𐫰𐫰𐫰𐫰 𐫰𐫰 𐫰𐫰𐫰𐫰𐫰); si vedano anche le *Centurie*, dove l'espressione si trova solo nella versione S1 (II, 11, S1; IV, 3, S1; Guillaumont, *Les six centuries*, pp. 64, 136).

[46] Forma verbale dalla radice 𐫰𐫰𐫰 normalmente tradotta con «ammirare»; qui il contesto richiede un'eccezione. Su stupore e ammirazione, si veda *Ter.* III, 33, n. 79.

[47] Vale a dire gli angeli.

*mondo futuro*⁴⁸. Questo *dono dello Spirito*⁴⁹, infatti, gli mostra continuamente le realtà indicibili, per mezzo della comprensione e nel mistero inesplicabile. L'insegnamento circa le realtà nascoste si imprime nell'Intelletto per mezzo della forza dello Spirito; e la comprensione delle realtà profonde si incide, come lettere su tavola, nel cuore dell'[uomo]⁵⁰. Se però accade che egli sia mosso alla preghiera essendo sprovvisto di tali realtà, allora dal suo cuore sgorga solo la preghiera di lode.

23. La cura che Dio che per lui, infatti, lo confonde ogni volta che egli vuole presentargli una domanda diversa da quella che dice: «Come tu vuoi e come a te piace»⁵¹. Se infatti egli chiedesse qualcosa di propria volontà, ciò lo farebbe apparire più sapiente di Dio — egli, che rende degno dell'intero dono! — e non come uno che è lo Spirito a conoscerlo e a condurlo.

24. Quando l'anima è diventata limpida⁵², non appena incontra una qualche parola su Dio, all'istante il pensiero è spinto al silenzio⁵³, e in esso si libra un fervore⁵⁴ spirituale e un amore quieto e stupito. Infatti, quando stupisce in Dio, in ogni momento il pensiero si raccoglie⁵⁵ e si concentra all'interno di se stesso, facilmente, senza bisogno di costrizione o sollecitudine nel [realizzare] questo che [vengano] da lui.

25. Desideri tu arrivare a ciò, mio amato? Applicati alla purificazione dell'anima! Non essere mosso da quelle realtà che a poco a poco si consumano ardendo. Onora il tuo prossimo, più di quelle realtà il cui dimorare o il cui allontanarsi⁵⁶ da te dipendono dal caso; queste sono infatti realtà terrene!

26. Non amare né odiare un uomo a partire dai suoi modi [di fare], ma ama la sua persona⁵⁷, senza investigare sui modi, come [fa] Dio⁵⁸. I modi,

---

⁴⁸ Cf. Eb 2,5; 6,5. Cf. *Ter.* I, 1, n. 5.
⁴⁹ Cf. At 2,38; 10,45. Cf. *Ter.* IV, 21.
⁵⁰ Cf. 2Cor 3,3.
⁵¹ Cf. l'apoftegma di Macario l'Egiziano citato al paragrafo 10.
⁵² Sulla limpidezza, cf. *Ter.* I, 6, n. 19.
⁵³ Cf. *Ter.* XIII, 20-21.
⁵⁴ Sul tema del fervore si veda in particolare il discorso *Ter.* XIII.
⁵⁵ Cf. *Ter.* IV, 20, n. 40.
⁵⁶ «Il cui dimorare o il cui allontanarsi», letteralmente: «La permanenza o la migrazione» (ܟܘܬܪ ܐܘ ܪܕܝܐ). Il termine «migrazione» qui non è utilizzato nel senso tecnico di cui si è detto in *Ter.* I, 8, n. 27.
⁵⁷ Oppure: «Per se stesso». Il termine ܩܢܘܡܐ è normalmente impiegato nel linguaggio cristologico per indicare l'ipostasi. Qui Isacco potrebbe dunque riferirsi all'identità propria e autentica di un uomo, al suo essere, in contrapposizione agli atti che egli può compiere; oppure, molto più semplicemente e secondo un uso ricorrente anche nell'opera isacchiana, l'espressione potrebbe voler dire «in se stesso» o «per se stesso».
⁵⁸ Sul fatto che Dio non valuta gli uomini a partire dai loro atti, ma dalla volontà e dal

infatti, mutano; ma tu davanti a colui che è della tua stessa natura[59] resta immutabile, a somiglianza di Dio[60]. [Questi] infatti, nell'*immersione della ri[generazione]*[61], ti ha donato la somiglianza con lui. Reso incorruttibile nel mistero, preoccupati di avere un'intelligenza incorruttibile, secondo la figura[62] che hai ricevuto.

27. Tu desideri ricevere quei doni che raffigurano la dimora dell'aldilà[63], per spingere la natura verso questo sembiante che pare degno di magnificenza. Se è così, allora ti farò accedere a colei che è la madre dell'occupazione della nostra anima. Più di ogni altra cosa, ricerca la dolcezza: essa suscita in te tutte le realtà eccellenti relative sia allo spirito sia al corpo. Essa ti dà riposo, facendoti stare continuamente nella pace dei pensieri.

28. Essa è infatti segno dell'impassibilità dell'anima[64]. La dolcezza è segno della condiscendenza[65]. La condiscendenza, poi, è frutto dell'umiltà. Se uno non discende dall'altezza della sua intelligenza, non può apparire dolce a quanti lo incontrano. Questi ammonimenti operano nell'anima la purezza, muovono in essa i riflessi dell'immortalità[66] che tu desideri e ne allontanano l'irascibilità, che è la tenebra dell'anima[67].

29. La facilità all'ira, infatti, viene dall'orgoglio. Fa' attenzione a questa parola: ogni volta che avrai in te pensieri umili, neppure una minima traccia di ira potrà avvicinarsi a te. L'umiltà, infatti, sa rimanere senza

---

cuore, cf. *Sec.* I, p. 19b. Sull'argomento Isacco torna ancora in questa medesima collezione in VI, 31-32, dove, invece che di «persona» dell'uomo, parla di «natura».

[59] Letteralmente: «Figlio della tua natura» (ܒܪ ܟܝܢܟ).

[60] Sull'immutabilità di Dio, cf. *Ter.* IV, 2, n. 5.

[61] Cf. Tt 3,5. Intende nel battesimo.

[62] In siriaco ܛܘܦܣܐ, trascrizione del greco τύπος. Nel presente contesto battesimale, sottolineato dalla citazione di Tt e dalla menzione del «mistero», esso assume anche una connotazione sacramentale.

[63] Il verbo tradotto con «raffigurano» è costruito dalla radice ܛܦܣ, la medesima di ܛܘܦܣܐ. Ritorna dunque, trattato con analoga termologia, il tema già introdotto all'inizio del primo discorso (cf. *Ter.* I, titolo, n. 3).

[64] «Impassibilità dell'anima» (ܠܐ ܚܫܘܫܘܬܐ ܕܢܦܫܐ), ricorre nella medesima formulazione solo in *Pri.* LXVIII, p. 478. Invece, dell'impassibilità in genere, senza specificazioni, Isacco tratta spesso, offrendone anche una definizione in *Pri.* LXXIV, p. 513 (ripetuta in *Cent.* I, 33), dove dice che non significa «non percepire le passioni». Si veda anche: *Pri.* XXXV, p. 243; LI, p. 367; LXXII, p. 494; LXXV, p. 520; *Cent.* I, 41; IV, 34, 87. Il costrutto qui attestato è di chiara derivazione evagriana (si veda ad esempio, *Trattato pratico* 2; Guillaumont, *Traité Pratique*, p. 498).

[65] «Condiscendenza» (ܡܬܢܚܬܢܘܬܐ), cf. anche *Sec.* XIX, 2; XL, 14; *Cent.* II, 8.

[66] Cf. *Ter.* X, 22.

[67] Per l'«irascibilità» (ܚܡܬܢܘܬܐ), si veda anche *Cent.* III, 78. L'espressione «tenebra dell'anima» (ܚܫܘܟܐ ܕܢܦܫܐ) ricorre invece in *Sec.* I, p. 21a; *Cent.* II, 78. Si veda anche *Ter.* VII, 1, n. 1.

ira anche nelle infermità, nella miseria e [nelle] vessazioni che [vengono] dal prossimo. C'è [però anche] un'ira che [procede] dai moti del temperamento, che non causa durezza, che subito si calma; infatti è seguita da una continua compunzione[68]. Colui che non acquisirà prima tutte queste cose, non potrà ricevere *i doni dello Spirito*[69]. **30.** Secondo Paolo, infatti, non è senza contraddizione il fatto che noi ci rallegriamo delle realtà dello Spirito mentre camminiamo in ciò che è proprio della carne[70].

31. Quando, infatti, neppure ciò che appartiene all'intelligenza segue lo Spirito, tramite l'elevatezza del pensiero e i modi gloriosi degni di Dio, allora anche l'anima vaga intorno all'adempimento di ciò che appartiene alla carne, anche se è ricca di pensieri elevati che le [vengono] dalla lettura e dalla fatica del corpo[71].

32. La grazia dello Spirito[72], infatti, non viene accolta nel corpo, ma nel cuore, e la sua azione[73] nelle membra interiori dell'anima[74], ed è conosciuta per mezzo della mente. Perché è nell'intimo che bisogna che noi ci adorniamo[75], come poveri che accolgono il Cristo.

---

[68] Sulla distinzione tra una forma di ira biasimevole e una naturale, si veda anche *Cent.* II, 20, dove inoltre Isacco attribuisce l'ira biasimevole alla superbia, come qui all'orgoglio.

[69] Cf. 1Cor 14,1.12 (Pešiṭta).

[70] Cf. Gal 5,16-17; Rm 8,1-12.

[71] Per «fatica del corpo» (ܐܡܠܐ ܕܦܓܪܐ) si intende l'ascesi fisica; cf. anche *Sec.* I, p. 19a. Molto più comune è nell'opera isacchiana l'analoga espressione ܐܡܠܐ ܕܢܦܫܐ (o ܕܪܥܝܢܐ); cf. *Sec.* VII, 2; XIV, 22; XX, 6; XXIV, titolo; *Cent.* II, 44; IV, 15, 94. Quest'ultima espressione è frequente anche in Giovanni il Solitario (cf. *Dialogo sull'anima*; Dedering, *Ein Dialog*, pp. 14, 19, 58-59, 63).

[72] Cf. *Ter.* I, 13, n. 47.

[73] Sul tema dell'«azione» (ܡܥܒܕܢܘܬܐ) dello Spirito santo, espressione particolarmente ricorrente nell'opera isacchiana, si veda in particolare: *Ter.* VI, 50; VIII, 1, 11, 14; IX, 29; XVI, 3; *Pri.* II, p. 13; XXXV, p. 260; *Sec.* XIV, 12; XVI, 3; XVIII, 3; XXII, 9; XXIII, 2; XXXII, 4; *Cent.* I, 98; II, 14, 51, 54, 90; III, 55; IV, 85.

[74] «Membra interiori dell'anima» (ܗܕܡܐ ܓܘܝܐ ܕܢܦܫܐ). Sulle membra interiori, cf. *Sec.* V, 20; XVIII, 14. Espressioni analoghe sono: «Membra dell'anima» (cf. *Pri.* IV, p. 53) e «membra nascoste» (cf. *Sec.* X, 41; *Cent.* II, 55). Si veda quanto detto a proposito degli «occhi interiori» (cf. *Ter.* I, 11, n. 37).

[75] Cf. 1Pt 3,3-4.

V

Dello stesso Mar Isacco. Sulla creazione e su Dio.

1. Anche se ci fu un tempo in cui la creazione non esisteva ancora, tuttavia non ci fu un tempo in cui Dio non abbia provato amore per essa[1]; poiché anche se essa non era ancora, tuttavia non ci fu un tempo in cui Dio non conoscesse la creazione[2]. E sebbene essa non conoscesse ancora, perché non era stata ancora creata, Dio invece [la] conosceva da sempre, in tutte le sue parti e le sue nature. Le ha dato, infatti, di esistere quando è parso bene a lui[3].

2. L'amore vero di Dio per la creazione lo si conosce dal fatto che egli, dopo averne portato a termine la struttura, secondo tutte le sue parti, l'ha completamente unita in una sola entità — le sue realtà sensibili e le sue realtà intelligibili[4] in un unico vincolo —; l'ha unita alla sua divinità; l'ha fatta salire al di sopra di tutti i cieli; l'ha fatta sedere su un trono eterno e l'ha resa Dio su tutto[5].

3. [Restando] ancora a livello della natura, forse che se la creazione avesse ricevuto un rango più [alto] di questo, ciò ti persuaderebbe, o

---

[1] La formulazione di questo periodo ricorda un'espressione ricorrente negli scritti evagriani: *Centurie* I, 40; VI, 18 (nelle due versioni; Guillaumont, *Les six centuries*, pp. 36-37, 224-225); *Lettere* XLIII e LIX (Frankenberg, *Evagrius*, pp. 596, 608); *Scolii ai Proverbi* 62 (Géhin, *Proverbes*, p. 152) e altri ancora, di probabile ispirazione origeniana; si veda anche di Isacco, *Pri*. XXVI, p. 189 e *Cent*. III, 1. Sul contenuto, invece, vale a dire sull'amore eterno di Dio per la creazione, si veda *Ter*. IV, 4, dove anche si specifica che l'amore è la causa della creazione.

[2] Altrove Isacco ribadisce che Dio conosceva la creazione prima ancora di portarla all'esistenza e ne conosceva anche la capacità di peccato; e pur sapendo tutto questo, l'ha creata (*Sec*. V, 11; XXXIX, 6).

[3] Cf. *Ter*. III, 5.

[4] «Realtà intelligibili» (ܡܬܝܕܥܢܝܬܐ), corrispondente del greco τὰ νοερά; cf. anche IX, 5, 18, 31. Si tratta di una terminologia entrata in uso in ambito siriaco soprattutto per influsso delle opere di Evagrio e dello Pseudo Dionigi (cf. Brock, «Discerning the Evagrian», p. 63).

[5] Le espressioni qui impiegate ricordano contenuti espressi in particolare nelle *Centurie*. Sull'unificazione dell'intera creazione in una medesima entità, cf. *Cent*. III, 81; sull'unione della stessa con Dio, *Cent*. II, 19 (cf. anche *Sec*. V, 18); e sul diventare dèi, cf. *Cent*. I, 62; III, 70 (in *Sec*. V, 17 si menziona il «trono della divinità»). Sul tema della «deificazione», si veda anche *Ter*. III, 15, 38; VII, 29. Dell'unione della creatura con il Creatore parla, con una terminologia simile a quella qui impiegata, Evagrio nella *Lettera a Melania* (Vitestam, *Seconde partie*, pp. 25-27); cf, anche *Centurie* IV, 51 (Guillaumont, *Les six centuries*, pp. 158-159), testo che Isacco cita esplicitamente in *Cent*. III, 57.

uomo, [che] una tale situazione sia segno veritiero della grandezza dell'amore di Dio per la creazione? **4.** In forza di quale supplica la creazione ha ottenuto ciò? E quale preghiera ha presentato per se stessa? E quando mai un tale [pensiero] *è salito al suo cuore*[6]? E quale condotta ha offerto in cambio del diventare Dio? Come mai erriamo nei nostri pensieri davanti a piccole realtà parziali, e non ci accostiamo a questa grande ricchezza che abbiamo ricevuto, e non la percepiamo? Cioè [perché] non meditiamo notte e giorno sulla nostra bellezza, sul fatto cioè che noi siamo già diventati dèi? Dimmi dunque, nostro amato: se ci fosse stata data una piena libertà di scelta, di scegliere cioè per l'intera natura qualcosa di bello a nostro parere e qualcosa di ancora più grande, chi di noi avrebbe scelto per se stesso o per la natura tutto quello che Dio ci ha riservato? **5.** Vi è forse ancora un'altra condizione al di sopra di quella cui è salita la creazione? Qual è la condizione che sarebbe più grande della divinità? Ed ecco: la creazione è diventata Dio!

6. Noi, infatti, non indirizziamo la nostra ricerca verso realtà particolari, per raccoglierne una testimonianza circa la veridicità del potente amore di Dio per la sua creazione, ma la indirizziamo verso il limite estremo della sua ricchezza e verso ciò che racchiude il gran numero delle realtà particolari che [narrano] il suo amore in un'unica visione e fa sì che lo contempliamo in maniera sintetica[7].

7. Qui la nostra vista non si disperde [soffermandosi] sulle [singole] realtà: [ciò avviene] quando ci accostiamo alle realtà particolari relative al suo amore, così che il nostro Intelletto si protenda verso le singole realtà stupefacenti e varie da lui operate in noi — poiché è possibile che da qualsiasi [di queste realtà] cui ci accostiamo splenda un segno del fervido amore[8] di [Dio] per la creazione —. **8.** Ma noi ci accostiamo al pensiero complessivo; là dove dal nostro pensiero è tolta la divisione propria delle altre realtà; là dove il nostro Intelletto non vaga, nel perseguire un tale [pensiero sintetico], in una moltitudine di [dettagli], ma lo stupore, che scruta i pensieri con la multiforme potente supplica dell'intelligenza, genera, sinteticamente, una visione unitaria, non dispersa.

9. Al principio della creazione, quando Dio creò Adamo, mentre ancora questi non sapeva [distinguere] la destra dalla sinistra[9], appena

---

[6] Cf. 1Cor 2,9.

[7] Letteralmente: «In maniera raccolta» (ܒܟܢܝܫܘܬܐ). Più che i singoli eventi, è l'intera Economia da Dio dispiegata a favore dell'uomo a narrare il suo amore; cf. in proposito *Sec.* XXXVIII, 2.

[8] Cf. *Ter.* IV, 7, n. 11.

[9] Cf. Gn 4,11.

creato, egli desiderò il rango della divinità. Ma quello che Satana seminò in lui come male, cioè il *sarete come dèi*[10] — ed egli vi credette nella sua infantilità[11] — Dio lo realizzò concretamente; e alla fine dei giorni, per il grande amore di Colui che l'aveva creato, gli fu dato il diadema[12] della divinità. Bene [in proposito hanno parlato] i padri, mossi dallo Spirito che bisbiglia in loro la forza divina; egli che ha realizzato queste cose e ne ha loro rivelato il mistero, dicendo: **10.** «L'unione del Cristo nella divinità ci ha indicato il mistero dell'unità di tutto in Cristo»[13]. E il mistero è questo: che tutta la creazione, *per mezzo di uno [solo]*[14], ha avuto accesso a Dio in mistero, [e questi] si è quindi trasfuso in tutto. Così tutto si è unito a lui, come le membra al corpo[15]; egli infatti è come il principio di tutto[16]. Questa azione è stata realizzata in favore di tutta la creazione; vi sarà, dunque, un tempo in cui nessuna delle parti mancherà al tutto[17]. E non avviene che la grande intelligenza[18] che è nello Spirito

---

[10] Gen 3,5.

[11] «Infantilità» (ܫܒܪܘܬܐ), ricorre anche in *Ter.* VII, 30; X, 82; *Pri.* LXXVII, p. 525; *Cent.* II, 47; III, 31, 71. Cf. anche *Ter.* IV, 9; XII, 23; XIII, 13.

[12] Cf. Sap 5,16.

[13] Questa affermazione ricorda, per il contenuto e per diverse espressioni impiegate, un passo dell'*Admonitio paraenetica* di Evagrio che dice: «La percezione intelligibile del Cristo ci ha indicato il mistero della percezione di tutto»; e, nella sentenza successiva, il Pontico torna sul tema dell'unità di tutto, di cui dice essere figura «l'unità della Trinità» (*Admonitio paraenetica* 7-8; Muyldermans, *Evagriana Syriaca*, p. 127). Si noti, che anche il seguito del paragrafo potrebbe essere una citazione, come lascia intendere la ripetizione a più riprese della particella ܟܠ, ma non sono riuscito a individuare il testo. L'espressione «vi sarà un tempo in cui» ricorda alcuni passi evagriani, che però hanno tutt'altro significato (si veda la n. 1 a *Ter.* V, 1).

[14] Cf. Rm 5,17-19.

[15] Cf. Rm 12,5; 1Cor 12,12; Ef 5,30. Evagrio, nella *Lettera a Melania* (Frankenberg, *Evagrius*, p. 616) dice che la «creazione dotata di ragione» alla ricapitolazione finale sarà il «corpo» del Signore, «a motivo della [parola]: *Dio sarà tutto in tutto* (1Cor 15,28)»; questa medesima citazione paolina è al centro di un passo del *Libro di Ieroteo* che anche potrebbe accostarsi al nostro testo (V, 2; Marsh, *The Book*, p. 120). Cf. anche *Ter.* X, 92.

[16] Cf. Col 1,18; Ef 1,22-23.

[17] Qui è espressa chiaramente l'idea di una ricapitolazione finale di tutta la creazione (cf. anche *Ter.* VI, 18, 62). Al tema Isacco accenna in particolare in: *Pri.* XIV, p. 127; *Cent.* I, 10 (dove cita Evagrio), 19 (dove cita Teodoro di Mopsuestia), 62, 68, 91-92 (dove attribuisce il pensiero ai «padri»); III, 77, 81-82. Per una trattazione più ampia, si vedano gli ultimi discorsi della *Seconda collezione*: XXXIX (dove cita ancora Teodoro di Mopsuestia e Diodoro di Tarso); XL, 4-7; XLI, 1. Altrove tuttavia il Ninivita ricorda che «questa natura» non è capace di comprendere «il mistero di quel che Dio opererà nei confronti della creazione del mondo futuro» (*Cent.* IV, 83-84), e che «il giudizio e la provvidenza di Dio... sono imperscrutabili» (*Cent.* I, 51) e avvolti «nel dubbio come in una caligine anche per gli esseri spirituali» (*Cent.* II, 102).

[18] Cf. *Ter.* IV, 9, n. 17.

si trasfonda solo in alcune realtà particolari; ma egli farà qualcosa di più [grande], allorché, facendo rifulgere tutto ciò, lo svelerà qui.

11. Gloria a te, nostro Creatore e nostro Signore, che, mediante una salda contemplazione del tuo amore, mi hai colmato di consolazione e di gioia, hai innalzato il mio pensiero dalle profondità della terra e lo hai accolto sul trono della tua Essenza, perché spaziasse nella ricchezza della tua natura e ammirasse i misteri ineffabili del tuo amore, allontanandosi dalla molteplicità delle realtà parziali della creazione e salendo verso il luogo del suo Creatore.

12. La sua visione invisibile mi inebria e la sua gloria mi fa ammirare; i suoi misteri mi incitano; il suo amore mi riempie di stupore. Egli mi mette davanti i suoi misteri e mi mostra la sua ricchezza; e, quando mi sembra che il mio cammino sia terminato, essi ancora si effondono su di me, poiché sono più gloriosi delle stanze che ho [già] attraversato. E ancora, quando mi sembra di essermi proteso fin dentro di essi, io ritorno a guardarli, ed ecco sono diventati davanti a me un oceano immenso, infinito da attraversare e dolce da guardare; e nella ripetizione di [tutto] ciò, ecco che le sue rivelazioni mutano, i suoi misteri si accrescono e le sue visioni si trasformano nella mente.

13. Se [già] l'insieme dei suoi misteri relativi a ciò che [egli] ha operato per noi e per la nostra natura è infinito, chi si avventurerà verso i [misteri] della sua natura? E dove, ancora, attingeremo un'altra natura che nella comprensione sia più potente [di quella] degli angeli, perché non ci allontaniamo dalla loro conoscenza? Se in ciò in cui pure lo abbiamo visto e toccato[19], i sentieri della sua Economia, per l'ammirazione, si sottraggono alla comprensione davanti alla corsa del [nostro] Intelletto, cosa accadrà con le sue realtà invisibili?[20].

14. O amore smisurato di Dio per la sua creatura[21]! Guardiamo a questo mistero con una comprensione indicibile! Affinché fosse noto che [Dio] non ha unito la creazione alla [sua] Essenza perché aveva bisogno di essa[22], ma per accostarla a sé, per farla partecipare alla sua ricchezza, per darle ciò che gli appartiene e per farle conoscere la bontà eterna della

---

[19] Cf. 1Gv 1,1.

[20] Il pensiero di Isacco è il seguente: se è difficile per gli uomini comprendere l'autentico significato dell'incarnazione del Figlio, realtà di cui pure i discepoli hanno fatto esperienza concreta e la cui vicenda si è svolta nella storia, quanto più difficile sarà comprendere i misteri della natura stessa di Dio!

[21] Letteralmente: «Per la sua struttura-costituzione» (ܩܢܘܡܗ ܟܝܢܐ).

[22] Cf. *Ter.* III, 37; qui in particolare sono riecheggiate espressioni della *Lettera a Melania* di Evagrio (Vitestam, *Seconde partie*, p. 22).

sua natura, le ha concesso la magnificenza e la gloria della propria divinità. [Cosicché], al posto del Dio invisibile, la creazione visibile fosse chiamata «Dio»[23]; e, al posto di ciò che è increato e che è al di là del tempo, egli ha incoronato[24] con il nome della Trinità la creatura e ciò che è soggetto a un inizio. Alla sua creatura[25] ha concesso dunque quel nome [tanto] degno che le bocche dei vigilanti non sono [abbastanza] pure per santificarne la magnificenza.

15. Questo è lo «svuotamento» di cui parla la divina Scrittura; questo è quello *svuotò se stesso*[26] di cui ha parlato il beato Paolo con ammirazione indicibile, la cui esegesi è la comprensione della storia dell'amore divino[27]. [Dio], infatti, ha amato [la creazione] tutta intera, al punto che la creazione è chiamata «Dio» e il nome della grandezza di [Dio] diventa della [creazione].

16. *È grande questo mistero!*[28]. Non so come io abbia pensato di nuotare in questo oceano immenso, e chi mi abbia dato queste braccia potenti, capaci di nuotare soavemente nell'abisso inesplorabile, senza affaticarsi. Anzi, quanto più vedono che l'oceano è esteso e il suo limite invisibile, tanto più sono rivestite di soavità; e, invece della fatica, da dentro il cuore sgorga la gioia. E, ancora, io non ho consapevolezza di come sia stato reso degno di una tale grazia, di spiegare cioè l'amore divino: realtà indicibile per una lingua creata! Persino gli esseri angelici sono [troppo] deboli per salire all'altezza della sua contemplazione e sono troppo piccoli per ritenere nei loro pensieri l'intera ricchezza del suo amore.

17. Ma poiché non ci siamo applicati a una tale altezza per scrutare, bensì per rallegrarcene, questo gusto ci sarà celermente concesso, poiché abbiamo ricevuto la narrazione dell'aiuto che viene da [Dio]. Allora ci fermeremo e ce ne staremo in silenzio, dopo che lui ci avrà mostrato ciò che non conosce fine, intendo dire l'amore di Dio per la sua creazione[29]! E finché non sarà giunto il tempo in cui, nell'altro mondo[30], troveremo,

---

[23] Cf. Evagrio, *Centurie* V, 81 (Guillaumont, *Les six centuries*, pp. 210-211).

[24] Cf. *Sec.* X, 24. Si veda anche Evagrio, *Centurie* I, 75, S1 (Guillaumont, *Les six centuries*, p. 52).

[25] Letteralmente: «Alla sua struttura-costituzione» (ܠܒܢܝܢܗ).

[26] Fil 2,7.

[27] Il testo della lettera ai Filippesi appena citato è per Isacco una delle espressioni più chiare e allo stesso tempo più sintetiche del mistero di Cristo e dell'Economia divina: lo «svuotamento» è una delle parabole più eloquenti su cui fissare l'attenzione per discernere l'intimo senso della vicenda d'amore di Dio per la sua creazione.

[28] Cf. Ef 5,32.

[29] Il tema dell'amore infinito di Dio e l'immagine qui impiegata ricordano la conclusione del discorso L della *Prima collezione*, p. 359.

[30] «L'altro mondo» (ܥܠܡܐ ܐܚܪܢܐ); cf. anche VII, 27; *Pri.* XXXV, p. 257; *Sec.* X, 19, 28, 30; *Cent.* II, 65; III, 77. L'espressione è attestata in molti autori precedenti, tra cui

nella realtà, il prototipo del suo mistero[31] preparato per la rivelazione dell'amore, chiudiamo qui il nostro discorso, perseverando in questa consolazione che è specchio [dell'altra], e [perseverando] nell'immagine oscura della nostra conoscenza circa l'amore[32], nella nostra fede, fino al giorno della sua rivelazione grande e gloriosa, quando vedremo questa nostra ricchezza invisibile, con noi e accanto a noi[33].

18. Chi è capace di [sostenere] l'ammirazione e la gioia per tutto ciò che [Dio] ha preparato per noi senza che [noi lo] supplicassimo[34], nel suo amore eterno e nella sua misericordia smisurata? È detto: *Dio, che è ricco di misericordia, a motivo del suo grande amore con cui ci ha amati*, eccetera[35]. A lui la gloria nei secoli dei secoli. Amen, amen.

---

in particolare Evagrio e Giovanni il Solitario; tuttavia, secondo Brock, è quest'ultimo la fonte prima del nostro (*The Second Part [Versio]*, p. 43, n. 19,3).

[31] «Il prototipo del suo mistero» (ܛܘܦܣܐ ܕܐܪܙܗ); in *Ter.* VII, 11 ricorre l'espressione analoga «il prototipo vero dei misteri» (ܛܘܦܣܐ ܫܪܝܪܐ ܕܐܪܙܐ); in *Pri.* LXV, p. 455 e *Sec.* XI, 24 abbiamo «prototipo vero» (ܛܘܦܣܐ ܫܪܝܪܐ) e infine, in *Cent.* II, 72, il solo termine «prototipo» (ܛܘܦܣܐ). Efrem, negli *Inni sugli azzimi* (XV, 9; Beck, *Paschahymnen*, p. 25) attesta l'espressione «prototipo dei suoi misteri» (ܛܘܦܣܐ ܕܐܪܙܘܗܝ).

[32] Con questa immagine Isacco afferma che, per quanto egli sia persùaso dell'infinito amore di Dio, la sua esatta conoscenza resta comunque avvolta nell'oscurità. Si veda in proposito quanto detto in *Ter.* V, 10, n. 17, commentando la ricapitolazione finale.

[33] Cf. 1Cor 13,12; 2Cor 5,7; 1Gv 3,2.

[34] Cf. *Ter.* III, 5.

[35] Ef 2,4.

VI

Dello stesso Mar Isacco. Proposito di ammonimento che si accorda all'argomento [trattato][1]; e riguardo alla dolcezza del giudizio divino e al proposito della provvidenza di [Dio][2].

1. Il non coltivare convenientemente quelle cose che sono utili è più tollerabile del fatto che uno non scruti le realtà che ha ricevuto, al fine di conoscere e quindi di confessare secondo [la misura] della sua forza. Quanto spesso, infatti, [si sperimenta] la debolezza della natura[3]! Ciò è [frutto] della perversione della volontà! Ma l'oceano della grazia[4] di Dio, chi lo confesserà come conviene? Ciò che infatti conosciamo non siamo capaci di confessar[lo][5]: la grandezza delle realtà che quella Natura [divina] prefigura è incommensurabile! **2.** Infatti la grazia e l'amore di questa [Natura] sono tali che, con la loro grandezza, fanno sì che nel pensiero si effondano profluvi di idee mirabili e la ricchezza della contemplazione; [queste] avvolgono l'Intelletto durante la sua meditazione; facendogli percepire la conoscenza delle realtà di Dio, lo riducono al silenzio[6]; esso allora desiste anche dalla confessione e per la veemenza della meraviglia che cade in lui, si arresta.

---

[1] Probabilmente si riferisce all'argomento trattato nel discorso precedente, di cui il presente può essere considerato come uno sviluppo di genere piuttosto esortativo. La connessione tra i due testi è confermata dal paragrafo 4 del presente discorso.

[2] L'accostamento di «giudizio» (ܕܝܢܐ) e «provvidenza» (ܒܛܝܠܘܬܐ) di Dio si ritrova ancora in *Cent.* I, 51. Si veda anche un passo dell'opuscolo evagriano noto come *Professione di fede* (Muyldermans, *Evagriana Syriaca*, p. 139), e ancora Evagrio, *Centurie* I, 27 (Guillaumont, *Les six centuries*, pp. 28-29); *Scolii ai Proverbi* 2-3, 88, 104, 153, 190 (Géhin, *Proverbes*, pp. 90-92, 186-188, 202, 248, 284); *Lettere* VI (Frankenberg, *Evagrius*, p. 570); e Nilo il Solitario, *Discorso di ammonimento* 26 e *Sulla virtù e sull'uscita dal mondo* 10 (Bettiolo, *Gli scritti siriaci*, pp. 195, 235). Sulla «provvidenza di Dio» cf. *Ter.* III, 4, n. 7.

[3] «Debolezza della natura» (ܡܚܝܠܘܬܐ ܕܟܝܢܐ); cf. anche *Ter.* VII, 26. L'espressione ricorre ancora, a volte con piccole varianti, in: *Pri.* III, p. 37; VI, p. 81 (l'intero passo è particolarmente vicino all'idea qui espressa); LXI, p. 428; LXXX, p. 546; *Sec.* IX, 11; XIV, 13, 34. Il concetto qui espresso, nell'ambito della *Terza collezione*, ricorre anche in IV, 11; VI, 23; VII, 10, 45; XI, 10. Si veda l'analogo «infermità della natura» (ܟܪܝܗܘܬܐ ܕܟܝܢܐ) che ricorre in *Sec.* V, 16 e *Cent.* IV, 89.

[4] La medesima immagine è in *Sec.* XIX, 11. Espressioni analoghe, anche in *Ter.* VII, 20, 34, 40.

[5] Cf. anche *Ter.* VII, 4; X, 105.

[6] Cf. *Ter.* XIII, 20-21.

3. Il suo percepire la propria inadeguatezza rispetto alla retribuzione [riservatagli] è degno della sua incapacità a percepire la misura dell'amore di Dio[7]. La retribuzione perfetta, infatti, e il compimento dell'opera appartengono a Dio. Il solo fatto che noi sappiamo che egli ci ama gli è sufficiente al posto dell'opera che noi [dovremmo fare], qualora non fossimo capaci di [farla]; e la scoperta [da parte nostra] che ignoriamo l'estensione di queste realtà, è da lui ritenuto il principio di ogni conoscenza. Quando a volte ci troviamo in questa situazione, come ne è illuminata la nostra anima! E chi è capace della gioia che vi si prova?!

4. Circa le realtà di Dio, miei amati — come sono e anche come fu concessa l'abbondanza delle loro parti — si è scritto nel discorso precedente, secondo la povertà della nostra conoscenza. Quel discorso distinto e breve, infatti, è sufficiente, tramite la persuasione alla verità, a trascinare l'Intelletto diligente nell'ammirazione e nella gioia che [proviene] dalla meditazione di esso. **5.** Dimoriamo [dunque] in ogni tempo nel ricordo di queste realtà e rallegriamocene! Raccogliamole in ogni tempo davanti agli occhi della nostra intelligenza[8]; contempliamole; siamo pieni di gioia e innalziamo il nostro cuore a Dio, dal momento che abbiamo conosciuto queste cose! È detto infatti: *Chi si vanta, si vanti nel Signore*[9]! Stupendo è tale vanto [in] quelle realtà che Dio ci comanda di ricordare sempre! Esse, infatti, sono anche degne del nostro ricordo, più di quanto il respiro non [si addica] al nostro principio vitale. Consideriamo[le], dunque, nostra proprietà, come nient'altro!

6. È grazie a ciò che [Dio] opera che noi siamo giustificati, e non grazie a ciò che operiamo noi. È grazie a ciò che lui opera, infatti, che noi ereditiamo il cielo, e non grazie a ciò che operiamo noi[10]. È detto, infatti: *L'uomo non è giustificato dalle sue opere davanti a Dio*[11]; e

---

[7] Il senso è che le due percezioni vanno di pari passo e che in qualche modo sono correlate; la retribuzione, infatti, è una delle espressioni dell'amore di Dio.

[8] Cf. *Ter.* I, 11, n. 37. L'espressione ricorre anche in Nilo il Solitario, *Discorso di ammonimento* 22 (Bettiolo, *Gli scritti siriaci*, p. 193).

[9] 1Cor 1,31; 2Cor 10,17.

[10] Letteralmente: «È grazie alle sue realtà che noi siamo giustificati e non grazie alle nostre. È grazie a ciò che è suo, infatti, che noi ereditiamo il cielo e non grazie a ciò che è nostro». Con questo paragrafo inizia l'esposizione di un punto chiave del pensiero isacchiano, vale a dire che la salvezza della creazione è un atto della liberalità di Dio e non una conquista umana. Abbiamo qui uno dei presupposti su cui poggia la speranza avanzata dal Ninivita di una salvezza universale (su cui si veda *Ter.* V, 10 con la n. 17). Sulla salvezza per grazia, si veda ad esempio: *Pri.* XLIII, pp. 315-316; *Sec.* I, p. 27a; X, 20-21 (tutto viene dalla grazia, ma senza violare la libertà); XI, 2. Tuttavia, in *Pri.* VII, p. 102, Isacco, riecheggiando Gc 2,17, ricorda che la fede dev'essere accompagnata dalle opere.

[11] Cf. Rm 3,20; Gal 2,16.

ancora: *Nessuno si vanti delle opere, ma [della] giustizia che [viene] dalla fede*[12]! Una giustizia che [Paolo] dice non [venire] *dalle opere, ma solo dalla fede, cioè dalla [fede] in Gesù Cristo*[13]!

7. L'interpretazione di come avviene quanto dico — cioè che *l'uomo non è giustificato dalle opere*[14] — non si riferisce alle sole opere visibili, cioè all'ordine della Legge[15]. Il corpo, infatti, da solo non è capace di adempiere tutto ciò che è comandato, e di giustificare l'uomo. È dalle opere della fede che l'uomo è giustificato! Ascolta questo [ragionamento]: se uno dicesse di [poter] acquisire la giustizia secondo la Legge, grazie alle opere del corpo, egli sarebbe debitore di tutto ciò che Dio comanda che sia adempiuto; solo allora egli sarebbe ritenuto giusto, secondo rettitudine[16].

8. Quando poi la grazia della fede non interviene come mediatrice — perché è essa che giustifica la coscienza — e allorché le opere vengono meno, oppure viene commessa una trasgressione a [loro] riguardo, o siamo inadeguati a compierle, la volontà sarà accolta al loro posto[17]. Ciò non significa che non è possibile essere giustificati dalla Legge, senza bisogno che [intervengano] la conversione e il perdono, ma che essa rende meritevoli anche della punizione.

9. La giustizia che [viene] dalla conversione o [dalla] coscienza non è data senza la grazia, così che chiunque si trovi ad essere colpevole, per mezzo della conversione, immediatamente e senza bisogno di opere, si

---

[12] Cf. Ef 2,9; Rm 4,13. L'autore del manoscritto di Teheran, forse per sottolineare l'importanza dell'affermazione all'interno del discorso, mette tra due segni di cesura l'espressione: «Giustizia che [viene] dalla fede». Si noti in questo paragrafo, oltre all'efficacia e all'originalità del discorso, anche il procedere delle argomentazioni e i passi biblici citati a proposito del tema della grazia e delle opere.

[13] Cf. Rm 3,22; Gal 2,16.

[14] Cf. Rm 3,20; Gal 2,16.

[15] Letteralmente: «Legale» (ܢܡܘܣܝܐ).

[16] «Ritenuto giusto, secondo rettitudine» (ܟܐܢ ܒܬܪܝܨܘܬܐ). I termini ܟܐܢ (giusto) e ܟܐܢܘܬܐ (giustizia) sono normalmente impiegati da Isacco in un'accezione di giustizia che potremmo definire «secondo Dio» (nei passi biblici citati al paragrafo sesto, egli ha sempre utilizzato questa terminologia, a costo di allontanarsi dal testo della Pešitta). Con il termine ܬܪܝܨܘܬܐ e derivati egli indica invece una giustizia che potremmo definire «retta», «secondo equità» (e dunque «rettitudine»; cf. ad esempio *Ter*. VI, 18, n. 36). Con l'espressione qui utilizzata, dunque, Isacco vuol dire che, nel caso in cui qualcuno osservasse esattamente tutti i comandi della Legge, la sua «giustizia» sarebbe retta, cioè verrebbe a coincidere con la «rettitudine». Ma si tratta a suo avviso di un'ipotesi dell'irrealtà.

[17] La «volontà» (ܨܒܝܢܐ) ha un ruolo fondamentale ed è ciò che davvero merita la «retribuzione», perché accessibile agli esseri razionali. Si veda in particolare: *Cent.* III, 93, 95-97; e anche *Sec.* I, pp. 19a-20a, dove Isacco cita due passi di Teodoro di Mopsuestia che si accordano con quanto esposto in questo discorso.

rialza giustificato. Questo la Legge non lo prevede[18]. Infatti, se uno ha obbedito a tutti i [comandamenti], ma è scivolato in uno [di essi], non solo — a lui che [vuole] essere giustificato secondo la Legge, cioè dalle opere, e non secondo la grazia — non gli vengono computati neppure gli altri [comandamenti] che ha osservato, ma, per un solo [comandamento] in cui ha mancato, egli riceve la punizione, secondo quanto ha stabilito l'ordinamento della Legge: «Chiunque non farà tutto ciò che è comandato in questa Legge, perirà di mezzo al suo popolo»[19].

10. Chi dunque pensa di essere giustificato secondo la Legge e dalle opere del corpo, quale giustizia si attende? La natura, infatti, è sempre manchevole [rispetto a ciò che dovrebbe]; e l'esito della sua inadeguatezza, qualora essa fosse giudicata secondo la Legge, sarebbe la punizione divina. Se dunque essa fosse sul punto di mirare addirittura a ritenersi giusta per Dio, ciò comporterebbe un pericolo [tale] da far perire anche la [sua] salvezza. Infatti la natura umana è incapace di essere senza peccato e di compiere l'intera giustizia come Dio chiede, poiché non si è mai trovato *neppure uno solo* che [non] sia caduto[20]. Questo è ciò che è scritto: «Chiunque non farà tutto ciò che è comandato, perirà»[21]. Questa è la giustizia secondo la Legge!

11. Se invece tu dici: «Io sono giustificato per la coscienza e per la volontà dell'anima, e io mostro a Dio il cuore», ecco che tu hai chiesto la grazia! E pur non avendo compiuto [alcuna] opera, o essendo scivolato, o non essendo stato all'altezza per [varie] ragioni, tu sei persuaso che questo [moto] della coscienza è tenuto in conto al posto dell'opera. Quando infatti l'opera manca, tu che ti vanti dell'opera, qual è il [tuo] vanto? È finito! Qual è la gioia che [può venire] dalla nostra condotta?[22].

12. Taccia ogni bocca: è Dio solo che riporta la vittoria[23]! È per mezzo della grazia che l'uomo è stato salvato e non per le opere. È per mezzo della fede che è stato giustificato e non per i suoi atti. In tal modo *chi non ha lavorato, ma solo crede in Colui che giustifica i peccatori, si vede computata* da Dio *come giustizia la fede* della sua coscienza[24]. Questo è

---

[18] Letteralmente: «Non lo comanda».
[19] Cf. Dt 27,26; Gal 3,10; Gc 2,10.
[20] Cf. Sal 14,3; Rm 3,12.
[21] Cf. Dt 27,26; Gal 3,10; Gc 2,10.
[22] Sull'importanza della volontà, più che delle opere, in ordine alla salvezza, cf. *Ter.* IV, 8, n. 17.
[23] Altra traduzione possibile: «Dio solo è retto». Su Dio che combatte per l'uomo e gli dà la vittoria, cf. anche VII, 23; *Pri.* XXXVI, p. 279; LIX, p. 418.
[24] Cf. Rm 4,5.

quanto ha detto l'Apostolo: *L'uomo è giustificato per la fede e non dalle opere*[25]. Se infatti la giustizia fosse computata in base alle opere, [si dovrebbe applicare] quanto è scritto: «Chiunque non fa tutto ciò che è comandato, perirà»[26]. Ecco la giustizia che [viene] dalle condotte!

13. La giustizia, invece, che [ci viene] tramite la grazia è questa: quando uno ha lavorato [anche] poco, secondo la sua forza, compiendo però questo di sua volontà, se anche non ha successo nell'opera [che si era prefissato] — anche senza [aver sostenuto] il lavoro relativo alle opere! — Dio, in forza della propria grazia, ritiene ciò pienezza della giustizia, ascrivendo interamente a lui la propria azione. Per questo io, se anche non posso nulla, lavoro secondo la mia forza. Io, infatti, non posso essere senza motivo di punizione e senza peccato, ma tu [o Dio], per una piccola opera [che compio], mi doni la giustizia! **14.** E a volte accade che io sia privo anche di questa piccola [opera]; e non solo io non ho da dare neppure un'opera, ma molte volte anche quella volontà sincera che io avevo acquisito di un desiderio buono devia [lontano] da te, viene intrappolata nel male e si separa da te, fino a farmi diventare anche vuoto di volontà sincera nei tuoi confronti. Ma allora, mentre io manco sia di opere sia di volontà, per il solo pensiero della conversione che hai attinto in me, all'istante tu mi doni la giustizia nella [sua] pienezza, pur essendo l'opera lontana[27]. [Giustizia] per la quale né il tempo né il corpo mi sarebbero di aiuto. **15.** Ma mentre io sono povero di tutto ciò, sei tu che mi accogli; e in forza della grazia, senza le opere, tu mi giustifichi; e mi ristabilisci nel luogo elevato in cui ero prima; e per il solo ritorno[28] della volontà, non essendo io capace di nulla, tu elimini da me la morte della coscienza[29] e mi fai dono di una giustizia senza punizione. Qual è il giusto che può rinnegare una tale grazia, e cui queste cose non sono state concesse molte volte lungo il cammino delle sue condotte?

16. Chi dunque comprende ciò e discerne continuamente queste cose, non può gioire delle proprie opere, ma solo della bontà di Dio. E colui

---

[25] Gal 2,16.

[26] Cf. Dt 27,26; Gal 3,10; Gc 2,10.

[27] In *Ter.* VI, 8 Isacco aveva affermato che la «volontà» era ritenuta da Dio un valido surrogato dell'opera. Ora egli aggiunge che a volte anche quest'ultima può mancare; al suo posto, allora, sarà accolto il «pensiero della conversione», vale a dire l'intenzione di convertirsi. Su questo si veda anche *Sec.* X, 19; XL, 13-14.

[28] «Ritorno» (ܦܘܢܝܐ); è l'unica occorrenza nella *Terza collezione* di questo termine che possiamo considerare un quasi sinonimo di ܬܝܒܘܬܐ, solitamente tradotto con «conversione».

[29] Cf. Eb 9,14.

per il quale, davvero, causa della propria gioia è la bontà di Dio, non sopporta che la sua gioia sia solo per se stesso, ma gioisce per tutte le creature[30]. Allora la sua gioia è più estesa dell'oceano, perché è la bontà del Dio dell'universo[31] ad essere a servizio di tale [gioia]; e la creazione intera comunica ad essa e anche i peccatori vi comunicano.

17. Allora egli giunge a gioire anche per i peccatori. Dice infatti: «Sono vicini alla misericordia a motivo della bontà del Signore dell'universo[32], grazie alla quale la giustizia è stata concessa anche a me, senza le opere». [E ancora] dice: «Tutti comunicano a questa bontà come me, per il fatto che Dio è buono: esige [solo] una piccola volontà, dona con abbondanza la sua grazia e rimette i peccati».

18. É questa grazia che dà forza ai giusti! Con la sua vicinanza [Dio li] custodisce e rimette le loro mancanze; egli è vicino anche a coloro che sono già morti[33]: allevia le loro torture e nella sentenza del loro giudizio agisce con compassione[34]. Nel *mondo futuro*[35], infatti, è la grazia che farà da giudice e non la rettitudine[36]. [Dio] abbrevia la durata delle sofferenze e, in forza della sua grazia, rende tutti degni del suo regno[37].

---

[30] Cf. *Ter.* VI, 22 e 39.

[31] «Dio dell'universo» (ܐܠܗܐ ܕܟܠ), espressione analoga a «Signore dell'universo» (ܡܪܐ ܕܟܠ), impiegata in questo medesimo discorso ai paragrafi 17 e 33.

[32] Cf. *Ter.* VI, 16, n. 31.

[33] Sull'azione della grazia in favore dei morti, cf. *Ter.* XI, 6.

[34] Cf. *Cent.* I, 91.

[35] Cf. Eb 2,5; 6,5. Cf. *Ter.* I, 1, n. 5.

[36] «Rettitudine» (ܬܪܝܨܘܬܐ), cf. *Ter.* VI, 7, n. 16. In particolare nel discorso L della *Prima collezione* Isacco oppone «misericordia» e giustizia intesa come «rettitudine» (ܬܪܝܨܘܬܐ) dicendo che non possono coesistere in una medesima anima (p. 345); quindi contesta chi chiama Dio «retto» (ܬܪܝܨܐ), rimandando il suo interlocutore, come ha appena fatto qui, alla propria esperienza personale: «Non chiamare Dio 'retto', perché la rettitudine non si è fatta conoscere in quello che ti riguarda» (p. 357); e ancora afferma che Dio non retribuisce «secondo rettitudine» ma concedendo «la resurrezione» (p. 359). Si veda anche *Ter.* XI, 4. É possibile che quanto affermato nel nostro passo si opponga a un'idea attestata da Afraat che sostiene esattamente il contrario, vale a dire che Dio, nel momento del giudizio, «nei confronti del malvagio muta la sua natura (ܟܝܢܗ)» — contrariamente a quanto altrove affermato da Isacco (cf. IV, 2 e altri passi lì citati) — e «in quel mondo la grazia (ܛܝܒܘܬܐ) sarà inghiottita (ܡܬܒܠܥܐ) dalla rettitudine (ܬܪܝܨܘܬܐ)» e Dio si mostrerà «retto» (ܬܪܝܨܐ) con tutti (*Dimostrazioni* VIII, 20; Parisot, *Aphraatis Demonstrationes*, pp. 397-400). Non è certo che Isacco abbia presente questo testo, tuttavia la corrispondenza del vocabolario utilizzato dai due autori è evidente. Sui «retti» si veda *Ter.* X, 40-41. Cf. anche *Ter.* XI, 29.

[37] Sulla prospettiva di una ricapitolazione finale universale, si veda già *Ter.* V, 10 con la n. 17. A ciò qui si aggiunge l'affermazione della non eternità della pena e del fatto che Dio la abbrevia, su cui Isacco torna a conclusione del discorso (*Ter.* VI, 61-62). L'idea della non eternità della punizione è già implicita laddove egli afferma la ricapitolazione finale; ma si vedano anche: *Cent.* III, 71, 94 (dove cita un passo di Teodoro di Mopsue-

E non c'è nessuno tra i giusti che possa conformare la propria condotta alle [esigenze di] quel regno.

19. Ma se le realtà umane fossero giudicate ed esaminate secondo rettitudine, e se dessimo retta all'esteriorità della parola della Scrittura[38], senza penetrare a scrutar[la] tramite la comprensione, dove sarebbe qui la rettitudine[39]? È detto, infatti: *È misericordioso in tutte le sue opere*[40]. Infatti, anche quando [Dio] corregge, quaggiù o lassù, non è esatto ritenere ciò [un atto di] rettitudine, bensì di sapienza paterna. **20.** Io, infatti, non chiamo «punizione» neppure quelle occasioni in cui Dio visita qualcuno con un aspetto di durezza, sia quaggiù sia nell'aldilà, ma [le chiamo] «istruzione», poiché esse hanno un fine positivo[41]. Di conseguenza,

---

stia) e *Sec.* XXXIX, 2, 6, 8, 15; XL, 7. In *Pri.* XXVI, p. 189 dice della gehenna che «ha un inizio», ma «quando avrà un termine non si sa», lasciando dunque intendere che essa ha un temine, senza tuttavia affermarlo chiaramente (cf. anche L, p. 359). Sulle ragioni dei tormenti, si veda invece il paragrafo seguente. Nell'elaborazione di questo pensiero, che si fa particolarmente chiaro e organico nella *Seconda* e *Terza collezione*, Isacco si ispira, come dice esplicitamente, soprattutto a Teodoro di Mopsuestia e Diodoro di Tarso (cf. *Sec.* XXXIX, 7-13); è tuttavia evidente anche l'influsso evagriano (cf. Chialà, *Dall'ascesi eremitica*, pp. 269-276). La cessazione del castigo è poi chiaramente annunciata anche da Stefano bar Sudaili, *Libro di Ieroteo* V, 2 (Marsh, *The Book*, pp. 120-121), ma si tratta di un testo che, benché possa essere accostato a vari passi isacchiani (alcuni sono stati indicati in nota ai vari luoghi), pare distante nella sua prospettiva complessiva dall'orizzonte del Ninivita e dunque il suo reale influsso su quest'ultimo resta ancora da determinare.

[38] Il termine «esteriorità» (ܒܪܝܘܬܐ), piuttosto raro, ricorre anche in *Pri.* XLV, p. 331; *Sec.* XXII, 4; XLI, 1; *Cent.* IV, 78 (2 volte). Quanto qui Isacco contesta è una lettura superficiale che non sa andare al di là della lettera (cf. anche *Ter.* VII, 42). Egli ricorda che la Scrittura dev'essere penetrata (si veda *Ter.* III, 29, n. 68); in taluni casi quest'opera interpretativa è particolarmente importante a motivo del linguaggio troppo umano che essa utilizza, laddove ad esempio attribuisce a Dio sentimenti di ira, sdegno, vendetta o altro (si veda *Ter.* XI, 4, n. 13).

[39] Quest'ultima affermazione non è molto chiara; Isacco sembra dire che, giudicando secondo l'esteriorità della Scrittura, si giungerebbe a una «rettitudine» in realtà «non retta», per la ragione che precisa subito di seguito.

[40] Sal 145,17 (Pešitta). Nella versione della Pešitta questo passo recita: «Il Signore è giusto (ܙܕܝܩ) in tutte le sue vie e misericordioso in tutte le sue opere». Isacco interpreta le due affermazioni come parallele e dunque come se Dio fosse giusto *in quanto* misericordioso, suggerendo un rapporto tra giustizia e misericordia assai originale.

[41] Con quanto affermato appena sopra, Isacco non nega la realtà di giudizio e punizione; anzi ammette anche la possibilità di una punizione sulla terra. Egli afferma dunque che ci sarà un giudizio (cf. ad esempio *Pri.* IX, pp. 110-111), anche se sarà fatto con misericordia (cf. *Cent.* I, 91). Tale giudizio però non è assolutamente un atto di vendetta da parte di Dio, né di ristabilimento della giustizia; ma, sia sulla terra sia nell'aldilà, qualsiasi sofferenza Dio infligga alla creatura, egli è mosso dall'unico sentimento di cui è capace, cioè l'amore. Quella sofferenza può dunque essere solo espressione di «sapienza paterna», ha cioè un valore pedagogico (cf. *Pri.* XXIX, p. 205; XLV, p. 323; *Sec.* XXXIX, 2-3, 14-17, 20; *Cent.* III, 71, 94). Dunque anche la gehenna, come il Regno, è un atto di

come ho detto, non c'è nessuno che possa adeguare le sue condotte a quel regno e alla condotta che, per misericordia, [ci] è concessa.

21. É stato dunque chiarito quanto sopra era stato detto, che cioè noi ereditiamo il cielo grazie a ciò che [Dio] opera e non grazie a ciò che operiamo noi[42]. E questa grazia ci è [donata] ogni giorno, e non di tanto in tanto! Se poi tale grazia la riceviamo noi tutti, gioiamo in Colui che ce la dona, e la gioia sia ancora più grande! Adoriamo[lo] e confessiamolo per essa, e il dono sarà concesso in modo ancora più abbondante!

22. Colui, infatti, la cui gioia [dipende] dalle sue condotte, possiede una gioia illusoria. Anzi, la sua è gioia è misera! E non è solo nella sua gioia che egli è misero, ma anche nella sua conoscenza. Chi infatti gioisce perché ha compreso che Dio è davvero buono, questa sua consolazione è una consolazione che non passa, e la sua gioia è una gioia vera. Questo perché, secondo quanto è stato [appena] detto, la sua anima ha saggiato e ha compreso che davvero la bontà di Dio è incommensurabile[43].

23. La natura umana, infatti, non può giustificarsi [da sé], poiché è costantemente manchevole. A motivo della sua inclinazione, della sua debolezza[44], del corpo, degli ostacoli, degli impulsi e inoltre di quanto [viene] dall'esterno e che è simile a tutto ciò, [Dio] si è proposto di mettere in opera ogni espediente[45] perché [l'uomo] sia in ogni tempo ritenuto giusto davanti a lui, conformemente a quanto ha udito [dalla Scrittura].

24. Per [Dio], infatti, un peccato non vale [quanto] un peccatore[46]. Gli è gradito, per quanto gli è possibile, coprire le occasioni [di peccato]; e quando accade che [l'uomo] agisca male, [Dio] non cessa di effondere su di lui la propria benevolenza. Quando egli cade in [peccati] gravi,

amore di Dio ed è generata non dal desiderio di vendetta ma dall'amore (cf. *Sec.* XXXIX, 21-22).

[42] Si veda il paragrafo 6 di questo stesso discorso, anche per la traduzione letterale delle espressioni qui usate da Isacco.

[43] Cf. *Ter.* VI, 16 e 39.

[44] Cf. *Ter.* VI, 1, n. 3.

[45] Con «espediente» si traduce qui il termine ܦܘܪܣܐ, derivato dal greco πόρος, che nella *Terza collezione* ricorre varie volte, soprattutto in questo discorso (cf. *Ter.* VI, 26, 36, 51; VII, 39; XI, 22, 23; e in forma verbale, in VI, 24, 28). Esso indica il «mezzo», la «via», l'«occasione» di cui Dio è sempre alla ricerca per poter salvare a tutti i costi l'uomo, senza violarne la libertà. Su questo si veda in particolare *Sec.* XXXIX, 3 e XL, 10-14, dove si ritrovano i medesimi concetti qui espressi.

[46] Sulla distinzione tra peccato e peccatore e sull'invito a non odiare il peccatore, si veda in particolare: *Pri.* II, p. 14; V, p. 79; L, p. 356; LVII, p. 405; LVIII, p. 411; LXV, pp. 457-458.

[Dio] lo ricopre; e, perché questi non vengano a conoscenza di chiunque, egli porge la mano a colui che ha sbagliato. Circa i [peccati] più gravi, infatti, vedi come [Dio] mostra a stento molto poco, per incutere timore ai dissoluti; circa i [peccati] dell'[uomo] che sono di minore importanza, invece, egli permette che siano visibili, così da correggere per mezzo di essi i [peccati] più gravi che restano nascosti. **25.** E mentre tiene nascosti quei suoi mali che sono detestabili e dannosi, [Dio] indica [solo] le sue piccole mancanze, per scuotere con ciò gli uomini; e molte volte quelle che in proporzione [ai primi] non sono nulla! Così, perseguendo le sue piccole [mancanze], gli indica la cura per quelle [grandi][47]. E per una piccola [opera di] giustizia che [l'uomo] riesce a fare, [Dio] non trascura di onorarlo e di coronarlo[48] con doppia [ricompensa]. Egli, infatti, distoglie il suo sguardo dal peccato, per quanto può, mentre i nostri sbagli li guarda con compassione; e per quella [nostra] piccola diligenza che li segue[49], egli cancella lo sbaglio e la negligenza protratta.

26. Perché [nessuno] sia ritenuto peccatore davanti a lui, [Dio] mette in opera un'espediente[50]. È detto infatti: *Il Signore ha cancellato la tua trasgressione: non morirai!*[51]. Se poi vi fosse un trasgressore che non si dà alcun pensiero della compunzione, [Dio] gli concede il perdono grazie all'intercessione di altri[52], poiché egli ama offrire un'occasione al perdono. Il vitello di Aronne porta all'intercessione e all'invocazione di Mosè[53]; e a causa di se stesso e a causa di Davide, [Dio] adombra la città [di Gerusalemme] che era piena di idoli[54].

27. Ovunque egli trovi anche solo il nome della conversione, anche se fosse solo [un fatto] esteriore[55], [Dio] si piega a effondere gioiosamente

---

[47] L'attitudine di discrezione di Dio nel coprire i peccati, qui descritta da Isacco, è anche raccomandata in una serie di canoni che nel 585 il catholicos Išo'yahb I inviò al vescovo Giacomo dell'isola di Darai che gli aveva posto alcune questioni in materia liturgico-disciplinare (cf. in particolare il canone 6; Chabot, *Synodicon orientale*, pp. 174-175).
[48] Cf. *Ter.* VII, 26.
[49] Vale a dire per quel proposito, anche minimo, di non ricadere nello stesso errore, che segue a volte il pentimento per il male fatto.
[50] Cf. *Ter.* VI, 23, n. 45.
[51] 2Sam 12,13.
[52] Letteralmente: «Grazie alla persona di altri». Sul tema dell'intercessione si veda anche il discorso *Ter.* XI, in particolare il paragrafi 19 e 23.
[53] Cf. Es 32,1-14.
[54] Cf. 2Re 19,34; 20,6; Is 37,35. Sul tema dell'adombramento e dell'intercessione si veda anche *Ter.* I, 4, n. 15.
[55] Letteralmente: «Di forma» (ܐܣܟܡܐ). In *Pri. L*, p. 352 ricorre l'espressione ܐܣܟܡܐ ܕܬܝܒܘܬܐ (forma della conversione), per indicare una conversione solo appa-

il perdono. [Agisce] così anche per colpe gravi; e fa ciò pur conoscendo il cuore! Ci si ricordi, in proposito, della morte di Nabot e dell'ingannevole vestito di sacco di Acab, eccetera[56].

28. Dove [Dio mostra] di non andare in cerca[57] neppure di appigli [per perdonare][58], è laddove egli perdona. Allora egli mostra apertamente la sua volontà, che è di avere compassione[59], [dicendo]: «Io amo il perdono, e non è per degli appigli che io perdono, ma perché questo è gradito alla mia bontà — e mi faccio carico[60] di concedere il perdono agli uomini, che vi sia [solo] un appiglio o che vi sia sincerità — ed è [gradito] a quella grazia che tutto copre con un velo». Allora, mentre [l'uomo] è nudo, [essa gli] procura ciò che serve[61].

29. Ci sono qui [nel vangelo] due debitori di uno stesso creditore che gridano. Erano debitori [uno] di cinquecento denari e [l'altro] di cinquanta — qui sono indicati i peccati grandi e quelli parziali, così anche quelli piccoli sono compresi al loro interno —. Non avendo nessuno dei due da restituire, [il creditore] rimise [il debito][62]. Qui [Dio] ha mostrato chiaramente che egli ama il perdono e non [tiene conto] degli appigli [per perdonare]. **30.** La sua Economia, infatti, si assume [l'onere] di [trovare] gli appigli per coloro che sono rilassati, perché [costoro] non sanno fare nulla di utile, ma anzi continuano ad andare dietro ai loro [peccati]. Se [Dio] mostra chiaramente tutta la sua intelligenza, e se la

---

rente, applicata ad un re. È probabile che vi sia lì un riferimento alla medesima storia di Acab, qui di seguito evocata.

[56] Cf. 1Re 21. Isacco ritiene simulata, o comunque poco convinta, la conversione del re Acab.

[57] Letteralmente: «Gioire».

[58] «Appigli» (ܥܶܠܬܳܐ); in questo caso e nel seguito traduco così il termine, altrove reso con «occasioni [di peccato]», perché qui l'autore con esso sembra voler indicare le ragioni (e dunque gli «appigli» o «pretesti») che l'uomo può offrire in vista del perdono. L'intero passo non è di facile interpretazione, ma la traduzione proposta mi è sembrata coerente con il pensiero del Ninivita che, partendo dall'esempio della parabola lucana dei due debitori (evocata al paragrafo 29), intende sottolineare come il perdono di Dio sia un atto gratuito. Si noti però che già in *Ter.* VI, 14 e poi ancora in VI, 34 Isacco ribadisce che al peccatore è comunque richiesta la conversione o almeno il desiderio della conversione, perché Dio possa agire. Dunque, con «appigli» si devono intendere le «opere» che l'uomo potrebbe offrire in riscatto dei propri peccati.

[59] Cf. *Ter.* III, 21; VI, 29, 33 e il discorso *Ter.* XI. Anche Evagrio identifica la volontà di Dio con il suo amore, dicendo: «La sua volontà, cioè il suo amore» (*Lettera a Melania*, Frankenberg, *Evagrius*, p. 612).

[60] Letteralmente: «Accolgo su di me».

[61] Cf. Gen 3,7-21. Sull'immagine del coprire i peccati, si veda anche *Pri.* II, p. 14; L, p. 350.

[62] Cf. Lc 7,41-42.

nostra inclinazione non ne è all'altezza — e di conseguenza cresce l'enormità del male —, ciò non è di ostacolo a che, ovunque ciò avvenga, operi apertamente la grazia che procede da [Dio]. Cioè la [grazia] che egli ha mostrato verso quei debitori che gli dovevano i cinquecento denari e i cinquanta[63].

31. [Dio] non si è dato pensiero di costoro perché li amava di più; egli infatti non ama gli altri meno di loro, poiché non ama la persona, ma la natura [di ciascuno][64]. E se è la natura che egli ama, allora tutte le persone sono racchiuse dentro il confine del suo amore, buone e cattive[65]. Se dunque egli, senza esitazione, pur non occultando le occasioni [di peccato], ha concesso il perdono a quanti il gran numero dei [peccati] ha reso sommamente iniqui, allora a maggior ragione renderà degni dell'intera misura della misericordia coloro che hanno un minor numero di [peccati]. **32.** Per lui, infatti, è degno di perdono sia ciò che non ha fine sia ciò che è piccolo. E sebbene coloro che ricevono [il perdono] non [vi] siano adeguati, a quanto pare [lo] ricevono ugualmente. Per [Dio], infatti, le due [situazioni] sono uguali, poiché egli non si affatica a calcolare: quando perdona a colui che più ha mancato, egli non si adira né ha più difficoltà di quando perdona a colui che ha peccato meno. Lui, infatti, ama gli uomini e non ama la rettitudine priva di misericordia. [Dice infatti]: *I miei pensieri non sono i vostri pensieri, e le mie vie non sono le vostre vie: io sono un Dio misericordioso*[66].

33. Ho contemplato tutte queste realtà: mi sono meravigliato della sapienza di un tale Signore dell'universo[67]! Ho contemplato la sua benevolenza, la cui grandezza sorpassa l'intelligenza di tutti gli esseri dotati di ragione. Questa è dunque la sua volontà[68]: perdonare ogni uomo per

---

[63] Cf. *Ter.* XI, 29-30.

[64] Gli stessi termini, «persona» e «natura», ricorrono anche nella frase successiva. Con «persona» traduco qui il siriaco ܦܪܨܘܦܐ, che a sua volta deriva dal greco πρόσωπον, indicante la persona in primo luogo nel suo aspetto esteriore. Quello che Isacco vuol dire è che Dio non ama una persona a partire da quello che appare (come individuo storico), ma da quello che è in verità (nel progetto di Dio). Su questo, si veda già *Ter.* IV, 26.

[65] Isacco ricorda a più riprese che l'amore di Dio ricopre tutti, giusti e peccatori, e che neppure i demoni hanno potuto annullare questo sentimento di Dio nei loro confronti. Si veda ad esempio *Sec.* XXXIX, 13-14; XL, 2; *Cent.* IV, 87.

[66] Alla prima parte della citazione, presa da Is 55,8, Isacco accosta l'espressione messa dalla Scrittura in bocca a Dio in Es 22,26 e Ger 3,12.

[67] Cf. *Ter.* XI, 29; anche qui, dopo aver annunciato la misericordia di Dio, Isacco dice di stupire egli stesso di quanto ha affermato.

[68] Cf. *Ter.* VI, 28.

ogni occasione [di peccato][69]! **34.** Pur essendo, infatti, l'[uomo] peccatore, [Dio, aggrappandosi] a un minimo appiglio[70], lo dichiara all'istante giusto; e per il bene di un [solo] giorno, gli perdona l'altra iniquità di tutta la sua vita. Colui che aveva trascorso tutti i suoi giorni nei peccati, per una sola cosa buona, è ascritto come innocente. E per la sola coscienza che si pente, [Dio gli] cancella immensi crimini; al posto di una moltitudine di opere, [Dio] accetta da lui anche la minima volontà; e per peccati carichi di eccessi e prolungati nel tempo, gli è sufficiente la conversione di un solo istante[71]. **35.** [Dio] gli computa questo a giustizia, anche se poi il corpo non è capace neppure di astenersi dalle sue [cadute] di un tempo. Dice: «Tu [cerca di] non peccare, e allora questi [peccati] da te commessi io non li conterò. Solo, discerni la grazia che ti è stata usata!». Di ciò testimoniano il pubblicano al tempio e il figlio insensato, cioè coloro che ricevettero innanzitutto un pronto perdono, benché avessero peccato più di chiunque altro[72]. È detto infatti: *Dove ha abbondato il peccato, là ha sovrabbondato la* bontà[73]. **36.** Inoltre, pur essendo [Dio] che ha dato la forza alla volontà, perché riesca a non acconsentire al peccato, e benché tutto [venga] da lui, tuttavia a lui piace chiamare noi giusti. Come ho detto, ha voluto così perché, facendo uso di ogni espediente[74], egli possa gioire di tutti gli uomini come di giusti, e possa in tale numero annoverare ogni uomo.

37. Guardate come è debole la nostra natura! Pur essendo così poche [le nostre azioni buone] e pur essendo questa giustizia [solo] di nome, [aggrappandosi] a piccoli appigli, quel Signore misericordioso ci chiama giusti! C'è forse qualcuno che dubita di quello che ho detto? O c'è forse qualcuno la cui coscienza non gli testimonia queste realtà gloriose di Dio? Si faccia memoria, [a testimonianza] della magnanimità, del ladrone

---

[69] Altra traduzione possibile: «Facendo leva su qualsiasi appiglio»; cf. *Ter.* VI, 28, n. 58.

[70] Letteralmente: «Per una piccola causa». Mi pare che debba intendersi nel senso che Dio sa valorizzare anche il più piccolo desiderio o atto manifestato dall'uomo, per poter riversare in lui il proprio perdono.

[71] Cf. anche *Ter.* XI, 5.

[72] Cf. Lc 18,9-14; 15,11-32.

[73] Rm 5,20. Un problema circa questa citazione è costituito dall'ultimo termine: il testo di Isacco ha ܛܒܘܬܐ (bontà) e non ܛܝܒܘܬܐ (grazia), che è il termine attestato dalla Pešitta nella citazione biblica qui ripresa ed è l'esatto corrispondente del testo greco originale. Visto che la differenza grafica è minima, potrebbe trattarsi di un errore del copista, ma non è escluso che sia stato lo stesso Isacco a scambiare i termini, per insistere ancora sull'idea che la «grazia» di Dio è infatti la sua «bontà».

[74] Cf. *Ter.* VI, 23, n. 45.

che era alla destra [di Gesù], poiché è noto che anch'egli fa parte di coloro che ricevettero misericordia gratuitamente[75].

38. C'è [forse] un essere dotato di ragione che sia [così] accecato nella sua volontà da non comprendere tutto ciò? O che distoglie da ciò il suo volto [preferendo] gioire delle proprie condotte? Qual è l'essere dotato di ragione che non contemplerà [ciò] notte e giorno e [non] considererà tutte queste meraviglie di Dio e i giudizi del suo amore? Cioè che [Dio] non giudica ciò che ci riguarda secondo rettitudine; e che, per amore, sovverte il giudizio equo, al punto da dare a vedere di compiacersi di noi che siamo detestabili?

39. Colui, infatti, che medita e si intrattiene in ciò notte e giorno, e per il quale fonte della sua gioia è unicamente il suo essere investigatore di queste realtà, e che si meraviglia in Dio gioendo mentre contempla le astuzie della sua bontà: questi è ricco nella sua povertà! La sua gioia è una gioia che viene dalla grazia, e non è umana. E pur non avendo nulla, egli possiede tutto nella fede, poiché Colui per cui tutto sussiste è la causa della sua gioia[76].

40. Colui, infatti, che pone in ciò l'intera sua gioia, ecco che per questo tutto ciò che gli appartiene è bello. Questo solo è la sua gioia! Colui infatti che gioisce della natura di Dio, e della ricchezza che quella natura eccelsa [riversa] su di noi — perché Dio stesso è l'intera [nostra] ricchezza e la sua ricchezza è per noi misericordia, amore e bontà[77] —, colui dunque la cui gioia sgorga di qui, possiede una gioia che gioisce per l'universo intero, poiché tutto ciò che è di Dio, è anche nostro. **41.** A tutto ciò che era suo, egli ha ancora aggiunto il dono del proprio Figlio unigenito[78], come ha detto il Signore nostro: *Dio ha tanto amato il mondo da dare il suo Figlio unigenito, affinché tutti coloro che credono in lui non periscano*[79]. E come ha detto anche il beato Paolo: *In questo Dio mostra il suo amore per noi: mentre eravamo ancora peccatori, Cristo è morto per noi*[80]. E ancora: *Se mentre eravamo nemici, Dio si è riconciliato con noi mediante la morte di suo Figlio, quanto più ora che siamo riconci-*

---

[75] Cf. Lc 23,39-43. Questo medesimo episodio è menzionato in *Cent.* II, 46, in un contesto simile al nostro.
[76] Cf. 2Cor 6,10. Cf. *Ter.* VI, 16 e 22.
[77] Cf. *Ter.* IV, 4.
[78] Cf. *Sec.* V, 17; *Cent.* I, 50.
[79] Gv 3,16.
[80] Rm 5,8.

liati[81] *saremo salvati mediante la sua vita!*[82]. Egli, che pone in ciò la sua gioia! Sua gioia, infatti, è la salvezza della creazione!

42. Facciamo dunque vagare continuamente la nostra anima in questa riflessione eccelsa che è il ricordare l'amore di Dio per noi[83]! Santifichiamo il nostro cuore[84] intrattenendoci con questo, perché è questa la parola della preghiera! Purifichiamoci dai peccati tramite la riflessione su [Dio]! La nostra anima si rinnovi ad ogni istante mediante la conversione e la fede, cioè mediante la giustizia che non [ha bisogno] delle opere, che si riceve tramite la compunzione e la fede della coscienza, quando noi vi pensiamo.

43. L'uomo parli alla sua anima e la incoraggi con un incoraggiamento capace di persuasione, [dicendo]: «Se oggi per mezzo delle opere non ho potuto essere salvato, in futuro io sarò salvato per mezzo della grazia». Teniamo desto il nostro pensiero in ogni tempo mediante la speranza nella misericordia di Dio! Gioisca il nostro cuore per il suo amore, perché [Dio], secondo la parola del beato Paolo, *ci ama molto*[85].

44. Affatichiamo continuamente il nostro pensiero nello scervellarsi sull'Economia di [Dio] nei nostri confronti. Consegniamo la nostra anima a questa riflessione, poiché grande è la comprensione che ne deriva, e infinita la gioia che essa procura. La sua occupazione è l'occupazione degli angeli! Per essa gli esseri dotati di ragione progrediscono *nella multiforme sapienza di Dio, per mezzo della* sua *Chiesa*, come ha detto l'Apostolo[86]; e anche noi, tramite questa meditazione, cresciamo nella conoscenza dell'amore di Dio.

45. Se questa riflessione è capace di colmare gli angeli di ammirazione e anche di rallegrarli, quanto grande sarà allora per gli uomini! In essa è necessario dimorare continuamente, non in modo disordinato, ma tramite una comprensione grande e autentica, affinché la nostra anima sia un tempio puro per Dio. Infatti, grazie al nostro ricordarci di lui continua-

---

[81] La Pešitta ha qui la lezione, corrispondente a quella del greco originale ܡܚܣܝܬܗ (nella sua riconciliazione), il nostro manoscritto ha invece la lezione ܡܚܣܢ ܝܬܗ (dopo la sua ricchezza) che a prima vista pare non avere molto senso, ma che in realtà potrebbe essere una ripresa di quello che si è appena detto circa la ricchezza del cristiano (il termine impiegato è lo stesso). Tuttavia la somiglianza grafica delle due forme spiega la possibile confusione, ragione per cui si è preferito emendare il manoscritto in base alla lezione della Pešitta.
[82] Rm 5,10.
[83] Cf. *Ter.* I, 16.
[84] Cf. Gc 4,8.
[85] Ef 2,4.
[86] Ef 3,10.

mente[87], [Dio] abita in noi continuamente[88]. Di grande aiuto è questo ricordo[89] per coloro che vivono professando una tale filosofia divina.

46. Volgiamo continuamente lo sguardo della nostra intelligenza a quelle realtà, cioè al fatto che l'intelligenza divina[90] si è riconciliata con noi per sempre e da prima dei secoli; argomenti di cui si è già trattato in questo stesso discorso[91]. Ed essa si riempia, in ogni tempo, di stupore e speranza! Tutti coloro che perseverano nell'assiduità con tali realtà e in questa meditazione emulano gli esseri angelici.

47. Nel nostro pensiero facciamoci anche carico delle condotte [ascetiche] dei santi di tutte le generazioni, come [se fossero] un'indicazione di farmaci. Incidiamo nella nostra intelligenza la purezza delle loro condotte, la loro vita eccellente e la loro perseverante assiduità con la separazione da questo mondo. Imitiamo, tramite la meditazione di ciò che è [oggetto] del loro pensare, la riflessione gloriosa in cui [si intrattiene] la loro intelligenza, che è continuamente catturata [nel]l'ammirazione da quelle realtà e interamente innalzata al di là degli affari di quaggiù e del ricordo delle realtà corruttibili. **48.** Essi assomigliavano, per quanto è possibile già nella condotta di quaggiù, alla vita spirituale. E pur essendo nella carne, essi si trovavano in ogni tempo al di là di essa[92]. Non che essi rimanessero senza cibo e senza ciò che è utile secondo la necessità della natura — cosa impossibile! — ma quando c'era un impedimento a ciò, in parte ne gioivano. Quanto all'intelligenza, essi assomigliavano alle potenze invisibili, e quanto alla mente, si trovavano al di là del mondo. **49.** Mediante le meditazioni angeliche, cui si è accennato poc'anzi, essi istruivano la loro anima notte e giorno, mentre lo sguardo del loro Intelletto si spingeva in ogni tempo presso Dio. E intanto erano in attesa di quella comunione incorruttibile che, mediante lo Spirito, [vi sarà] al di là del mondo, presso [Dio]; come ha detto il santo Ammonas in una delle sue lettere, dove insegna di come l'uomo sia reso degno di questo dono stupefacente di cui il mondo è indegno. **50.** Egli dice: «Protendete i vostri pensieri, notte e giorno, verso Dio, chiedendo lo Spirito santo, e vi sarà donato»[93]. Dove dice:

---

[87] Letteralmente: «Il ricordo continuo di lui» (ܪܘܟܪܢܐ ܐܡܝܢܐ); cf. *Ter.* VIII, 1, n. 3.
[88] Cf. *Ter.* III, 2; VIII, 1, 17.
[89] Letteralmente: «Questi ricordi».
[90] L'espressione «intelligenza divina» (ܪܥܝܢܐ ܐܠܗܝܐ), che sta per Dio stesso, ricorre anche in *Sec.* XIV, 4; XV, 2; XXXIX, 2 (cf. anche XXI, 9; XXXIX, 22).
[91] Cf. in particolare *Ter.* VI, 41.
[92] Cf. *Ter.* I, titolo, 1; VI, 51.
[93] Ammonas, *Lettere* VIII (Kmosko, *Ammonii eremitae epistolae*, pp. 586-587).

«Protendete i vostri pensieri», dice «pensieri» invece di «Intelletto». Egli dice: «Affaticate il vostro Intelletto nella meditazione di Dio, notte e giorno, perché già ora è necessario che siate resi degni anche dell'azione dello Spirito santo[94]». Questo è il [comando]: «Chiedete lo Spirito santo e vi sarà donato»[95].

51. Trovandosi poi in queste realtà, l'Intelletto [vi] si intrattiene in ogni tempo, poiché rigetta con ogni espediente le realtà temporali; e di qui sorgono continuamente condotte pure. Allora voi siete resi degni della comunione ineffabile che, tramite la rivelazione, si realizza con Dio Padre, nel viaggio che [conduce] alla vita, nella migrazione della mente, secondo la parola dei padri[96]. E in tutto ciò che vi riguarda voi rendete visibile il fatto che il vostro modo di comportarvi[97] è estraneo a quello degli uomini; e pur essendo all'interno di un corpo, nel mondo, mediante l'obbedienza e la forma dei [vostri] pensieri, siete già innalzati alla vita, nella vita di [Dio][98].

52 Non che noi non abbiamo più bisogno di cibo, di bevanda e di abiti, come ho già detto una volta[99], ma, essendo evidente che noi in tutto ciò che ci riguarda siamo estranei alle realtà di questo mondo, appare dunque anche chiaro che tutto ciò che è nostro si oppone a ciò che è del [mondo]: la nostra fatica, la nostra riflessione, la nostra assiduità, la nostra parola, e tutto il resto.

53. Essi[100] si affaticano per ottenere il possesso di questa terra, noi invece ci affatichiamo per *ereditare il regno dei cieli*[101]. **54.** Essi vegliano e rimangono desti durante le notti per accumulare oro e argento, noi invece rimaniamo desti e affatichiamo la nostra anima per gustare, mediante la nostra veglia, quella condotta che ci sarà [concessa] dopo la

---

[94] Cf. *Ter.* IV, 32, n. 73.

[95] Riprende il testo di Ammonas appena citato, ma c'è qui chiaramente un'eco di Lc 11,9-13.

[96] Sulla «migrazione» (ܪܚܘܝܪܐ) cf. I, 8, n. 27. Quanto invece al riferimento ai padri, si potrebbe pensare a Evagrio che, ad esempio, nel *Trattato a Eulogio* 23 parla di πρακτική e γνωστική ἐκδημία (Sinkewicz, *The Greek Acetic Corpus*, p. 326). Il concetto però è comune anche ad altri autori e probabilmente Isacco non si riferisce a un testo preciso ma ad un insegnamento ricorrente. Si pensi in particolare a Gregorio di Nazianzo che nei *Carmina moralia* usa l'espressione ἐκδημίαι τοῦ νοός (PG 37, col. 727).

[97] Letteralmente: «La vostra forma».

[98] Cf. Col 3,1-3. Cf. anche *Ter.* I, titolo, 1; VI, 48.

[99] Cf. *Ter.* VI, 48.

[100] Qui e di seguito, con «essi» si intende «coloro che vivono secondo la logica del mondo». In questa contrapposizione il nostro testo ricorda alcuni passi del discorso X. Simile nella forma e nelle immagini impiegate è anche un passo di *Pri.* LX, p. 425.

[101] Cf. 1Cor 15,50 (Pešitta).

resurrezione[102]. **55.** Essi si adornano per il mondo, a loro scandalo, mentre noi ci adorniamo per il Signore, *luce dei viventi*[103]. **56.** Essi si inebriano di vino e [così] il loro Intelletto si distrae dalla pena delle loro anime, noi invece ci inebriamo dell'amore di Dio, e nella nostra ebbrezza[104] distraiamo [via da noi] le realtà corruttibili di quaggiù. **57.** Costoro si affaticano per acquisire una conoscenza perniciosa, di cui nulla potrà accompagnarli nel *mondo futuro*[105], noi [invece] affatichiamo la nostra anima nella meditazione su Dio. **58.** Costoro dicono cose assurde e detestabili e parole ridicole e licenziose, noi invece trattiamo della salvezza delle anime, delle parole sul giudizio, della ricerca di ciò che sarà dopo la resurrezione, del discorso circa la riconciliazione di Dio [con noi], dell'insegnamento circa la salvezza — [tutte cose] che riempiono l'anima di compunzione — [e ancora] di quelle storie che inducono a desiderare la santità, di quelle assiduità che disvelano la speranza oltre la nostra morte[106], della gioia nel Signore nostro[107], dell'esultanza nello Spirito santo[108], di come sia detestabile la dimora corruttibile, del ricordo che la nostra gioia è in Cristo, del rendimento di grazie per la nostra salvezza, del mistero della vita che è stato realizzato nel nostro corpo, del memoriale del sacrificio del Salvatore nostro in nostro favore[109], delle lacrime di gioia e di sofferenza insieme[110], delle labbra che si muovono per [celebrare] la gloria di Dio.

59. Siamo dunque diligenti in tutte queste cose, perché qui è [racchiusa] tutta la compassione di Dio, realizzata a favore dell'intero genere [umano]. L'essere, poi, oggetto di una tale [compassione] non sia per noi causa di noncuranza, ma piuttosto di impegno nella giustizia, affinché non siamo da [Dio] biasimati perché i [nostri] comportamenti contraddicono [una tale misericordia][111]. **60.** Come ha detto il mirabile tra i santi,

[102] Cf. *Ter.* I, titolo, n. 4.
[103] Cf. 1Pt 3,3-4; Gb 33,30.
[104] «Ebbrezza» (ܪܘܳܝܳܐ), tipica espressione del linguaggio mistico. Nel resto dell'opera isacchiana, ricorre anche in *Pri.* I, p. 2; IV, p. 59; V, p. 77; XXII, p. 174; XXXV, p. 256; LXV, p. 454; *Sec.* I, p. 24a; V, 21; X, 35; *Cent.* I, 33, 67, 88; IV, 48, 82. Si veda anche *Ter.* X, 29.
[105] Cf. Eb 2,5; 6,5. Cf. *Ter.* I, 1, n. 5.
[106] Cf. *Ter.* I, titolo, n. 4.
[107] Cf. Fil 4,10.
[108] Cf. Rm 14,17; 1Ts 1,6.
[109] Menzione dell'eucaristia; cf. *Ter.* XI, 6.
[110] Tema ricorrente nella patristica e in Isacco (cf. Lichter, «Tears and Contemplation»; Mascia, «The Gift»; Chialà, *Dall'ascesi eremitica*, pp. 211-213). Cf. anche *Ter.* XVI, 6.
[111] Dopo aver annunciato la misericordia di Dio, Isacco ricorda che questo non intende

Teodoro l'Interprete nel [*Commento alla lettera*] *ai Romani*: «La compassione di Dio non dev'essere occasione di rilassatezza per coloro che sono oggetto di questa grande misericordia, ma al contrario [costoro] devono mostrare grande impegno; e dobbiamo vergognarci noi di essere cattivi davanti a uno che è interamente buono e che, [per dirla] in breve, si preoccupa [di fornirci] tutti i beni affinché, essendone il nostro essere onorato, noi possiamo giungere facilmente alla resurrezione dai morti, senza dover sottostare alla prova di quella sentenza di giudizio riservata a tutti coloro che in questo mondo transitorio si sono interamente consegnati al male. Però — egli dice — mentre la promessa del [nostro] ingresso nel riposo è assicurata, non accada che uno di noi receda dall'entrare»[112].

61. Inoltre, neppure questo è estraneo all'amore paterno: mentre egli ci ha fatti creature razionali in questo mondo e si prende cura di tutto ciò che è nostro, noi viviamo in [tutto] ciò irrazionalmente, perché non abbiamo la benché minima percezione della vita in cui egli ci ha condotti; cioè che [Dio] non acconsente a punire per l'eternità[113], ma, mentre apprenderemo di quali mali eravamo degni, riceveremo in noi stessi [solo] un saggio di ciò [che ci sarebbe dovuto].

62. Quanto è grande la mia ignoranza! [Dio] allora realizza la [sua] opera secondo la propria intelligenza eterna, che si accorda con il grande amore di tale [intelligenza]. Poiché in essa [l'uomo] vede l'intero fine della volontà di quell'[intelligenza], fin dal principio, tramite la comprensione di ciò che [Dio gli] indica in ciascuna delle Economie da lui [realizzate] in ogni generazione. Da ciò dunque saremo svegliati di tra i peccatori, quanti allora, dopo il [nostro] esodo da quaggiù, saremo castigati soprattutto dall'aculeo dell'amore per [Dio]. È detto, infatti: *Colui*

---

spianare la via o incitare al peccato (cf. anche *Ter*. VII, 44; XI, 25, 28; *Pri*. X, pp. 115, 118). L'agire etico del credente maturo, infatti, non si fonda sulla paura della punizione o sul desiderio del premio, ma sulla percezione dell'amore di Dio che non si vorrebbe ferire (cf. *Pri*. L, p. 358; LXII, p. 430; *Sec*. I, p. 12a; *Cent*. I, 77).

[112] Teodoro di Mopsuestia, *Commento alla lettera ai Romani*, opera giunta sino a noi solo per frammenti. La prima parte del nostro testo (fino a «interamente buono») corrisponde letteralmente a un frammento conservato in greco, relativo a Rm 12,1 (PG 66, col. 860; Staab, *Pauluskommentare*, pp. 159-160). Il seguito potrebbe essere uno sviluppo del Ninivita, ma la conclusione, dove egli riprende con un ܐܡܪ (dice), fa sorgere il dubbio che si tratti ancora di citazione. Questa però non coincide con alcuno dei testi noti, né è ripresa nel commento di Išoʻdad di Merw, spesso pedissequa eco del Mopsuesteno, che però non riporta neppure la prima parte del nostro brano.

[113] Cf. *Ter*. VI, 18.

cui molto è stato perdonato, ama molto[114]. Allora si realizzerà la parola scritta: *Dio sarà tutto in tutti*[115].

63. A lui è la gloria per le sue sapienti dispensazioni, che sorpassano [ogni nostra] investigazione, per i secoli dei secoli. Amen.

---

[114] Lc 7,47. L'intero passo è di non facile comprensione e quella proposta è una traduzione possibile. Isacco sembra dire che la meditazione di quello che Dio ha fatto lungo i secoli in favore dell'umanità risveglia i peccatori allontanandoli dal loro male e inoltre che la sofferenza che seguirà la morte sarà provocata dall'amore per Dio; un amore suscitato dalla misericordia che Dio ha usato agli uomini, secondo il passo citato: «Colui cui molto è stato perdonato, ama molto». In *Pri.* XXVII, p. 202, infatti, Isacco afferma: «Nella gehenna la durezza del tormento io dico che è costituita dalla compunzione che [proviene] dall'amore». Si veda anche *Cent.* IV, 87, dove il Ninivita ritorna sul tema del giudizio e della punizione riprendendo il medesimo passo biblico qui citato (Lc 7,47) che commenta dicendo: «Veemente è l'amore di colui cui molto è rimesso».

[115] 1Cor 15,28. Allusione alla ricapitolazione finale, su cui si veda *Ter.* V, 10, con la n. 17, e VI, 18, con la n. 37. Il testo biblico qui citato da Isacco è riportato già da Evagrio in un passo in cui questi sembra affermare il medesimo concetto (*Scolii ai Proverbi* 118; Géhin, *Proverbes*, p. 216).

VII

Dello stesso Mar Isacco. Preghiera suscitata dalle comprensioni
delle realtà di cui si è detto. Essendovi in ciò [che dice] un
significato grande, di tanto in tanto mentre sta pregando egli
si volge a contemplarlo, e poi ritorna di nuovo alla preghiera.
E nella preziosa passione del pensiero, durante una tale preghiera,
offre moti stupendi suscitati da tutte queste sublimi realtà
che ci riguardano.

1. Io adoro la tua grandezza, o Dio che mi hai creato nel tuo amore e che, nel Cristo, mi hai salvato dalla tenebra sensibile che è l'ignoranza dell'anima[1]; e che hai allontanato da noi il tempo dell'errore, perché noi non camminassimo [avvolti] dalla notte nella nostra conoscenza di te, come [è accaduto] alle generazioni precedenti.

2. Gloria a te, che nella tua[2] benevolenza sopporti le empietà, che nella tua[3] compassione giustifichi il nostro essere peccatori e nella tua[4] dolcezza rimuovi le mancanze; che ci hai concesso di credere in te, come si addice alla tua grandezza. E non hai guardato alla nostra perversione, che sempre è davanti a te, perché sei un Dio misericordioso. E sempre tu vinci, con la rugiada della tua grazia, il fuoco dei nostri peccati.

3. Qual è la bocca capace di darti lode? E quale lingua è capace di magnificarti? Con un supplemento della tua grazia, infatti, tu hai imbrigliato i nostri peccati. E, invece della sentenza del tuo giudizio, hai sparso il tuo tesoro anche sui peccatori, poiché tu non vuoi *entrare in giudizio con noi*[5], ma avvicinarci a te, perché siamo tua creatura! La tua grazia ha sorpassato la misura della nostra conoscenza: in nostra vece ti glorifichino dunque le nature stupefacenti degli angeli. Essi, nei quali hai posto una forza capace di fare spazio al moto mirabile della tua santità[6].

---

[1] Nilo il Solitario, *Sulla virtù e sulle passioni* 15 (Bettiolo, *Gli scritti siriaci*, p. 285), parlando dell'anima, dice che essa è a volte abitata dalla «tenebra dell'ignoranza» (ܚܫܘܟܐ ܕܠܐ ܝܕܥܬܐ). Cf. anche *Ter.* IV, 28, n. 67.

[2] Letteralmente: «Nella sua».
[3] Letteralmente: «Nella sua».
[4] Letteralmente: «Nella sua».
[5] Cf. Sal 143,2.
[6] Su altre funzioni degli angeli, cf. *Ter.* VII, 44, n. 99 e VIII, 11, n. 38.

4. Ti confessino essi in nostra vece, perché la nostra natura è troppo debole per confessarti[7]: ai moti mirabili delle loro lodi, uniscano la confessione in nostra vece. Essi, che si sono rattristati per il nostro esserci persi [lontano] da te[8]! [Tu], infatti, ci hai privati della compagnia delle loro assemblee — [resa possibile] dalla conoscenza del tuo arcano — ma ci hai concesso, senza richiesta da parte nostra, il dono grande della fede, grazie alla quale ci accostiamo ai misteri della conoscenza. Cioè quei [misteri] per i quali gli esseri spirituali progrediscono fin presso la Šekinah[9] della tua Essenza.

5. È attraverso i misteri della fede che anch'essi possono stare ritti, mio Signore, all'interno della nube oscura della tua gloria[10]. Anche ad essi, infatti, tu sei vicino *nella fede e non nella visione*[11], realtà che si riceve in un Intelletto illuminato e in una conoscenza grande. E anche la fede, sei tu che la dai in dono agli esseri dotati di ragione, perché i loro moti giungano a credere in quel qualcosa che è inafferrabile[12] e inconoscibile — cioè la natura divina[13], a tutti velata — per mezzo dei misteri che nel tuo amore tu riveli loro.

---

[7] Cf. *Ter.* VI, 1, n. 3.
[8] Cf. Lc 15,10.
[9] Il termine «Šekinah» (ܫܟܝܢܬܐ), utilizzato da Isacco con una certa frequenza (*Ter.* VIII, 8-10, 12; *Pri.* LXXIV, p. 517; *Sec.* V, 12; X, 24; XI, 5-6, 10, 12, 14, 24), è attestato nella tradizione rabbinica, dove indica la presenza di Dio, e compare anche nella Pešitta dei due libri delle Cronache (1Cr 28,2; 2Cr 5,14; 7,1-2 e *passim*) e di altri tre passi dell'AT (Gdt 9,8 - Pešitta 9,11; 2Mac 14,35; Sir 36,15). L'espressione ha poi conosciuto un discreto impiego in ambito siriaco post biblico, in autori come Afraat, Efrem, Giacomo di Sarug, Filosseno di Mabbug, Martyrios Sahdona, nei testi liturgici e poi ancora in autori successivi al Ninivita (per i riferimenti a questi autori, si veda Cerbelaud, «Aspects de la Shekinah»; cf. anche Séd, «La Shekhinta»). Isacco è l'autore che più frequentemente ricorre a questa espressione e solo in un caso (per 2Cr 5,14) ciò può essere dovuto al testo biblico citato; nelle altre ricorrenze si tratta di uno sviluppo a lui proprio, in taluni casi anche ispirato da testi biblici, ma che non attestano il termine in questione. Vista dunque la totale assenza del termine nel NT e l'utilizzo in testi tutto sommato marginali dell'AT siriaco, si pone il problema delle fonti cui gli autori siriaci lo hanno attinto. Secondo Cerbelaud, l'ipotesi più plausibile resta quella delle tradizioni targumiche cui dunque tali autori avrebbero avuto accesso. Una nota infine sull'espressione più ampia qui utilizzata, vale a dire «Šekinah della tua Essenza»: Filosseno di Mabbug parla di «Šekinah dell'Essenza recondita» (ܫܟܝܢܬܐ ܕܐܝܬܘܬܐ ܟܣܝܬܐ) (*Omelie* IX; Budge, *The Discourses* I, p. 288).
[10] Cf. Es 20,21. «Nube oscura della tua gloria» (ܥܢܢܐ ܕܬܫܒܘܚܬܟ) ricorre in *Sec.* X, 17 e 24. Circa l'occorrenza di espressioni simili, cf. *Ter.* III, 23, n. 58.
[11] Cf. 2Cor 5,7.
[12] «Inafferrabile» (ܠܐ ܡܬܕܪܟ); cf. anche *Ter.* IV, 21; VII, 9; VIII, 7; IX, 9, 27.
[13] Cf. *Ter.* III, 15, n. 35.

6. Per questo io sono persuaso che non è possibile trovare [te], o Dio eterno, in un qualche luogo, né agli esseri spirituali né alla debole schiera degli uomini, se non attraverso la sola fonte del tuo amore. Quella [fonte] che in ogni tempo tu dischiudi alle assemblee che sono in alto e a quelle che sono in basso. Infatti, secondo la misura di ciascuna delle schiere, tu apri il tesoro della tua misericordia [concedendo] loro rivelazioni, per poco o per molto, in vista della conoscenza.

7. Il dono della tua grazia è un intermediario necessario, perché innalzi il nostro Intelletto nell'assiduità della fede in te; realtà alla cui visione, a causa della grande oscurità che ne circonda la santità, sono confusi anche gli occhi dei cherubini, quando essi guardano nel luogo recondito della nube oscura della sua magnificenza[14].

8. Ma se sono sostenuti, almeno un poco, dalla tua grazia, essi salgono fino alla sommità della montagna della fede; questa è la conoscenza dello Spirito[15], vale a dire i lampi che risplendono sull'Intelletto, [provenienti] dal terribile fuoco che brilla dal luogo interiore della fede. [Luogo] che è detto santuario interiore[16] in cui si adora la magnificenza della natura gloriosa dell'Essenza. [Luogo] in cui mai nessuna creatura è penetrata o penetra, eccetto quell'unico che si è santificato per entrare[17] *secondo la prescienza di Dio*[18], in accordo con la sua intelligenza, buona al di sopra di tutto, in vista della remissione, in ogni tempo, dei peccati del suo popolo.

9. Grazie alla fede, infatti, l'uomo penetra in un luogo ancora più interno rispetto a [quello dove sono] gli [angeli] vigilanti; [e vi entra] per mezzo di uno di costoro, che un tempo la misericordia [di Dio] ha fatto entrare e ha fatto risiedere in quel luogo[19]. E da quel momento [Dio], agli Intelletti umani che si sono santificati, concede il potere di entrare — per la fede, intendo dire, e per la forza che ne deriva — presso di lui. Egli infatti è inafferrabile[20] e lontano, anche alla vista di un istante, persino

---

[14] Cf. Es 20,21. Per occorrenze di espressioni simili, cf. *Ter.* III, 23, n. 58.

[15] Cf. *Ter.* IV, 21, n. 43.

[16] «Santuario interiore» (ܩܕܘܫ ܩܘܕܫܐ) ricorre anche in *Sec.* XLI, 2, dove probabilmente l'espressione ha una altro significato, vale a dire che è impiegata per indicare il tempio interiore dell'uomo (su cui, cf. *Ter.* VIII, 5, n. 15). Qui, invece, il testo è ambiguo: potrebbe indicare il medesimo concetto, oppure, più probabilmente, riferirsi al luogo più interno del santuario celeste.

[17] Cf. Eb 9,11-12.

[18] Cf. At 2,23; 1Pt 1,2.

[19] Si riferisce probabilmente a Cristo, assimilato a un vigilante, penetrato nel santuario. Il testo soggiacente è ancora la lettera agli Ebrei (9,11-12) che, come si vedrà, è anche esplicitamente menzionata da una glossa laterale.

[20] «Inafferrabile» (ܠܐ ܡܬܕܪܟ); cf. anche *Ter.* IV, 21; VII, 5; VIII, 7; IX, 9, 27.

per occhi angelici come i nostri. Grazie alla rivelazione, infatti, [i vigilanti] erano primi e vicini più di noi, finché tu, [o Cristo], non ti sei rivelato per la [nostra] liberazione[21].

10. Nostra speranza certa, delizia del nostro genere [umano], fierezza della nostra natura, autentico difensore della nostra debolezza[22], che rimetti i nostri peccati in ogni tempo. La tua intercessione per la remissione dei nostri [peccati] è più potente, mio Signore, del sacrificio [offerto] da Israele. Se la carne degli animali e la cenere dei loro olocausti purificavano senza dubbio coloro per cui erano offerti in sacrificio, quanto più ci purifichi in ogni tempo tu, offerta spirituale[23] presentata in favore del mondo?[24].

11. Sei tu che offri e sei tu che assolvi. Sei tu il sacerdote e sei tu ciò che è consacrato[25]. Sei tu il sacrificio e sei tu colui che lo riceve. Se quella muta lamina di metallo[26] che prefigurava il mistero della tua umanità[27], concedeva il perdono a coloro che supplicavano, quanto più tu, sembiante glorioso della divinità! E se i misteri che a te [si riferivano] riversavano tutta questa ricchezza su coloro che ne avevano bisogno, quanto [più] tu, vero prototipo dei misteri[28], riverserai su di noi la tua misericordia!

---

[21] Nello spazio bianco tra le due colonne della pagina 41, in corrispondenza dei paragrafi 8-11, è stata inserita una riga perpendicolare che non è chiaro dove debba essere collocata esattamente. Visto però che nel paragrafo 9 si allude a Eb 9, questo sembra il luogo più coerente. La glossa infatti consiste in una citazione della lettera agli Ebrei che l'autore — Isacco o un lettore —, insieme ad altri autori antichi, attribuisce a Paolo. Vi si legge: «Paolo: *Senza spargimento di sangue non c'è remissione. Era necessario infatti che le immagini delle realtà celesti fossero purificate con tali [mezzi]; le realtà celesti, poi, [dovevano esserlo] con realtà superiori a queste*» (Eb 9,22-23).

[22] Cf. *Ter.* VI, 1, n. 3.

[23] Letteralmente: «Interiore» (ܓܘܝܐ). Potrebbe esservi qui un riferimento al «culto spirituale» di cui parla Paolo in Rm 12,1, che però la Pešitta rende con altre espressioni.

[24] Cf. Eb 9,13-14. Si veda anche *Ter.* IX, 15.

[25] Sul sacerdozio di Cristo, cf. in particolare *Cent.* I, 21-22.

[26] Si tratta del coperchio dell'arca dell'alleanza, noto come «propiziatorio», di cui si parla in Es 25,17.21-22 e in Lv 16,2.13-15. Il termine siriaco impiegato dalla Pešitta nei passi su menzionati, per indicare tale parte dell'arca, è ܚܘܣܝܐ, mentre nel nostro testo Isacco usa ܛܣܐ che ricorre invece in Es 39,3 e in Nm 16,38-39 (Pešitta) dove indica altri generi di lamine o strisce. È tuttavia chiaro che con questo termine il Ninivita si riferisce al propiziatorio, come fa anche altrove nella sua opera (cf. *Pri.* XXII, p. 173; *Sec.* XI, 14). Lo stesso fanno anche altri autori siriaci, muovendo probabilmente da un passo delle *Centurie* di Evagrio (IV, 52; Guillaumont, *Les six centuries*, pp. 158-159). Sulla questione si veda Brock, *The Second Part (Versio)*, p. 57, n. 14,1.

[27] Troviamo la medesima specificazione in *Sec.* XI, 15, dunque nel seguito del discorso menzionato alla nota precedente, dove tale interpretazione simbolica è attribuita ai «padri ortodossi». In nota, Brock rimanda a Narsai di Nisibe e a Išoʻdad di Merw (cf. Brock, *The Second Part [Versio]*, p. 57, n. 15,1).

[28] Cf. *Ter.* V, 17, n. 31.

12. Poiché è te che attesero i profeti e i re lungo le loro generazioni e i giusti lungo le loro discendenze[29]. E non è forse il tuo giorno ciò che le genti attendono? E noi ti abbiamo accolto sulle nostre mani[30] ed ecco gioiamo in te! Essi videro queste cose nelle rivelazioni loro [concesse, le] ammirarono e [le] desiderarono; noi invece vediamo il dispiegamento[31] dei loro misteri. Hai riversato su di noi il Ghicon[32] della tua grazia, o nostro Creatore; hai aperto l'intero tuo tesoro durante la nostra generazione e noi [ne] siamo stati conquistati; ci hai mostrato i misteri del tuo Cristo. Lui, per la cui venuta molte generazioni si sono consumate di desiderio, e se ne sono andate senza consolazione, perché i suoi giorni erano lontani dalla loro epoca.

13. *Ritorna, anima mia, al tuo riposo*[33] perché hai visto colui che attendevano tutti i popoli; l'hai portato sulle tue mani[34]; in lui ti sono stati rimessi la tua iniquità e tutti i tuoi peccati. *Benedici il Signore, anima mia; e voi tutte mie ossa, il suo nome santo*[35]. *Glorifica il Signore, anima mia*[36]. *Glorificherò il Signore nella mia vita e canterò il mio Dio finché esisto*[37]. *Il mio cuore e la mia carne hanno glorificato il Dio vivente*[38].

14. Ti glorificherò, Signore. *La mia bocca proclamerà la tua giustizia e tutto il giorno le tue lodi*[39], perché mi hai fatto accedere alla magnificenza della tua signoria, mi hai associato alle lodi degli angeli e mi hai unito alle celebrazioni delle loro assemblee. Non ci hai privati, mio

---

[29] Cf. Mt 13,17; Lc 10,24.

[30] Possibile riferimento all'eucaristia, che nella tradizione siro-orientale è infatti ricevuta in mano. Cf. *Ter.* XI, 6.

[31] Oppure: «L'interpretazione»; il termine impiegato è ܪܘܟܒܐ.

[32] In Gen 2,13 il nome Ghicon è riferito a uno dei fiumi dell'Eden; secondo 1Re 1,33, invece, è il nome di una sorgente vicina a Gerusalemme presso cui fu unto re, Salomone. Alcuni autori antichi, tra cui Efrem (cf. *Commento alla Genesi* II, 6; Tonneau, *Sancti Ephraem Syri*, p. 29) ed Evagrio (*Centurie* I, 83; Guillaumont, *Les six centuries*, pp. 54-55), lo identificano con il Nilo (è quanto sembra fare anche Isacco in *Pri.* XXXVII, p. 287). L'espressione è utilizzata il più delle volte per indicare abbondanza. Con questo significato, nell'opera isacchiana, esso ricorre anche in *Pri.* IV, p. 46; XXXV, p. 228.

[33] Cf. Sal 116,7.

[34] C'è forse qui un'eco della presentazione di Gesù al tempio e del suo essere accolto tra le braccia di Simeone; anche l'inizio del paragrafo: «Ritorna, anima mia, al tuo riposo», ricorda la preghiera del *Nunc dimittis* (cf. Lc 2,25-32). Oppure vi è ancora un riferimento all'eucaristia, come nel paragrafo precedente.

[35] Cf. Sal 103,1.

[36] Cf. Sal 146,1.

[37] Cf. Sal 104,33.

[38] Cf. Sal 84,3.

[39] Cf. Sal 71,15.

Signore, della comunione con loro, che [passa attraverso] la fede. [Fede] sono infatti la natura di tutti gli esseri spirituali, le ali degli [angeli] vigilanti e lo specchio delle loro rivelazioni[40]. La nostra comunione con gli angeli e il nostro essere in compagnia delle loro assemblee consistono nell'accordarsi della nostra volontà con loro, nello spirito della fede che abbiamo ricevuto. **15.** Questa è la lode degli esseri spirituali, la forza delle mirabili rivelazioni riguardanti la divinità e le multiformi realtà della fede che si effondono sui loro moti; perché anche per loro, Signore, tu sei oggetto *di fede e non di visione*[41]. La tua natura nascosta e santa non cade sotto il tatto e la vista di alcuna delle creature, ma è nella fede che tutte le nature se ne rallegrano, grazie ai raggi che per la tua misericordia risplendono nella loro natura.

16. Ai misteri di una tale gloria ci hai avvicinati per mezzo del tuo Amato. Ci hai, infatti, avvicinati ai piedi della montagna della fede. Là dove abitano le nove schiere delle coorti degli esseri spirituali[42] e al di sopra della quale vi è l'edificio [della] città santa[43].

17. Nostro Dio vivente e vivificante, questa è la montagna che ci ha annunciato il tuo apostolo e servo Paolo, che ha detto: *Vi siete accostati*. Dice infatti: *Voi vi siete accostati alla montagna di Sion* — cioè la fede e la conoscenza del Signore — *e alla città del Dio vivente, alla Gerusalemme che è nei cieli* — cioè il comunicare alla contemplazione divina[44] — *e alle assemblee degli arcangeli*[45] — cioè la mente che, attraverso la rivelazione che [condivide] con loro, per mezzo dell'ascesa

---

[40] Ai paragrafi 4-5 di questo stesso discorso, Isacco aveva affermato che, pur essendo privati dell'intimità (ܚܘܝܘܬܐ) con le assemblee degli esseri angelici, gli uomini mantengono con essi un certo legame attraverso il comune accesso alla fede, realtà di cui anche gli angeli partecipano. È nella fede che si fonda la loro «natura»; la fede è anche ciò che l'immagine delle ali degli angeli vigilanti vuole significare; ed è infine nella fede che avvengono le «visioni delle loro rivelazioni».

[41] Cf. 2Cor 5,7.

[42] Si tratta delle nove schiere angeliche, su cui Isacco si sofferma già in *Pri.* XXV, p. 187. Su questo si veda lo Pseudo Dionigi, in particolare *Gerarchia celeste* VI, 2 (PG 3, coll. 200-201).

[43] Cf. Eb 12,22.

[44] «Contemplazione divina» (ܬܐܘܪܝܐ ܐܠܗܝܬܐ) è un'espressione abbastanza frequente in Isacco: *Pri.* III, pp. 23; 31; XX, p. 161; XXVII, p. 198; LXXXI, p. 571; *Sec.* XIX, 5; *Cent.* IV, 48. Brock ne nota l'assenza in Evagrio, mentre rileva occorrenze nello Pseudo Dionigi e soprattutto in Sergio di Reš'aina e in Gregorio di Cipro (Brock, *The Second Part [Versio]*, p. 104, n. 5,1). L'espressione, in forma plurale, è attestata anche nel prologo delle *Costituzioni ascetiche* dello Pseudo Basilio (PG 31, col. 1325).

[45] Eb 12,22.

tramite la scala della fede[46], entra in comunione con Sion, la montagna di Dio[47].

18. Ponendo fine ai nostri mali[48], ci hai fatto accedere a questa realtà, o Dio, *giusto giudice*[49] che non è in collera per sempre, ma che ritorna [sui suoi passi] e distoglie [gli occhi] dal guardare i peccati[50]. Non hai risparmiato il tuo Figlio amato, ma lo hai consegnato per noi tutti[51], perché la sua morte [ci] giustificasse. In Cristo, ci hai fatto conoscere le realtà da sempre nascoste della tua sapienza e ci hai fatto accedere alla conoscenza della fede in te[52].

19. Non abbandonarmi, mio Signore, privandomi di questa misericordia che è su di me! Poiché mi hai chiamato, mio Signore, e senza richiesta [da parte mia], nel tuo amore eterno, mi hai dato accesso al tuo regno glorioso[53], non mi separerò dalla meditazione del tuo[54] amore. Manda, mio Signore, in mio soccorso la tua forza, perché mi aiuti; e sottraimi all'oceano della vita temporale. Oceano di aiuto, continua ad aiutarmi, e non abbandonarmi all'abisso dei mali!

20. Guida dei viventi[55], sii colui che dirige il mio pensiero verso di te, e apri davanti ai miei pensieri la porta della riflessione su di te. Tu che fai nuove tutte le cose[56], mi hai rallegrato con la conoscenza di te, e la tua speranza autentica si è mossa dentro il mio cuore. Oceano[57] di benevolenza, sottraimi all'ansietà [generata] dal vagare al di fuori[58] di te, e

---

[46] Cf. *Ter*. III, 29 e IX, 12.

[47] Sull'ascesa verso Sion, si veda Evagrio, *Centurie* V, 6; VI, 49 (Guillaumont, *Les six centuries*, pp. 178-179, 236-237).

[48] Sul margine esterno della pagina 43 del manoscritto teheraniano, in corrispondenza dei paragrafi 17-18, si legge una glossa o testo di Isacco dimenticato dal copista e poi integrato, che recita: «Quel qualcosa che è spazio per le realtà corporee, lo stesso è eccellenza per quelle non corporee e comunione alle realtà non rivestite di corpo, per il futuro accordarsi delle condotte naturali».

[49] Cf. Sal 9,5. L'espressione qui usata per «giusto», come anche nel salmo, è ܟܐܢܐ; in Evagrio, *Centurie* II, 77, S1 e III, 47, S1 (Guillaumont, *Les six centuries*, pp. 90, 116) abbiamo invece ܬܪܝܨܐ (retto). Sulla questione, cf. *Ter*. VI, 7, n. 16 e 18, n. 36.

[50] Cf. Sal 85,3-7.

[51] Cf. Rm 8,32.

[52] Cf. Rm 16,25-26.

[53] Cf. 1Ts 2, 12.

[54] Letteralmente: «Del suo».

[55] Cf. *Ter*. VII, 46.

[56] Cf. Ap 21,5.

[57] Di qui in avanti, in più punti il manoscritto P aggiunge l'espressione: «Signore nostro Gesù Cristo».

[58] La medesima espressione «vagare al di fuori» (ܦܗܝܐ ܕܠܒܪ) ricorre nel già menzionato estratto *Sulla preghiera continua* (Bettiolo, «Sulla preghiera», p. 76), sulla cui paternità si veda la n. 26 a *Ter*. III, 11.

fammi entrare dentro la fiamma del fuoco della fede in te. Dammi da bere il vino che mi fa sentire la tua speranza. Rendimi degno di questo ardore del cuore che, essendovi caduta una goccia della tua speranza, brucia senza consumarsi[59].

21. Chi ha accolto questo pensiero e resiste alla sua impetuosità? Chi lo ha gustato e si è ricordato ancora di se stesso? Quale corpo o pensiero sopporta anche solo il profumo della fede in te? Cristo, fine ultimo della verità, fa' rifulgere la tua verità *nei nostri cuori*[60]. Forza che ha rifulso nei santi, è grazie al tuo amore che ho *vinto il mondo*[61] e i suoi piaceri. O forza che ha rivestito il nostro corpo, fa' rifulgere le comprensioni della tua verità nella mia anima tenebrosa. Oceano che hai sostenuto il mondo, sottraimi all'oceano dalle molte onde.

22. Tu, mio Signore, sai che io sono triste perché i miei peccati sono sempre davanti a te[62]. Un pianto nascosto sgorga in me, quando io vedo la debolezza della mia anima. E mentre io voglio porre rimedio ai miei peccati con i gemiti, ecco che insieme ad essi accorrono i desideri per trasformare in caduta la pena del mio cuore, e rovinano il mio pensiero [allontanandolo] dalla supplica in cui [mi intrattengo] quando medito [rivolgendomi] a te.

23. Tu sei il medico esperto delle convulsioni del mio cuore: rinforza il mio cuore contro le passioni che sono in esso. Tu, infatti, sai che non mi è dato di vincere questa lotta. È la tua forza che vince e che ascrive a me la vittoria. Vinci tu in me, come sei solito [fare], e attribuisci a me la vittoria, secondo la tua sapienza! Infatti, per coloro che hanno vinto, tale è stata la loro vittoria[63].

24. Sarà la compunzione del mio cuore a testimoniare per me davanti a te che il tumulto della carne è più forte della mia volontà.

25. Mentre io piango ogni giorno su ciò che è trascorso, non c'è istante in cui io non incorra in quei medesimi sbagli, che [quindi] rinnovano quelle realtà da cui io cerco di convertirmi[64]. Vincitore che procuri la vittoria ai debitori la cui natura è assolutamente incapace di procurarsi la vittoria, dammi quella forza che vince la natura — benché questa abbia in se stessa la propria sconfitta — e che la proclama, per la sua grazia,

---

[59] Cf. Es 3,2.
[60] Cf. 2Pt 1,19; 2Cor 4,6.
[61] Cf. 1Gv 5,4.
[62] Cf. Sal 51,5.
[63] Cf. *Ter.* VI, 12.
[64] Letteralmente: «Per cui io offro la conversione».

vincitrice, mentre [in realtà] non è affatto per la sua natura che essa fa esperienza della vittoria.

26. Un'altra forza intreccia per lui la corona[65]: Colui che ha sapientemente plasmato la sua impotenza perché [in essa] potesse rivelarsi la propria bontà, e che conosce la sua indole incostante. [Questa indole] è tale che necessita di essere ogni giorno giustificata mediante il perdono dei suoi sbagli, che [Dio] le concede senza impedimento, per mostrare con ciò la bontà della sua natura, perché la debolezza della natura [umana] sia annuncio della dolcezza di [Dio] e testimone della sua misericordia[66].

27. La meditazione di ciò che di te è percettibile vinca in me l'asperità della lotta. La soave assiduità con la tua speranza[67] mi catturi via dal consentire alla carne. La soavità della conoscenza di te mi separi dalla via della natura. Rendimi degno, mio Signore, delle comprensioni della verità circa la tua volontà nei nostri confronti. Rendimi degno di quella meditazione che, con la sua corsa, trasfigura la forma dei pensieri, perché vedano all'interno dell'altro mondo[68] ciò che non assomiglia a quella [forma].

28. La forza che mi insegna a ricercare queste cose metta in me il gusto dell'amore[69] per esse. Poiché mi hai accostato a te, per mezzo di ciò che hai seminato[70] nei miei sensi, porta a compimento in me, all'interno del mio spirito, l'esperire quello che ciò significa.

29. Avendomi dato di comunicare, nel mistero, alla gloria della tua divinità[71], rendi stabile in me la speranza di tale [gloria], per mezzo di una persuasione di fede. Poiché tramite il tuo Amato, mio Signore, mi hai fatto accedere a una tale conoscenza, istruiscimi segretamente, perché io pensi a ciò che riguarda la tua grandezza. Donami una mente salda che fiorisce in ogni tempo per mezzo della bella riflessione su di te.

30. Allontana da me il pensiero stupido che pensa cose infantili[72], e muovi in me ciò che è bello perché io mediti sulla tua realtà gloriosa,

---

[65] Cf. 2Tm 4,8. Cf. anche *Ter.* VI, 25.
[66] Cf. 2Cor 12,9. Sull'espressione «debolezza della natura» (ܡܚܝܠܘܬܐ ܕܟܝܢܐ), cf. *Ter.* VI, 1, n. 3. Il medesimo concetto è riformulato in *Ter.* VII, 38.
[67] Cf. *Ter.* I, 16, n. 56.
[68] Cf. *Ter.* V, 17, n. 30.
[69] «Gusto dell'amore» (ܛܥܡܐ ܕܚܘܒܐ); cf. anche *Sec.* XVIII, 7; XXXV, 5; XLI, 1; *Cent.* IV, 75.
[70] «Ciò che hai seminato» (ܙܪܝܥܬܐ) sembra essere un hapax legomenon costruito sulla radice ܙܪܥ (seminare).
[71] Cf. *Ter.* V, 2.
[72] Letteralmente: «Infantilità» (ܫܒܪܘܬܐ); cf. *Ter.* IV, 9, n. 16 e V, 9, n. 11.

perché mi sia concesso di pensare ai tuoi giudizi divini non secondo l'ordine di un pensiero passibile e umano, e io mediti [non secondo] il modo delle passioni umane sulle vie della tua intelligenza, salvatrice delle nostre anime. Spiana in me i sentieri della tua sapienza e aprimi la porta perché [possa] meditare la tua volontà gloriosa; io infatti non so, mio Signore, per dove potrò entrare presso di te.

31. O Cristo, porta dei misteri[73], donami di comunicare alla percezione dei tuoi misteri. Per mezzo di te, mio Signore, possa io entrare presso il Padre e acquisire i moti della grazia del tuo Spirito santo[74]. O Cristo, chiave dei misteri[75] e fine dei misteri: per mezzo di te, mio Signore, ci è stata aperta la porta dei misteri che da secoli erano nascosti nel Padre tuo. Nella tua Economia, infatti, è nascosto l'oceano di tutti i misteri.

32. Rendimi degno di riceverti nel mio intimo, perché per mezzo di te io apra e penetri nei misteri passati e futuri. Signore, rendimi tu degno dell'amabilità della speranza in te. Chi è che gusta questo calice e poi ha ancora la forza di tenere a freno la sua anima e di farla ritornare nuovamente in se stessa? Questo [calice], infatti, nel cuore di coloro che lo ricevono, è dolce come il mosto!

33. Tu che fai nuove tutte le cose[76], rinnovami facendomi percepire la tua speranza. Gioia della creazione, rendimi degno della gioia che si leva al di là della carne, e che si riceve nel silenzio dell'anima[77]. Seppellisci all'interno delle mie membra il fuoco del tuo amore. Metti sul mio cuore i ceppi dell'ammirazione per te. Lega i miei moti con il silenzio della conoscenza di te, poiché l'intera conoscenza di te è silenzio. Rendimi degno di guardare a te con quegli occhi che sono stati aperti all'interno degli occhi [del corpo][78].

---

[73] In *Pri.* LXXIX, p. 544 Isacco dice: «La croce è la porta dei misteri».
[74] Cf. *Ter.* I, 13, n. 47.
[75] In *Sec.* V, 5 ricorre l'espressione «Gesù, chiave dei doni»; cf. anche *Cent.* IV, 75 dove si parla di «chiavi relative ai misteri gloriosi».
[76] Cf. Ap 21,5.
[77] L'espressione «silenzio dell'anima» (ܫܠܝܐ ܕܢܦܫܐ) ricorre anche in Giovanni il Solitario, *Sulla preghiera* 5 (Bettiolo, «Sulla preghiera», p. 81), testo già menzionato in *Ter.* IV, 7, n. 12.
[78] Al concetto generale di sensi interiori si è già accennato in *Ter.* I, 11, n. 37. Qui Isacco accenna a uno di questi sensi, affermando l'esistenza di occhi «aperti all'interno» degli occhi del corpo. Altrove egli utilizza la medesima immagine o altre analoghe, parlando di: «Occhio interiore (ܥܝܢܐ)» (*Sec.* XXXV, 4; *Cent.* IV, 67); «occhi spirituali (ܥܝܢܐ)» (*Pri.* LI, p. 376); «sguardo (ܚܙܝܐ) interiore» (*Pri.* LXVI, p. 467); «visione (ܚܙܘܐ) interiore» (*Pri.* LXXIV, p. 517).

34. Crea in me occhi nuovi, tu che hai creato al cieco occhi nuovi[79]! Chiudi le mie orecchie esteriori e aprimi le orecchie nascoste[80]; quelle che odono il silenzio e danno retta allo Spirito, affinché per il tuo Spirito io proclami la parola del silenzio[81], quella che si leva nel cuore e non è scritta, che si muove nell'Intelletto e non è pronunziata; quella che è proferita dalle labbra dello Spirito ed è intesa dall'udito incorporeo. Oceano di pietà, inizia a lavarmi dall'impurità della natura e rendimi atto alla tua santità.

35. Mio Signore, tu non mi hai plasmato come un vaso di ceramista, che una volta rotto non può più essere restaurato, e una volta ammaccato non può più riottenere la lucentezza di quando era nuovo. Ma, nella tua sapienza, mi hai plasmato come un oggetto di oro e di argento, che quando si annerisce, grazie a quel raffinatore che è la passione della compunzione, torna a eguagliare il colore del sole e risplende; e, per mezzo del crogiuolo della conversione, è ricondotto alla sua condizione[82] di un tempo. In te è l'artigiano che monda la nostra natura e la rinnova. Io ho deturpato la bellezza del battesimo e mi sono contaminato, ma in te riceverò una bellezza migliore. In te è la bellezza della creazione: tu infatti l'hai condotta di nuovo alla bellezza che le era stata rapita nel paradiso[83].

36. Nuovo sole, accendi la tua lampada nel mio pensiero oscuro. O Cristo, che rimuovi il pianto della creazione, donami tu il pianto nascosto e quelle lacrime interne agli occhi, che sgorgano dal pensiero[84], quelle il

---

[79] Cf. Gv 9.

[80] Altro «senso interiore» dopo quello della vista di cui Isacco ha parlato nel paragrafo precedente (cf. anche *Ter.* I, 11, n. 37). In una preghiera contenuta nella *Seconda collezione* egli chiede che gli vengano dati «altri occhi, un altro udito e un altro cuore» (*Sec.* I, p. 25b).

[81] L'espressione «parola del silenzio» fa pensare al linguaggio di Giovanni il Solitario che torna spesso sul tema del silenzio (cf. il testo citato in *Ter.* IV, 7, n. 12); in particolare, si veda un passo della *Lettera a Esichio* dove egli usa l'espressione «parola della quiete (o: del silenzio)» (ܡܠܬܐ ܕܫܠܝܐ), in un contesto che ricorda anche il seguito del nostro brano; dice: «Anche senza voce, la mente può far conoscere ciò che è nascosto in essa, mediante la parola della quiete a indicazione delle cose scritte, mentre il suo silenzio parla nella quiete» (Londra, Add. 17166 [Wright 737], f. 39v); questo medesimo linguaggio ricorre anche in una delle sue *Lettere* (Rignell, *Briefe*, pp. 118-119, passo esplicitamente citato da Isacco in *Ter.* XIII, 16). Evagrio utilizza la medesima espressione di Giovanni, ma capovolta; egli invita a ricercare la «quiete (o: il silenzio) della parola» (ܫܠܝܐ ܕܡܠܬܐ) (*Sul silenzio*; Muyldermans, *Evagriana Syriaca*, p. 118). Afraat, invece, parla di «preghiera del silenzio» (ܨܠܘܬܐ ܕܫܠܝܐ) (*Dimostrazioni* IV, 8; Parisot, *Aphraatis Demonstrationes*, p. 152). Si veda anche *Sec.* V, 7 e VI, 4.

[82] Letteralmente: «Struttura» (ܛܘܟܣܐ). Per l'immagine del vaso applicata al solitario, si veda *Ter.* I, 12 e *Cent.* IV, 29.

[83] Cf. Gen 3.

[84] Letteralmente: «Della parte separata del pensiero» (ܦܪܝܫܘܬ ܪܥܝܢܐ).

cui liquido non fluisce dal corpo, ma dall'ardore nella conversione nascosta[85]. [Ardore] che conduce alla vera gioia, che [si assapora] all'interno del [corpo], e alla consolazione che zittisce la bocca e che porge al cuore un nutrimento inabituale stabilendolo, all'interno del [corpo], testimonianza veritiera che attesta in ogni tempo la *caparra* del perdono[86] dei suoi peccati che questi ha ricevuto per mezzo della misericordia.

37. I miei peccati, mio Signore, sono molti, ma la tua benevolenza è più grande dei miei peccati. Le mie empietà sono potenti, ma non sono comparabili alla tua misericordia. Anche quando i miei debiti si fanno possenti, il tuo amore è più grande dei miei peccati. Io guardo, mio Signore, i miei peccati e sono ridotto al silenzio per quanto ho osato. Io contemplo le tue azioni nei miei confronti, e sono preso da meraviglia poiché all'opposto [di quanto ho meritato] sono stato da te ricompensato.

38. È il tuo dono che mi ha fatto accedere alla conoscenza di te, e non il tuo castigo[87]! È con la tua misericordia che mi hai irrorato della tua amabilità, senza bisogno delle [mie] fatiche [ascetiche]! Tu mi hai rivestito di una natura fragile, che in ogni tempo è testimonianza della tua grazia. La tua sapienza ci rivela, per mezzo delle nostre deboli realtà, il tuo amore nei nostri confronti[88]. Hai posto in noi un'inclinazione perché sia testimonianza della tua natura, del fatto cioè che la tua longanimità è più grande dei nostri sbagli e dei nostri peccati.

39. Non hai forse trovato, mio Signore, un espediente[89] per la tua longanimità, tale da essere più [potente] della tortura che ci spetterebbe? Noi non pensiamo che causa del male possa essere la bontà che è nella tua natura. Se in noi osasse [entrare] un tale moto, sarebbe [certo] l'ignoranza a farlo sgorgare in noi! Tu infatti, mio Signore, sopporti senza turbarti, e non è essendo afflitto da difficoltà che sopporti i peccatori.

40. Ti è facile sopportare la nostra iniquità, come fu semplice per te far venire [all'esistenza] la nostra creazione dal nulla. Per noi infatti, mio Signore, ambedue queste cose sono difficili, poiché non siamo capaci di sopportare neppure un piccolo peccato che ci capiti di vedere vicino a noi. E giudichiamo con il nostro giudizio, mio Signore, anche il grande

---

[85] Cf. *Ter.* VI, 58, n. 110. Sul «pianto nascosto», si veda in particolare *Cent.* I, 77; IV, 74.

[86] Cf. 2Cor 1,21-22; 5,5; Ef 1,13-14. L'espressione «caparra del perdono» (ܪܗܒܘܢܐ ܕܫܘܒܩܢܐ) ricorre anche in *Ter.* X, 45.

[87] Su timore e amore di Dio come vie di conoscenza e stimoli all'agire etico, cf. *Ter.* VI, 59, n. 111.

[88] Cf. *Ter.* VII, 26.

[89] Cf. *Ter.* VI, 23, n. 45.

oceano del tuo amore[90] che con le sue onde sorpassa la misura dell'intera nostra iniquità. E pensiamo, secondo la nostra intelligenza umana, che anche tu sei afflitto quando tu, il nostro creatore, ci sopporti. La nostra passione è per noi lo specchio: in base ad essa osserviamo ciò che è in noi e, attraverso le passioni che sperimentiamo, noi soppesiamo, mio Signore, la tua ricchezza[91].

41. Donaci, mio Signore, la conoscenza perché guardiamo a te con i tuoi occhi e non con i nostri[92], e pensiamo di te ciò che è degno di te, elargitore di ogni nostro dono! Questa è la grande ricchezza che tu [hai dispiegato] nei nostri confronti: la conoscenza autentica che si muove in noi riguardo al tuo arcano; che cioè, mio Signore, la tua bontà, il tuo amore e la forza di bene che è nella tua natura[93] sono la ragione per cui ti caricherai del fardello dei nostri peccati. E per questo, senza neppure attenderti la sua conversione, tu concedi tempo al peccatore.

42. Mio Signore, [fa'] che con le nostre comprensioni non percorriamo la via esteriore delle Scritture[94], che condannano[95] le occasioni [di peccato]. Ma rendici degni della tua verità che è all'interno di esse. Concedici di contemplare continuamente, nell'ammirazione, la ragione per la quale tu sopporti i peccatori. Certo [non agisci così] perché vuoi conoscere qualcosa che non conosci già, e quindi concedi tempo nell'attesa che ciò accada oppure no. Perché sarebbe vergognoso, mio Signore, pensare ciò della tua intelligenza preveniente, che precede con la sua conoscenza tutti i moti della nostra natura[96], fin da prima della nostra costituzione[97]. Ciò è proprio degli esseri creati, che non sanno quello che avverrà in futuro!

---

[90] Espressioni analoghe in *Ter.* VI, 1; VII, 20, 34.

[91] Il significato non è chiarissimo. Stando a ciò che precede, dove Isacco biasima il giudizio fatto con una «intelligenza umana», e a quanto segue, qui egli sembra ripetere e precisare il medesimo concetto, vale a dire che il metro di misura nei giudizi che gli uomini sono in grado di dare, di se stessi come anche della ricchezza del Signore, è la «passione» da cui sono abitati che agisce in loro come uno specchio. Quei giudizi sono dunque «passionali» e non secondo Dio.

[92] Letteralmente: «Come te e non come noi» (ܐܝܟ ܐܢܬ ܘܠܐ ܐܝܟܢ). L'espressione, con minime varianti, ricorre in *Pri.* LXIII, p. 438.

[93] Sui tre tratti qui enumerati, cf. *Ter.* IV, 4.

[94] L'espressione «via esteriore delle Scritture» (ܐܘܪܚܐ ܒܪܝܬܐ ܕܟܬܒܐ) si ritrova alla lettera anche in *Cent.* IV, 90. Sul tema, cf. *Ter.* VI, 19, n. 38.

[95] Letteralmente: «Parlano contro» (ܡܡܠܠܢ ... ܠܘܩܒܠ).

[96] L'espressione «moti della natura» (ܙܘܥܐ ܕܟܝܢܐ) ricorre anche in *Cent.* I, 5; II, 45.

[97] Letteralmente: «Struttura» (ܬܘܩܢܐ). In *Sec.* XXXIX, 6, Isacco afferma che al momento della creazione Dio conosceva già la capacità di peccato delle sue creature, ma ciò non gli impedì di crearle.

43. Ma la verità è questa! Ed ecco ciò che è bello che noi pensiamo della tua santa natura: è a motivo della tua bontà e della tua smisurata misericordia che sopporti il peccatore; colui che tu sai che neppure si converte! Tu sopporti, non come uno che non sa, attendendo dei fatti, ma a motivo della tua benevolenza. Poiché tu conosci tutto; tutte le cose ti sono manifeste. Incommensurabile, Creatore nostro, è il tuo amore per l'umanità!

44. La tua bontà che riversi su ogni cosa non sia per me, mio Signore, una ragione che [mi spinge] al male, così che a motivo della tua dolcezza io osi [fare] il male! Tienimi con le briglie della tua misericordia, perché io sia capace di resistere ai moti che mi assalgono e agli eventi che mi si presentano[98]. Manda presso di me il tuo santo angelo custode[99]. Guarisci l'infermità dei miei pensieri[100] perché, essendo un mortale, io [ne] sono sazio. Custodisci i miei cammini dai lacci del nemico che egli ha nascosto per me[101], per [spingermi] all'empietà del peccato.

45. Soprattutto, mio Dio, custodiscimi dal delirio dell'Intelletto che concepisce cose erronee, colme di insania e da compiangere, che davanti alla tua grandezza concepisce un'opinione abominevole circa la tua Essenza. E concedimi, mio Signore, l'umiltà di chi conosce la misura della natura e la miseria della sua debolezza[102], e [concedimi] un pensiero di retta conoscenza, degno degli esseri dotati di ragione.

46. Guida dei viventi[103], svelami i miei pensieri e mostrami i sentieri dell'assiduità con te. Crea in me, nel mio intimo, mio Signore, la luce

---

[98] Cf. *Ter.* VI, 59.

[99] Isacco si riferisce spesso agli angeli, attribuendo loro varie funzioni in favore degli esseri umani: per essi e con essi lodano Dio (cf. *Ter.* VII, 3-5); fungono da mediatori nelle rivelazioni divine loro rivolte (cf. *Ter.* VIII, 11); li assistono e li accompagnano, come suggerito dal nostro passo. Per quest'ultima funzione, il Ninivita sembra identificare un particolare angelo che accompagnerebbe ciascun essere umano. L'espressione qui utilizzata (ܪ<ܝܐܠܐ>, cioè «custode») ricorre anche in *Pri.* III, p. 36; LXXVII, p. 529, dove non è accompagnata dal sostantivo «angelo», ma il contesto ci autorizza a credere che esso sia sottinteso. Abbiamo poi altre espressioni analoghe come: «Angelo aiutante (ܪ<ܝܪܐ>)» in *Pri.* XXXVI, p. 275; o «Angelo della provvidenza (ܪ<ܬܠܒܝܬܐ>)» in *Pri.* LVIII, p. 411. In generale su quest'ultima funzione di aiuto e di assistenza, si veda *Pri.* V, pp. 66-67; VI, p. 95. L'esistenza di un angelo custode, già idea origeniana, è poi ripresa da Evagrio; si veda ad esempio *Scolii ai Proverbi* 189 (Géhin, *Proverbes*, pp. 282-284).

[100] Su «infermità dei pensieri» (ܪ<ܟܘܪܗܢܐ ܕܚܘܫܒܐ>), cf. *Pri.* II, p. 16. Espressioni analoghe sono in: *Cent.* I, 59 (infermità del pensiero: ܪ<ܝ>); II, 20 (infermità dell'anima: ܪ<ܢܦܫܐ>). Su «infermità della natura», cf. *Ter.* VI, 1.

[101] Cf. Sal 142,4.

[102] Cf. *Ter.* VI, 1, n. 3.

[103] Cf. *Ter.* VII, 20.

spirituale[104] che è la conoscenza del Cristo. In essa possa io trovare la tua verità e concepire pensieri retti riguardo alla tua divinità e a ciò che riguarda la mia anima. Che io non sia tentato, mio Signore, per mezzo del mio Nemico, dal disprezzo che [viene] dai demoni, poiché quanti sono provati dall'orgoglio, sono ad essi consegnati.

47. Ma sotto la protezione dell'Umiltà che mi ha creato, mentre io cresco nella tua conoscenza per il conforto che [mi viene] dalla tua grazia, io adoro la luce grande della creazione, Gesù Cristo[105], che ha rifulso nel suo tempo, secondo l'intelligenza ineffabile del Dio creatore di tutto. [Intelligenza] che ha pensato, prima di tutte le epoche e i tempi, di inviare [sulla terra] la magnificenza della creazione e la sua gioia — la Luce unigenita[106] che [viene] dalla natura di quell'[Intelligenza] — che l'ha portata a compimento realizzandola[107] *nella pienezza* di questo mondo[108] e [questa] rifulge *nei nostri cuori*[109]; e quando è piaciuto alla sua volontà, ci ha fatto accedere all'intelligenza grande[110] di lui.

48. [Questi] mi ha ricondotto alla *casa del Padre mio*[111] e mi ha mostrato che per me prepara anche un'eredità gloriosa, al di là dei confini dei mondi. In vista di questa [eredità] mi ha creato e perché io appaia l'essere e la creatura di bene che egli aveva stabilito per ogni cosa. Benedetta sia la magnificenza di tale [Intelligenza] per i secoli dei secoli. Amen.

---

[104] Su «luce spirituale» (ܢܘܗܪܐ ܪܘܚܢܝܐ), cf. anche *Cent*. I, 13; II, 44.

[105] Cf. Gen 1,16; Gv 8,12.

[106] L'espressione «Luce unigenita» (ܢܘܗܪܐ ܝܚܝܕܝܐ) ricorre già in Efrem, *Inni sulla crocifissione* VIII, 12 (Beck, *Paschahymnen*, p. 75).

[107] Letteralmente: «Nell'opera» (ܒܥܒܕܐ).

[108] Cf. Gal 4,4.

[109] Cf. 2Pt 1,19; 2Cor 4,6.

[110] Cf. *Ter*. IV, 9, n. 17.

[111] Cf. Lc 15,17.

VIII

Ancora dello stesso Mar Isacco.
In che modo i santi sono messi a parte e santificati
dall'inabitazione dello Spirito santo.

1. Tempio di Dio è una *casa di preghiera*[1]. Casa di preghiera è poi l'anima in cui la memoria di Dio è santificata continuamente. Se tutti i santi sono santificati dallo Spirito essendo templi dell'adorabile Trinità[2], [ciò significa che] lo Spirito santo li santifica mediante il ricordo continuo[3] della sua divinità[4]. Infatti, la preghiera continua consiste nel ricordo continuo di Dio[5]. Allora, per mezzo della continuità della preghiera, i santi sono santificati essendo dimora dell'azione dello Spirito santo[6],

---

[1] Cf. Is 56,7; Mt 21,13.

[2] Cf. 1Cor 3,16. Cf. anche Evagrio, *Centurie* V, 84 (Guillaumont, *Les six centuries*, pp. 212-213); Nilo il Solitario, *Perle* 6 e 10; *Sulla virtù e sull'uscita dal mondo* 45 (Bettiolo, *Gli scritti siriaci*, pp. 10-11, 254); Martyrios Sahdona, *Libro della perfezione* I, 3,14 (de Halleux, *Martyrius* I, p. 32). Cf. anche *Ter.* X, 91.

[3] «Il ricordo continuo» (ܐܡܝܢܐ ܕܘܟܪܢܐ); cf. anche *Ter.* VI, 45; VIII, 4, 14, 18, 19; *Pri.* XXXV, p. 258; XLIV, p. 321; L, p. 353; LXXIV, p. 508; *Sec.* I, p. 18a; VIII, 15; XXIX, 7; XXX, 4, 13. Ricorre con una certa frequenza anche il sintagma «continuità del ricordo» (ܕܘܟܪܢܐ ܐܡܝܢܘܬ o minime varianti): *Ter.* III, 23; VIII, 6; *Pri.* XVII, p. 135; XXXII, p. 216; *Sec.* XXIX, 2. Si veda anche l'analogo, ma più raro, «memoria continua» (ܥܘܗܕܢܐ ܐܡܝܢܐ): *Ter.* VIII, 1, 18; *Pri.* L, p. 353; *Sec.* I, p. 14b.

[4] Cf. anche *Ter.* III, 30. Sulla santificazione operata dallo Spirito santo, tramite la preghiera, si veda in particolare *Cent.* II, 51-54; III, 91. Cf. anche *Ter.* X, 65.

[5] L'affermazione «la preghiera continua consiste nel ricordo continuo di Dio» ricorre alla lettera anche in *Sec.* I, pp. 17b-18a. Sull'espressione «preghiera continua» (ܨܠܘܬܐ ܐܡܝܢܬܐ) e il suo plurale, cf. inoltre *Ter.* III, 11 (e il testo *Sulla preghiera continua* di cui si è detto in n. 26 al medesimo paragrafo), *Pri.* XL, p. 304; LXIV, pp. 441-442; LXXIX, p. 544; *Sec.* I, 10b; *Cent.* II, 97 (l'analoga espressione ܐܡܝܢܘܬܐ ܕܨܠܘܬܐ, o sue minime varianti, ricorrono invece in: VIII, 1, 2, 4; *Pri.* II, p. 15; VIII, p. 107; XXXV, p. 259; LXXX, p. 557; *Sec.* XIV, 41-42; *Cent.* IV, 34; cf. anche *Pri.* XI, p. 120; XXXVII, p. 288). Ambedue le espressioni sono ricorrenti in vari altri autori, tra cui Evagrio e Teodoro di Mopsuestia (cf. Brock, *The Second Part [Versio]*, pp. 79-80, n. 41,1). Sull'espressione «ricordo continuo di Dio», cf. Brock, *The Second Part (Versio)*, p. 135, n. 4,1.

[6] Sull'espressione «azione dello Spirito santo» (ܡܥܒܕܢܘܬܐ ܕܪܘܚܐ ܕܩܘܕܫܐ), cf. *Ter.* IV, 32, n. 73. Isacco torna spesso sul rapporto tra preghiera, ricordo-memoria di Dio e inabitazione di Dio o dello Spirito santo. Si vedano a titolo di esempio, oltre a *Ter.* VI, 45, i seguenti passi: *Pri.* V, p. 70; L, p. 353; *Sec.* I, p. 18a; V, 33. In *Pri.* XXXV, p. 259 egli afferma che la preghiera continua è possibile solo perché lo Spirito santo, che dimora nell'uomo, prega in lui e per lui. Altrove egli parla anche dell'azione ermeneutica che lo Spirito compie venendo a dimorare nell'uomo (*Pri.* VI, p. 91; LXXXII, pp. 579-580).

come ha detto uno dei santi: «Ricordati continuamente di Dio ed ecco che la tua intelligenza è un cielo»[7].

2. Se dunque la nostra anima, grazie alla continuità della preghiera, è un altro cielo, nel cielo non c'è bene che manchi, né vi perviene alcun male, né qui è vicina la tentazione, né le passioni del corpo e dell'anima[8], né il ricordo dei mali, né alcuna delle afflizioni del corpo o l'oscurità e le vessazioni dell'anima. Se invece [facciamo esperienza] di tutte queste tentazioni, esse ci assalgono per questo: perché noi vaghiamo e ci allontaniamo dal ricordo di Dio, e di qui noi erriamo cadendo in ogni sorta di male. La preghiera, infatti, è lo spazio del ricordo di Dio, che fa cessare le occasioni dell'errare; quell'[errare] per il quale noi soffriamo tutti i mali.

3. Quando infatti perseveriamo nella preghiera, che è l'immagine luminosa del ricordo del Signore nostro Dio, si allontanano da noi tutte le tentazioni che sono provvidenzialmente mandate[9] per questo: per mettere in noi il ricordo di Dio, grazie alla veemenza dell'intercessione e alla relativa crocifissione dell'Intelletto[10]. Infatti, questi carcerieri[11]

---

[7] Questo passo è ancora esplicitamente citato, anonimo, in *Ter.* VIII, 17, mentre in III, 2 ne troviamo una riformulazione abbastanza simile (altrove, come in *Sec.* XX, 23 e *Cent.* III, 24 ritorna invece l'immagine dell'intimo dell'uomo che diventa un cielo); e anonimo è citato anche da Martyrios Sahdona (*Libro della perfezione* II, 8,59; de Halleux, *Martyrius* III, p. 19). Ho potuto identificare il passo con una delle sentenze di Nilo il Solitario la cui versione siriaca è stata edita e tradotta da Bettiolo con il titolo di *Perle* (2; Bettiolo, *Gli scritti siriaci*, p. 10). Il medesimo Isacco cita altre due sentenze della medesima opera, attribuendole ancora a «uno dei santi», in *Pri.* IV, p. 42 (cf. Bettiolo, *Gli scritti siriaci*, p. 1, n. 1).

[8] Sulla distinzione tra passioni dell'anima e passioni del corpo, si veda in particolare: *Pri.* III, pp. 21-23, 25-26; XLVII, p. 337; LI, p. 368; *Cent.* I, 70; IV, 27; sulle passioni in genere e la loro natura, cf. *Pri.* II, 18-19; XXVIII, p. 204; *Cent.* III, 66. Evidente in questa riflessione è in particolare l'influsso di Giovanni il Solitario, che tratta diffusamente delle passioni dell'anima soprattutto nel suo *Dialogo sull'anima*, e di Evagrio. Si veda la n. 6 a *Ter.* II, 2; e anche Khalifé-Hachem, «L'âme et les passions».

[9] «Provvidenzialmente» (ܒܡܒܝܢܘܬܐ), vale a dire, secondo la divina dispensazione. Cf. anche *Ter.* III, 22.

[10] L'espressione «crocifissione dell'Intelletto» (ܨܠܝܒܘܬܐ ܕܗܘܢܐ) rimanda a un concetto che Isacco sviluppa in vari punti della sua opera, anche se non utilizza il medesimo sintagma. Si veda in particolare: *Pri.* II, pp. 15-16; XXXIV, p. 223 (dove parla di ܨܠܝܒܘܬ ܡܕܥܐ); XXXV, p. 232; *Sec.* XXX, 6 (cf. anche il discorso *Ter.* X, 23). Un primo ispiratore del pensiero del Ninivita potrebbe essere Paolo (cf. in particolare Rm 6,6). Tuttavia, nel primo dei testi su menzionati, egli si rifà esplicitamente all'insegnamento di Abba Isaia (*Discorso ascetico* XXVI, 4; Draguet, *Les cinq recensions*, p. 405). Wensinck vi aveva visto un influsso del *Libro di Ieroteo* (cf. *Mystic Treatises*, pp. liii-liiii), ma è contestato da Beulay che sostiene piuttosto la matrice evagriana (cf. *La Lumière sans forme*, p. 181). Cf. anche de Andia, «Hèsychia et contemplation». Per il *Libro di Ieroteo*, si veda II, 21-22 (Marsh, *The Book*, pp. 40-47).

[11] «Carcerieri» (ܩܘܣܛܘܢܪܐ), derivato dal latino, tramite il greco. Isacco utilizza questo termine abbastanza particolare anche in *Ter.* XII, 51, all'interno di una citazione, in *Pri.* LVIII, p. 410 e in *Sec.* IX, 12.

— che sono le tentazioni — ci spingono necessariamente a fare la [preghiera]. Uno dei santi infatti ha detto: «Prega continuamente e lo spirito dell'errore fuggirà via da te»[12].

4. Quando dunque ci applichiamo alla [preghiera] e facciamo spazio nella nostra anima al ricordo del Signore per mezzo della continuità della preghiera che noi gli [rivolgiamo], allora le tentazioni si allontanano, le passioni s'acquietano, Satana è mandato via lontano, le pene non trovano spazio nella nostra anima, le afflizioni svaniscono; e tutte le realtà avverse creano un qualche spazio al ricordo di Dio che è in noi; e urlano e fuggono via davanti al loro Signore[13]. 5. Intanto gli angeli celebrano continuamente il mistero del loro Signore in quella casa in cui si trova l'altare del Santo. Il ricordo continuo di Dio è infatti un altare piantato[14] nel cuore, dal quale tutti i misteri si levano verso il Santo del Signore[15]; e dove nessuna delle realtà che [gli] resistono perviene. Esse infatti sono prese da timore davanti al fulgore del fuoco divino che s'infiamma in mezzo ai misteri. Accade così che, naturalmente, non appena Dio è nominato, è decretata la condanna di tutte le avversità.

6. Quando infatti accade che, benché noi ci applichiamo alla [preghiera], alcune di quelle realtà riescono ancora a perdurare [in noi] e a mostrare la loro impudenza essendo occasione di molestia, è [segno] che noi non siamo [ancora] ben affermati in ciò, vale a dire nel ricordo continuo[16] del Signore. E così, a motivo della nostra manchevolezza, esse

---

[12] *Apoftegmi dei padri*, Bu II, 439 (Budge, *The Paradise* II, p. 245; Bedjan, *Acta Martyrum* VII, p. 862). Questo detto, riportato nel *Paradiso dei padri*, ha un corrispondente anche nelle collezioni greche, dove però manca del passo citato da Isacco (cf. *Serie sistematica greca* XII, 26; Guy, *Les apophtegmes des Pères*, p. 226).

[13] Cf. Mc 9,26.

[14] Cf. Eb 8,2.

[15] Secondo questa immagine, all'interno dell'uomo vi è uno spazio in cui si celebra la liturgia «spirituale», con il cuore come altare e mediante l'esercizio di un altro sacerdozio (cf. *Ter.* XVI, 5; *Pri.* XXII, p. 167; *Sec.* XLI, 2). Le medesime immagini si ritrovano in X, 84 e già in vari autori precedenti; si vedano in particolare il *Liber graduum* XII (Kmosko, *Liber graduum*, pp. 285-304), Giovanni il Solitario, *Dialogo sull'anima* (Dedering, *Ein Dialog*, p. 88), Evagrio, *Parenesi* (Muyldermans, *Evagriana Syriaca*, pp. 130-133), *Centurie* V, 53 (Guillaumont, *Les six centuries*, pp. 198-199) e *Pseudo supplemento alle Centurie* 6 e 45 (Frankenberg, *Evagrius*, pp. 428, 460), Nilo il Solitario, *Perle* 1; *Discorso sulle osservanze* 12; *Discorso di ammonimento* 40; *Lettera per gli uomini virtuosi* 5-6; *Sulla virtù e sull'uscita dal mondo* 27 (Bettiolo, *Gli scritti siriaci*, pp. 10, 89, 202, 222, 244); Marco il Solitario, *Il battesimo* 4 (de Durand, *Traités*, pp. 318-322); Stefano bar Sudaili, *Libro di Ieroteo* III, 7 (Marsh, *The Book*, pp. 72-73) e altri (cf. Brock, «The Spirituality»). In *Sec.* XXX, 10, Isacco dice che ogni evento, natura e parola di questa creazione ha in sé «un Santo e un Santo dei santi» che l'Intelletto può penetrare.

[16] Letteralmente: «Continuità del ricordo» (ܐܡܝܢܘܬ ܥܘܗܕܢܐ); cf. *Ter.* VIII, 1, n. 3.

hanno modo di assalirci. L'insidia dei nemici, infatti, non può avvicinarsi alla casa del re quando questi è presente[17].

7. La divinità tuttavia abita nell'uomo non con la [sua] natura. La sua natura infatti non è circoscrivibile, e non può essere né circoscritta né racchiusa in un luogo. Ne sono infatti pieni il cielo e la terra, e non c'è luogo che possa contenerla[18]. Essa è infatti in ogni luogo, e da ogni luogo è lontana: [è lontana] per l'incircoscrivibilità e la sublimità della sua natura; ma [è in ogni luogo] per le realtà inafferrabili[19] di cui siamo colmati. È detto infatti che Dio abita in un luogo mediante la volontà e l'agire della sua forza[20], come è scritto: *Abiterò in loro e in essi camminerò*[21]; cioè: «Mostrerò in loro la forza del mio agire»[22]. Come anche è scritto che [Dio] adombrò il tempio di Gerusalemme o la tenda che era stata eretta da Mosè[23].

8. Quando, infatti, la casa di [Dio] fu edificata e portata a compimento da Salomone, è detto che *la sua Šekinah*[24] *la adombrò e riempì la casa con la sua magnificenza*[25]; e ancora è detto che *i sacerdoti uscirono dal Santo, davanti alla Šekinah del Signore, poiché non potevano prestare servizio in quanto l'intera casa era ripiena della nube della magnificenza del Signore*[26]. Questo fu il segno che Dio si era compiaciuto di quella [casa] e vi aveva preso dimora. Così accade anche all'anima che è stata edificata mediante ciò che è eccellente, quando al momento della preghiera sente questa nube che adombra l'Intelletto in preghiera.

9. Ciò avviene in maniera invisibile, e [l'orante] non è più capace di portare a termine la recitazione della sua preghiera: egli si è acquietato davanti alla magnificenza del Signore, che si è rivelata attraverso la comprensione dell'Intelletto, ed è stato ridotto al silenzio nello stupore[27]. Questo è il segno che il Signore si è compiaciuto di lui e lo ha adombrato! Simile è anche ciò che vide Ezechiele quando gli fu mostrato in

---

[17] Cf. Mt 12,29.
[18] Cf. 1Re 8,27. Cf. anche Teodoro di Mopsuestia, *Omelie catechetiche* V, 4 (Tonneau – Devreesse, *Les Homélies*, pp. 103-104).
[19] «Realtà inafferrabili» (ܐܠ ܡܬܕܪܟܢܘܬܐ); cf. anche *Ter.* IV, 21; VII, 5, 9; IX, 9, 27.
[20] Potrebbe trattarsi di una citazione, ma non sono riuscito a identificarla.
[21] Lv 26,11-12.
[22] Cf. *Ter.* VIII, 13.
[23] Cf. 2Cr 5,13; Es 40,34. Sul tema dell'adombramento, si veda la n. 15 a *Ter.* I, 4.
[24] Sulla Šekinah, si veda la n. 9 a *Ter.* VII, 4.
[25] Cf. 2Cr 7,1-2 (Pešitta).
[26] Cf. 2Cr 5,13-14 (Pešitta).
[27] Sulla fine della preghiera nello stupore, cf. *Ter.* XIII, 20-21.

rivelazione l'edificio del tempio: non appena quella casa che veniva composta davanti a lui — che gli era mostrata come in rivelazione divina[28] — fu portata a compimento, vide anche la *Šekinah*[29] divina che adombrava la casa, e [questa] ne era riempita[30].

10. Nella visione a lui concessa[31] come [per] un'azione divina sprofondata nella sua anima — per mezzo di quella mirabile vista che precorre — egli vedeva ciò che gli fu dato di vedere prima ancora che fosse [realizzato]. E, pur essendo egli con il corpo a Babilonia, vedeva la rivelazione in Gerusalemme[32], che era lontana circa trecento *parsahe*[33] di strada. Gli fu così mostrato come salì [nella] casa, mentre la *Šekinah* di Dio la adombrava, come [egli stesso] dice: *Mi condusse alla porta che guarda a oriente*[34]. C'era infatti un uomo che gli mostrava tutte queste cose in rivelazione. Era un angelo che gli diceva: *Poni nel tuo cuore tutto ciò che io ti mostro, poiché è per mostrartelo che io sono venuto*[35].

11. Tramite questi [esempi] ci vengono fatte conoscere due cose: che tutte le rivelazioni in favore dei santi sono state realizzate per loro tramite la mediazione degli angeli, ed essi venivano istruiti dagli [angeli] finché uno non aveva accesso alla rivelazione della visione divina[36]; e seconda [cosa] è che le rivelazioni angeliche precedono la rivelazione divina[37] e la condizione realizzata nei [santi] grazie all'azione dello Spirito santo[38], come anche qui è reso noto. Per questo [Ezechiele] dice: *Mi condusse alla porta che guarda a oriente ed ecco la gloria del Dio di*

---

[28] «Rivelazione divina» (ܓܠܝܢܐ ܐܠܗܝܐ); cf. anche: *Ter.* VIII, 11; *Pri.* XX. p. 161; LI, p. 371; LIV, p. 391; LXXIX, p. 545; LXXX, p. 549; *Sec.* XVI, 5.

[29] Sulla Šekinah, si veda la n. 9 a *Ter.* VII, 4.

[30] Cf. Ez 43,5.

[31] Letteralmente: «Che vedeva».

[32] Cf. Ez 40,1-2.

[33] Unità di misura corrispondente a una distanza pari a tre o quattro miglia. Isacco utilizza la medesima unità di misura in *Pri.* XXXVI, p. 277.

[34] Ez 43,1.

[35] Ez 40,4 (Pešitta).

[36] «Visione divina» (ܚܙܬܐ ܐܠܗܝܬܐ); cf. anche *Pri.* XX, p. 161; *Sec.* I, p. 16b; *Cent.* I, 72.

[37] Cf. *Ter.* VIII, 9, n. 28.

[38] Sull'«azione dello Spirito santo», cf. *Ter.* IV, 32, n. 73. Sulle funzioni degli angeli, si veda quanto detto in VII, 3-5, 44. Qui Isacco accenna ad una funzione in particolare, la mediazione angelica nelle rivelazioni. Sui diversi gradi della rivelazione (ܓܠܝܢܐ), a seconda della mediazione tramite la quale sono concesse, si veda in particolare, oltre a *Ter.* IX, 18-31: *Pri.* XIX, pp. 154-161; XXXV, pp. 247-250; *Sec.* VIII, 7; *Cent.* II, 73, 76; III, 56-60. Si veda anche Hansbury, «Insight without Sight», pp. 68-70.

Israele che venne dalla via dell'oriente, e la sua voce era come voce di molte acque[39].

12. Anche quella rivelazione che [Dio] gli mostrò è secondo l'ordine di quaggiù. Dice infatti: *La terra rifulse della sua gloria*; e continua: *Io caddi sul mio volto e la gloria del Signore entrò nella casa*[40]. E ancora, in un altro luogo, dice: *Il cortile interno fu riempito dalla nube, la gloria di Dio si innalzò al di sopra dei cherubini e la casa fu riempita dalla nube*[41]. E ancora: *Il cortile interno fu riempito dal fulgore della gloria del Signore*[42]; e altre cose simili, che le Scritture fanno conoscere circa quanto è operato secondo l'ordine della *Šekinah*, la cui forza adombra il [luogo] che è messo a parte per il nome della santità di [Dio] e in cui la sua memoria è santificata in ogni tempo. Così [le Scritture], al fine di istruire, mostrano mediante una visione chiara l'azione della gloria di [Dio].

13. Quando poi si dice che [Dio] «dimora» o «abita», non [deve intendersi che ciò avvenga] con la sua natura, ma è con la sua gloria e il suo agire che egli abita nel luogo messo a parte per la sua santità[43], sia [che si tratti] di un edificio fatto da mani [d'uomo] e [in] realtà non dotate di ragione chiamate «utensili del suo santuario», sia [che si tratti] dei templi razionali che sono le anime. È infatti dalla forza e dall'agire [di Dio] che è santificata e messa a parte dalle altre anime quell'anima in cui il Signore è santificato per mezzo del ricordo di lui, per mezzo della manifestazione di una rivelazione e della conoscenza dei misteri in essa rivelati, e non per mezzo dell'inabitazione naturale[44] [di Dio in noi].

14. Desideriamo [dunque] questo bene e santifichiamo in ogni tempo le nostre membra, insieme alla nostra anima, per mezzo delle lodi di Dio; santifichiamo la nostra persona con il ricordo continuo di lui, con cui noi ci ricordiamo di lui mediante la preghiera! Diventiamo templi santi[45] per mezzo della preghiera, per accogliere nella nostra anima l'adorabile azione dello Spirito[46], come dice l'Apostolo: *Tutto viene purificato e santificato per mezzo della parola di Dio e della preghiera*[47]. Infatti, per

---

[39] Ez 43,1-2.
[40] Ez 43,2-4.
[41] Ez 10,3-4.
[42] Ez 10,4.
[43] Cf. *Ter.* VIII, 7.
[44] «Naturale» (ܟܝܢܐܝܬ), vale a dire «per mezzo della natura (divina)».
[45] Cf. 1Cor 3,16-17.
[46] Cf. *Ter.* IV, 32, n. 73.
[47] 1Tm 4,4-5.

mezzo del ricordo di Dio che [l'orante] richiama in mente quaggiù e del nome del Signore che è invocato su di lui⁴⁸, egli viene santificato e sono allontanate da lui ogni macchia e ogni forza estranea⁴⁹.

15. È detto infatti: *Ovunque ti ricorderai del mio nome, io verrò a te e ti benedirò*⁵⁰. Ricordiamoci dunque continuamente di Dio e [allora] la nostra bocca sarà benedetta, come disse un tempo uno dei santi ad alcuni secolari che stavano seduti: «Alzatevi e salutate i solitari perché siate benedetti! Le loro bocche infatti sono sante, dal momento che parlano continuamente con Dio»⁵¹.

16. Tu dunque vedi come è resa degna della santità quella bocca che in ogni momento parla con Dio e [come] è santificato quel cuore in cui continuamente il nome del Signore è benedetto! Benedici continuamente Dio nel tuo cuore per essere benedetto, e non smettere di benedirlo! Santifica la tua anima e tutte le tue membra benedicendolo, dicendo: *Benedici il Signore, anima mia; e voi tutte mie ossa, il suo nome santo*⁵²; e anche: *Ti esalto, mio Signore, re*, eccetera⁵³.

17. Pronuncia con la tua bocca la sua lode e non essere mai sazio di glorificarlo, e [così] la sua magnificenza e il suo splendore riempiranno la tua anima. Sia esaltato Dio nel tuo cuore in ogni momento, e non essere mai sazio della sua magnificenza e delle sue benedizioni, e neppure di quello splendore che il Profeta vide dimorare su Gerusalemme, e [così] la tua anima ne sarà riempita. Disse infatti [Ezechiele]: *La terra rifulse della sua gloria*⁵⁴. E ancora è detto: «Ricordati continuamente di Dio ed ecco che la tua intelligenza è un cielo»⁵⁵.

18. Aneliamo dunque a questa magnificenza, per essere templi di Dio⁵⁶, per mezzo del ricordo continuo di lui, nelle preghiere e nelle lodi, come dice il santo vescovo Basilio: «La preghiera pura⁵⁷ è quella che opera nell'anima il ricordo continuo di Dio. Così noi saremo templi per

---

⁴⁸ Cf. Gc 2,7.
⁴⁹ Quest'ultimo periodo, introdotto dalla particella ܠ, potrebbe essere una citazione, ma non sono riuscito a identificare la fonte.
⁵⁰ Es 20,24 (Pešitta).
⁵¹ *Apoftegmi dei padri*, Bu I, 634 (Budge, *The Paradise* II, p. 148; Bedjan, *Acta Martyrum* VII, p. 691); testo incluso nel *Paradiso dei padri*, corrisponde nella tradizione greca alla *Serie alfabetica*, Pambo 7 (PG 65, col. 369).
⁵² Cf. Sal 103,1.
⁵³ Cf. Sal 145,1.
⁵⁴ Ez 43,2.
⁵⁵ Nilo il Solitario, *Perle* 2 (Bettiolo, *Gli scritti siriaci*, p. 10); cf. anche *Ter.* VIII, 1.
⁵⁶ Cf. 1Cor 3,16-17.
⁵⁷ Sulla «preghiera pura», cf. *Ter.* XVI, 2, n. 2.

Dio[58], perché egli abita in noi per mezzo del ricordo continuo con cui noi ci ricordiamo di lui»[59]. Di questa gloria celeste sono resi degni coloro che sono *casa di preghiera*[60]; e il tempio in cui dimora la memoria continua del Signore risplende al punto che i raggi che da esso [si sprigionano] irraggiano e risplendono anche in lontananza.

19. Il ricordo continuo di Dio è il mistero del *mondo futuro*[61] in cui noi riceviamo pienamente quaggiù l'intera grazia dello Spirito[62], e [in tal modo] il ricordo di Dio non si allontana più da noi quaggiù, perché allora noi siamo suo tempio in pienezza! I santi sulla terra hanno desiderato ardentemente[63] quel mistero della gioia futura, con l'avidità persistente, tipica della preghiera. Che di queste realtà siamo resi degni, per la grazia e la misericordia del *Cristo nostra speranza*[64], *insieme a tutti i suoi santi*[65], per i secoli dei secoli! Amen.

---

[58] Cf. 1Cor 3,16-17.
[59] Basilio di Cesarea, *Lettere* II, 4 (Forlin Patrucco, *Le lettere*, pp. 66-69), testo la cui traduzione siriaca conobbe, a giudicare dai manoscritti pervenutici, una notevole diffusione (cf. Brock, «Traduzioni siriache», pp. 175-176). Questo medesimo passo basiliano è da Isacco citato anche in *Pri*. L, p. 353.
[60] Cf. Is 56,7; Mt 21,13.
[61] Cf. Eb 2,5; 6,5. Cf. *Ter*. I, 1, n. 5.
[62] Cf. *Ter*. I, 13, n. 47.
[63] Cf. Mt 13,17.
[64] Cf. 1Tm 1,1.
[65] Cf. 1Ts 3,13.

IX

Dello stesso Mar Isacco. In sintesi, su tutti i generi del lavoro [ascetico] che riguardano la parte della mente[1]: quale forza ed esercizio siano propri di ciascuno di essi.

1. La preghiera è il luogo dell'anima che porta a pienezza le condotte del corpo[2]. Le condotte, infatti, [vengono] dall'esercizio del corpo: il digiuno, l'ufficio, le elemosine, le fatiche, la castità, il servizio dei malati, il silenzio, il pianto, l'obbedienza, la rinuncia, la compassione e tutto ciò che vi è di simile; e sono ancora tante le altre realtà simili a queste!

2. Tali [condotte] sono lo spazio dell'esercizio [del corpo]. La preghiera, invece, è la contemplazione dell'anima[3], che è al di là del corpo o delle realtà visibili, e l'intellezione delle realtà che sono in esse, che sono più profonde di ciò che è oggetto di esercizio ma che sono intelligibili, pur non essendo della terra. Quando la preoccupazione della preghiera non accompagna le condotte, queste si collocano [ancora] nell'ordine della fatica corporale. E anche se sono realtà belle, perché agiscono[4] nelle varie [parti] dell'anima, tuttavia il loro lavoro [ascetico] è ancora [dell'ordine] delle realtà visibili[5].

3. Ciò che la forza della preghiera è per le condotte, lo è la lettura per la preghiera. Ogni preghiera infatti che non è nutrita dalla luce delle Scritture, è pregata secondo una conoscenza corporale[6]. E anche se

---

[1] Cf. *Ter.* I, 6, n. 19.

[2] Letteralmente: «La corporeità delle condotte» (ܐܓܘܢܝܬܐ ܕܕܘܒܪܐ).

[3] «Contemplazione dell'anima» (ܬܐܘܪܝܐ ܕܢܦܫܐ); l'espressione ricorre anche in Evagrio, *Centurie* II, 15, S1; V, 41, S1 (Guillaumont, *Les six centuries*, pp. 66, 194).

[4] Letteralmente: «Si trovano».

[5] Anche altrove Isacco ritorna sulla necessità che le fatiche ascetiche siano accompagnate e fecondate dalla preghiera (*Pri.* XXVIII, p. 203) o dallo «Spirito di Dio» (*Pri.* XLV, pp. 327-328).

[6] Isacco, sulla scia dei suoi maestri, raccomanda spesso la lettura della Scrittura. Inoltre, come in questo caso, egli insiste sulla necessità che la preghiera sia nutrita dalla Scrittura; si veda ad esempio, oltre al cenno in *Ter.* III, 11: *Pri.* IV, pp. 52-53; XIII, pp. 124-125; XVII, p. 135; *Sec.* XXI, 13; XXIX, 5-11; *Cent.* I, 66-67; IV, 63. Tra i tanti riferimenti possibili ad altri autori, si pensi a Giovanni il Solitario, il quale raccomanda che «la preghiera venga illuminata dalla lettura» (*Lettera a Esichio*; Londra, Add. 17166 [*Wright* 737], f. 42r); a Evagrio che dice: «Nulla produce una preghiera pura come la lettura delle divine Scritture» (*Lettere* IV; Frankenberg, *Evagrius*, p. 568; testo riecheggiato nel passo isacchiano di *Cent.* IV, 63); e a Martyrios Sahdona, *Libro della prefezione*

implorasse cose buone, e da essa scaturissero moti nobili — così da protendersi verso le realtà nascoste che non [può] conoscere per mezzo della mente, e ciò che chiede con la preghiera[7] si accordasse con la volontà di Dio — [resta vero che una tale preghiera] è più debole di quella conoscenza [che viene dalla lettura].

4. Ciò perché, mentre medita realtà gloriose e sembra che si intrattenga in realtà stupefacenti, [un tale orante] è [in realtà] lontano da Dio. E così neppure riesce a conseguire quelle realtà belle in cui spera, ma cammina secondo il proprio giudizio[8] e riflette sulla propria volontà: l'ammonizione, infatti, che viene dalla retta conoscenza della luce delle Scritture non lo tocca.

5. La condotta è il corpo, la preghiera è l'anima, la visione del pensiero è invece l'ordine spirituale[9]. Visione del pensiero[10] io chiamo la rivelazione delle realtà nascoste, la conoscenza delle realtà intelligibili, e quella certa intellezione che [è concessa] grazie allo Spirito. Realtà, queste, che ricevono forza dalla lettura, in vista di un approfondimento della conoscenza e di una progressione da una comprensione alla seguente che è più stupefacente e più luminosa [della precedente]. Quanto poi alla preghiera [che si esprime sotto forma di] invocazione eccellente dell'anima e di benefiche suppliche presentate [a Dio], è detto: «È bene che tali [invocazioni e suppliche] siano provviste di anima e che dimorino presso di essa»[11].

6. Quanto alla meditazione[12], essa consiste nella riflessione solo di ciò che è in Dio, mentre ammira solo ciò che è di [Dio], approfondendo solo lui e la sua grandezza, e facendo sì che il pensiero si intrattenga in lui solo, senza più preoccuparsi [per ciò che è di] quaggiù, e senza ricordarsi delle realtà [pur] belle ed eccellenti che riguardano il corpo e che sono

---

II, 8,51 (de Halleux, *Martyrius* III, pp. 16-17). Analogamente, Isacco afferma che la preghiera è necessaria alla lettura (cf. *Pri.* XLV, p. 329; *Sec.* I, p. 10b).

[7] Letteralmente: «La volontà della preghiera».

[8] Letteralmente: «Davanti al proprio volto».

[9] Ritroviamo qui la visione tripartita che Isacco riprende da Evagrio e da Giovanni il Solitario. Essendo l'uomo stesso un intreccio di queste dimensioni, la vita spirituale nei suoi vari aspetti si articola in tre livelli che sono molto più che delle semplici tappe. La prima dimensione riguarda l'impegno del corpo (livello corporale), segue la fatica dell'anima (livello psichico) e infine il punto di arrivo è nell'azione dello Spirito (livello spirituale). Per i rimandi testuali, cf. Chialà, *Dall'ascesi eremitica*, pp. 150-158.

[10] «Visione del pensiero» (ܚܙܬܐ ܕܪܥܝܢܐ) ricorre anche in *Pri.* IV, p. 49 e *Sec.* XIV, 2. Si veda anche l'analogo «visione dell'Intelletto» (ܚܙܬܐ ܕܗܘܢܐ), che ricorre in *Ter.* XIII, 22 e *Sec.* XVIII, 4.

[11] Potrebbe trattarsi di una citazione, ma non sono riuscito a identificarla.

[12] Sulla «meditazione continua», cf. *Ter.* III, 1, n. 1.

corporali; ma piuttosto intrattenendosi unicamente nella meditazione dell'Essenza[13], senza associare a tale [meditazione] la preoccupazione per queste [ultime] realtà, o [il pensiero] che qualcosa di proveniente da te, [o Dio], o da qualche altro luogo mi possa accadere. [Tale meditazione] ha disprezzato tutto quello che è della natura [umana] — sia le sue realtà eccellenti sia ciò che in essa vi è di pericoloso — mediante la sola memoria di Dio, che viene santificata nella mente.

7. Quante volte nella preghiera è generata una meditazione di questo genere! E di qui [inizia] l'ingresso dell'Intelletto presso l'altezza indicibile, allorché per grazia lo spirito è sostenuto nelle realtà della preghiera. Inoltre, quando esso è sostenuto dalla meditazione e dalla lettura, nessuno è capace di narrare verso quali moti stupefacenti[14] è innalzato attraverso l'invocazione della [preghiera], verso quale desiderio è proteso e in quale delizia fissa il pensiero. La lettura di una pericope [della Scrittura] dà pienezza alla meditazione[15], ed è la [lettura] che sostiene [il pensiero] nelle realtà mirabili, perché [questa] si prolunghi. Presta attenzione all'ordine della lettura, perché essa è utile a questa occupazione!

8. L'uomo sapiente che vuole progredire nelle realtà spirituali, pratica la lettura secondo la conoscenza che la meditazione genera. Non qualsiasi lettura [infatti] è utile alla crescita nello Spirito, ma [solo] quella che si intrattiene nelle realtà divine[16]. Quest'ultima fa progredire il pensiero nei misteri spirituali, lo istruisce nella speranza che è al di là del corpo, e trasferisce il pensiero dalla terra nel mondo dell'aldilà, così da condurlo nella condotta dell'immortalità. 9. [La lettura] inoltre muove i sensi dell'anima di colui [che legge] a scrutare il mistero nascosto della divina sapienza; lo fa accedere alla conoscenza della sua inafferrabilità[17] e alla verità circa la sua natura; gli fa ammirare l'Essenza nascosta; fa meditare ai suoi pensieri i misteri della speranza futura[18]; e gli mostra la ricchezza

---

[13] Cf. *Ter.* I, 17.
[14] «Moti stupefacenti» (ܪ̈ܘܥܐ ܬܡܝܗܬܐ); cf. anche *Cent.* III, 90 (singolare).
[15] Letteralmente: «All'occupazione della meditazione».
[16] Questo medesimo invito a discernere l'oggetto della lettura, si ritrova in: *Pri.* LXV, pp. 446-447; *Sec.* I, pp. 15a-16b; XXI, 14; *Cent.* I, 67; IV, 72.
[17] «Inafferrabilità» (ܠܐ ܡܬܕܪܟܢܘܬܐ); cf. anche *Ter.* IV, 21; VII, 5, 9; VIII, 7; IX, 27. Si veda anche I, 16-17. Sulla lettura che orienta verso la conoscenza di Dio, cf. *Sec.* XXI, 15.
[18] «Speranza futura» (ܣܒܪܐ ܕܥܬܝܕ); cf. anche: *Pri.* LVI, p. 397; LIX, pp. 415, 418; LXXIV, p. 508; *Sec.* I, p. 8a; *Cent.* I, 38, 84; II, 17. Espressioni analoghe sono: «Speranza delle realtà future (ܕܥܬܝܕܬܐ)» (*Ter.* XI, titolo; *Sec.* I, p. 20b; *Cent.* I, 79) e «speranza del mondo futuro» (*Ter.* XI, 31; *Pri.* LVII, p. 405; *Cent.* IV, 78). Evidente è qui l'influsso di Giovanni il Solitario che attesta in particolare il primo sintagma (*Dialogo*

dell'amore di Cristo rivelata a tutti e che sta per essere realizzata. Queste realtà sono la radice della meditazione spirituale[19] cui [la lettura], tramite la comprensione, innalza continuamente l'Intelletto, facendolo spaziare e rallegrare nelle bellezze divine che sono al di là di tutto e nella speranza [riservata] agli uomini che è custodita presso [Dio]. Dischiudendole parzialmente, [Dio] mostra all'[Intelletto] le proprietà della sua natura, recando le realtà che sono in lui a noi, ai [due] mondi, [cioè] sia alla creazione degli esseri spirituali, sia a tutti coloro che ne avrebbero bisogno, [vale a dire] al mondo degli uomini mortali.

10. Quando questa occupazione della [meditazione] si è rafforzata e corroborata nell'anima, allora non c'è [più] molto bisogno di lettura. Non che se ne possa fare completamente a meno, ma non c'è bisogno di una lettura molto estesa. Vale a dire che non è necessaria una meditazione prolungata delle Scritture, benché, certo, non si debba allontanare [mai] la Scrittura dalle proprie mani[20]. Questo perché, se anche fosse piccola cosa ciò in cui ci si è intrattenuti, grazie a quanto se ne [è tratto], per mezzo della forza che si succhia da pochi versetti[21], si è catturati presso il Signore, nella contemplazione. **11.** Però, anche se la lettura è tale, essa è meditazione ed è preghiera. È meditazione per il fatto che non si limita all'ambito della lingua, ma ha come unico intento quello di indurre la mente al discernimento. Ed è preghiera per il fatto che, mediante la memoria di Dio, essa cattura in ogni momento e ricolma, di dentro e di fuori, del desiderio e della meditazione delle realtà celesti. [La lettura] così si muove interamente insieme alla preghiera che si accorda a tali emozioni, perché un'esultanza senza fatica pulsa, tramite il pensiero, nella parte nascosta della mente. Questa è la preghiera che [avviene] senza il corpo, quella che diciamo incorporea[22], perché non è mossa da realtà sensibili e non è visibile nel corpo.

12. Da questa lettura è generata la preghiera che non ha limite, la cui meditazione sgorga nel nascondimento, nella mente, e continuamente

---

sull'anima; Dedering; *Ein Dialog*, pp. 71, 73). Sull'importanza della speranza nel pensiero di Isacco, si veda la n. 56 a *Ter.* I, 16.

[19] «Meditazione spirituale» (ܪܢܝܐ ܕܪܘܚ), con minime varianti, ricorre anche in: *Ter.* X, 107; *Pri.* LXV, p. 461; *Sec.* I, p. 15a. L'analoga espressione «meditazione dello spirito» ricorre invece in *Ter.* III, 10.

[20] A volte, dice Isacco, può bastare un solo versetto della Scrittura (*Cent.* II, 55; III, 37); e lo stesso vale per la preghiera (*Cent.* IV, 68-69).

[21] Cf. *Ter.* III, 29, n. 68.

[22] «Incorporea» (ܕܠܐ ܓܫܘܡ); un possibile riferimento è a *Cent.* IV, 69 dove Isacco parla della «preghiera autentica della natura incorporea (ܕܠܐ ܓܫܘܡ) in noi». E ancora in *Ter.* XVI, 5 egli parla di «liturgia incorporea» (ܬܫܡܫܬܐ ܕܠܐ ܓܫܘܡ).

riempie di Dio l'Intelletto[23] e, come ho detto, cattura in ogni momento e rapisce il pensiero [attirandolo] nelle realtà del Signore. Eccelso è tale ordine di preghiera[24], più di tutte le condotte, ed è incomparabile alle condotte, perché è esso stesso che le vivifica per mezzo della vitalità di Dio. Tale [preghiera] è anche lo strumento che innalza[25] fino in cielo; agisce fino all'ordine della rivelazione e fa funzione e anche tiene luogo di una scala[26]. Questa è la sua opera: far salire fino all'altezza richiesta.

13. Quando poi uno vi sarà salito, allora lì [la preghiera] avrà un'altra funzione: da subito ha svolto per lui la funzione per cui egli *era salito sul tetto*[27], e finché non scenderà di nuovo sulla terra, questi non avrà bisogno che essa gli faccia da scala. Se infatti la preghiera è figura di una scala eretta e che innalza fino al cielo[28], per cui l'Intelletto ascende continuamente — cioè la preghiera assolve il ruolo di scala per l'Intelletto[29] —, allora, finché noi siamo sulla terra, abbiamo bisogno in ogni

---

[23] Cf. *Ter.* III, 29; VIII, 1. Sull'Intelletto come luogo di dimora di Dio o della Trinità, si veda in particolare Evagrio, *Pseudo supplemento alle Centurie* 4 e 37 (Frankenberg, *Evagrius*, pp. 426, 456); *Centurie* III, 71 (Guillaumont, *Les six centuries*, pp. 126-127).

[24] Cf. *Ter.* III, 33, n. 80.

[25] «Innalza» (ܙܩܘܦܐ) è una forma verbale costruita sulla radice ܙܩܦ, normalmente impiegata per indicare la crocifissione. È dunque possibile che, con tale scelta semantica, il Ninivita voglia alludere alla «crocifissione dell'Intelletto» di cui si è detto (cf. *Ter.* VIII, 3, n. 10).

[26] Sull'immagine della preghiera come strumento di ascesa, si veda *Ter.* III, 13, 29, 32. In *Ter.* VII, 17 si applica la medesima immagine alla «fede». In *Pri.* LI, p. 367, Isacco utilizza ancora questa immagine, in riferimento alla conoscenza, laddove dice: «La conoscenza è lo strumento con il quale uno sale fino all'altezza della fede; e quando vi giunge, non ne fa più uso». Sulla scala si veda Evagrio, *Centurie* IV, 43 (Guillaumont, *Les six centuries*, pp. 154-155) e *Pseudo supplemento alle Centurie* 43 (Frankenberg, *Evagrius*, p. 458). Nel nostro passo vi è quasi certamente un'allusione alla scala di Giacobbe di cui si parla in Gen 28,12. Si noti che il medesimo episodio è esplicitamente richiamato in uno dei testi evagriani su evocati, vale a dire in *Centurie* IV, 43 (Guillaumont, *Les six centuries*, pp. 154-155), costituendo un'ulteriore conferma dell'influsso del Pontico in tale argomentazione.

[27] Nel «tetto» qui menzionato vi è un riferimento a Pietro laddove si dice che egli «salì sul tetto a pregare» (cf. At 10,9); un passo, questo, che Isacco cita ancora due volte, in *Pri.* XIX, p. 155 e XXII, pp. 172-173. Inoltre il seguito del racconto (At 10,11) è oggetto di un'interpretazione allegorica da parte di Evagrio, in *Centurie* IV, 46 (Guillaumont, *Les six centuries*, pp. 156-157), vale a dire subito dopo il capitolo in cui commenta la scala di Giacobbe, di cui si è detto, e anche in *Scolii ai Proverbi* 379 (Géhin, *Proverbes*, p. 470). Questo medesimo episodio è anche oggetto di speculazioni da parte di Teodoro di Mopsuestia, nel *Commento ai dodici profeti* (Naum 1,1; PG 66, coll. 401-404), opera cui Isacco si riferisce esplicitamente nel discorso XIX della *Prima collezione* (p. 156).

[28] «Innalza» è ancora (ܙܩܘܦܐ) su cui si veda il paragrafo precedente. Cf. Gen 28,12.

[29] I medesimi termini ricorrono in *Sec.* XXXV, 7, dove Isacco riferisce l'insegnamento sulla «scala dell'Intelletto» esplicitamente ad Evagrio, ma non è chiaro a cosa si riferisca, forse ai passi delle *Centurie* su menzionati. Un'altra possibilità è il trattato *Sulla preghiera* 35 (PG 79, col. 1173); si tratta della parte del trattato non edita da Hausherr, «Le 'De

momento di questa scala che è la preghiera, per la quale saliamo in ogni istante presso Dio, affinché per essa siamo fatti degni della luce celeste[30].

14. Quanto poi alla meditazione, essa ancora fortifica, fa prevalere e affina la preghiera del cuore; e mostra all'Intelletto la via per le realtà celesti e misteriose, perché sia mosso verso di esse nel tempo della preghiera. Allora questa preghiera s'innalza[31] come una scala e fa salire l'Intelletto.

15. La preghiera, infatti, da se stessa, senza la meditazione e la lettura, è [troppo] debole e oscura per far salire l'Intelletto e per raccoglierlo presso le realtà celesti. Ma poiché, in luogo dell'offerta e del sacrificio che presentavano gli antichi, ci è stata data da Dio una grazia eccellente, sacrifichiamo, al posto di oggetti afoni[32], i moti delle nostre intelligenze[33] — vale a dire rendimenti di grazie e lodi — per mezzo della preghiera, che è il *sacrificio accetto*[34]! Quello cioè che noi offriamo a lui in quanto Signore, causa della nostra salvezza[35] e anche custode.

16. Anche se [tale sacrificio] è oscuro e tenebroso, noi non trascuriamo di offrir[lo]. E [anche] se non siamo rapiti da una rivelazione, ma da una di quelle cause stimate come eccellenti, prostrandoci continuamente sul nostro volto con sollecitudine, offriamo in sacrificio i moti dei sacrifici intelligibili[36], dovuti al Creatore di tutto; e non trascuriamo di innalzare la confessione di cui siamo debitori, prostrandoci sul nostro volto[37]. Questa è la funzione che la preghiera adempie tra gli uomini!

Oratione'»; ma sulla questione si veda ora Géhin, «Les versions». La medesima espressione ricorre ancora, nell'opera isacchiana, in *Cent.* IV, 31 e, con alcune varianti, in *Sec.* XXXV, 13. L'immagine della scala, che svolge la sua funzione fino a un certo «compimento» dopodiché la sua opera cessa, si ritrova (purtroppo in un passo corrotto e di cui non si comprende bene il consteso) nel *Libro di Ieroteo* V, 3,20 (Marsh, *The Book*, p. 125).

[30] «Luce celeste» (ܢܘܗܪܐ ܫܡܝܢܐ); cf. anche *Pri.* LXXVI, p. 522. L'espressione è già attestata da Efrem (*Inni sulla Chiesa* XXXVI, 15 e XXXVII, 7; Beck, *Hymnen de Ecclesia*, pp. 92-93).

[31] Altra forma verbale della radice ܣܠܩ, su cui si veda il paragrafo 12, n. 25.

[32] Si riferisce alle offerte di animali previste dall'antica Economia (cf. Eb 10,1-18). In *Ter.* VII, 11, Isacco ha definito «muto», utilizzando però un'altra espressione, anche il propiziatorio. Si veda anche *Ter.* VII, 10.

[33] «I moti delle nostre intelligenze» (ܙܘܥܐ ܕܗܘܢܢ); cf., con minime varianti, *Pri.* IV, p. 50; XXII, p. 170; *Cent.* III, 92. Si veda anche *Ter.* X, 50.

[34] Cf. Fil 4,18; Sal 50,23; Eb 13,15. Cf. anche *Sec.* X, 41.

[35] Cf. Eb 5,9.

[36] Su «intelligibile», cf. *Ter.* V, 2, n. 4.

[37] Alla preghiera durante la tenebra, tempo in cui raccomanda soprattutto le prostrazioni perché il corpo sostenga l'anima ottenebrata, Isacco dedica in particolare il discorso XLIX della *Prima collezione* (pp. 341-343); cf. Chialà, «L'importance du corps».

17. Finché dunque noi siamo sulla terra, la preghiera svolge la sua funzione in favore di coloro che stanno in basso e che continuamente chiedono di salire sui tetti[38]. La preghiera è la via della natura e l'ascesa verso il luogo che è al di là della natura, cioè il cielo. Senza di essa non è possibile salirvi, e in cielo essa non ha più [alcuna] funzione. La preghiera, dunque, è la regina delle condotte, essa cioè è la vita di tutte le condotte, poiché di realtà terrestri fa realtà celesti e nelle realtà corporee muove la vitalità.

18. Il suo ordine, tuttavia, è inferiore a quello della rivelazione. Quando, infatti, [la preghiera] si è avvicinata a quel luogo [della rivelazione], essa non ha più spazio, né sollecitudine, né memoria, per cui essa abbia ancora da salire al di sopra del luogo in cui per lei l'anima è salita, [luogo] che è detto altezza delle realtà intelligibili e conoscenza dei misteri dello Spirito[39]. Quando infatti l'Intelletto si riveste dello Spirito, allora da quel momento possiede i moti dei cherubini, la conoscenza dello Spirito[40], la riflessione dello Spirito[41] e la visione dello Spirito; e si tiene interamente in Dio, nella delizia che è al di là della natura. Ed è condotto di comprensione in comprensione; e, di qui, verso la visione della contemplazione[42].

19. Sublimi o infime sono dette una contemplazione rispetto a una sua simile e una comprensione rispetto a un'[altra] comprensione, a seconda dell'intimo senso delle realtà che si muovono in esse. Queste realtà, poi, appartengono all'ordine della rivelazione dei misteri[43], che tra tutto ciò che si compie nell'anima è quanto vi è di più eccelso. Essa è la condotta dello Spirito[44] e non un moto dell'anima. Tuttavia, senza la preghiera [tali

---

[38] Si riferisce ancora ad At 10,9; cf. *Ter.* IX, 13.
[39] Potrebbe trattarsi di una citazione, ma non sono riuscito a identificare la fonte.
[40] Cf. *Ter.* IV, 21, n. 43.
[41] «Riflessione dello Spirito» (ܪܘܚܢܝ ܚܘܫܒ). In *Ter.* X, 27 ricorre l'espressione equivalente «riflessione spirituale».
[42] Cf. Evagrio, *Pseudo supplemento alle Centurie* 23 (Frankenberg, *Evagrius*, p. 444).
[43] Cf. *Ter.* VIII, 11.
[44] «Condotta dello Spirito» (ܪܘܚܢܝ ܕܘܒܪܐ). Isacco impiega spesso nella sua opera l'analoga espressione «condotta spirituale» (ܕܘܒܪܐ ܪܘܚܢܐ o ܕܘܒܪܐ ܕܪܘܚ) con cui si riferisce all'esperienza più alta (in *Cent.* IV, 92 la definisce: «la terza età») cui l'essere umano può accedere. Sottolinea spesso, e con toni polemici, che essa non è frutto dello sforzo umano ma dell'azione dello Spirito santo nell'uomo. Si veda: *Pri.* XL, p. 303; LI, pp. 368, 376; *Sec.* VII, 2; X, 2; XX, 2, 5, 6, 10; *Cent.* I, 28, 36, 37; III, 14, 46; IV, 12, 13, 15-16, 47, 92. L'espressione in quanto tale è tipica del linguaggio di Giovanni il Solitario (*Dialogo sull'anima*; Dedering, *Ein Dialog*, pp. 12, 17, 24, 60, 64, 66-67); il presente contesto, tuttavia, come si avrà modo di dire commentando il discorso XVI, risente fortemente anche dell'insegnamento evagriano.

realtà] non si compiono⁴⁵; e la [preghiera] senza di esse non risplende né si fortifica, poiché il fatto di pregare appartiene all'anima. **20.** L'[anima], infatti, affinché siamo sospinti verso le realtà nascoste, dimora nello Spirito e nella rivelazione dell'Intelletto⁴⁶ che [viene] da Dio. Per rivelazione, poi, io non intendo realtà visibili agli occhi e udibili alle orecchie, e neppure un qualcosa che sia possibile sentire sulla terra e presso gli uomini. Quale spazio vi sarebbe per queste [percezioni sensibili] nella rivelazione spirituale e nei moti dell'Intelletto che sono illuminati per opera dello Spirito, come dicono i padri che sono stati innalzati al di sopra della terra e della carne⁴⁷?

21. Quelle realtà che vengono concepite tramite la vista, l'udito e i sensi, per mezzo dell'azione angelica, svolgono la loro funzione in questo mondo e in vista delle condotte di quaggiù, poiché favoriscono la crescita del timor di Dio nelle anime. Sono analoghe a quelle realizzatesi per mezzo della rivelazione visibile che fu affidata all'Economia mosaica, attraverso quell'angelo cui fu affidata l'Economia riguardante il popolo [di Israele] e le realtà gloriose mostratesi in mezzo a loro. **22.** Sono analoghe a quella che fu realizzata un tempo, alla presenza Mosè, come ha detto la Scrittura: *Mosè stava pascolando il gregge di Ietro suo suocero e condusse il gregge nel deserto, e giunse al monte di Dio, l'Oreb. L'angelo del Signore gli apparve nella fiamma di un fuoco, da dentro un roveto; e [Mosè] vide che nel roveto bruciava un fuoco, ma il roveto non si consumava*⁴⁸. È chiaro che, anche se è alla persona stessa di Dio che sono attribuite la visione,

---

⁴⁵ Il medesimo concetto è espresso in *Pri.* XX, p. 171.

⁴⁶ «Rivelazione dell'Intelletto» (ܓܠܝܢܐ ܕܗܘܢܐ); cf. *Pri.* XX, p. 161; *Sec.* XV, 7; *Cent.* I, 80. Cf. anche *Ter.* VIII, 11.

⁴⁷ Per il riferimento ai «padri», verrebbe innanzitutto da pensare a un passo paolino, 1Cor 2,10, notando che l'espressione «padri che sono stati innalzati al di sopra della terra e della carne» potrebbe alludere all'esperienza di Paolo narrata in 2Cor 12,2-3 (testo peraltro esplicitamente citato in *Ter.* XIII, 5, *Pri.* IV, pp. 49-50 e in *Cent.* II, 59, in un contesto molto simile al nostro). Si potrebbe ancora pensare a Teodoro di Mopsuestia di cui il Ninivita, in *Pri.* XIX (p. 160), menziona il «secondo libro su Giobbe» (di cui non restano che pochi frammenti), trattando appunto delle rivelazioni non sensibili. Altrove, riferendosi alla condotta spirituale che non è percepibile ai sensi, egli si rifà all'insegnamento di Evagrio, citando *Pseudo supplemento alle Centurie* 50 (Frankenberg, *Evagrius*, pp. 462-464) in *Cent.* I, 37; e *Centurie* I, 46, S1 (Guillaumont, *Les six centuries*, p. 38) in *Cent.* III, 14. Infine può esservi un riflesso dell'insegnamento dello Pseudo Dionigi, in particolare di *Nomi divini* IV, 11 (PG 3, col. 708), che Isacco cita anche in *Pri.* XXII, p. 169. Sui vari generi di rivelazioni, tra cui alcune non percepibili ai sensi, si veda in particolare *Pri.* XIX, pp. 154-161; *Cent.* III, 56-60. Altrove Isacco polemizza contro chi ritiene sensibile la «visione durante la preghiera (ܚܙܬܐ ܕܒܨܠܘܬܐ)» (*Pri.* XXII, p. 164) o contro chi ritiene che la «condotta spirituale» sia una visione sensibile agli occhi (*Cent.* IV, 12). Si veda anche *Ter.* XIII, 17.

⁴⁸ Es 3,1-2.

la parola e le realtà stupefacenti che venivano realizzate in modo soprannaturale, secondo quell'Economia, tuttavia l'azione avvenne per mezzo di un angelo che rivelava a [Mosè] che egli era il capo del popolo. **23.** Come ha detto anche il beato Paolo: *Se la parola detta per mezzo dell'angelo fu confermata*, eccetera[49]; e come ha detto anche Stefano: *Per questo Dio inviò loro Mosè, capo e salvatore, per mezzo dell'angelo che si rivelò a lui nel roveto. È lui che li fece uscire, operando segni, prodigi e azioni di forza in terra di Egitto, al mar Rosso e nel deserto per quarant'anni*[50], rendendo noto chiaramente che fu un angelo a rivelarsi a Mosè nel roveto, colui cui era stata affidata tutta questa Economia e tutte queste azioni terribili che lì venivano compiute. **24.** [L'angelo], infatti, si mostrava in diversi modi, con visioni terribili e prodigi, e ha compiuto tutte queste cose in nome di Dio, come è detto nel libro dell'Esodo: *Ecco, io mando il mio angelo davanti a te, perché ti custodisca nella tua strada e ti faccia entrare nella terra che ho preparato. Prestagli attenzione e ascolta la sua voce. Non contendere con lui, perché non perdonerebbe i tuoi debiti, poiché il mio nome è su di lui*[51].

25. La Scrittura ha mostrato chiaramente che tutte queste cose venivano qui dette come da parte[52] di Dio stesso. E, sia la grande rivelazione che avvenne sulla cima del monte Sinai, sia tutte quelle di cui [si parla] nella Legge, che furono indirizzate a Mosè, sono come [provenienti] da parte[53] di Dio stesso. E le parole della Legge consegnate loro sono una rivelazione angelica, secondo quanto [Dio] ha detto: *Il mio nome è su di lui*[54]; infatti è in nome di Dio che l'angelo si mostrava, parlava, visitava, ammoniva, stabiliva la Legge e conduceva [il popolo] ora nella nube, ora nel fuoco, nell'oscurità, nella visione di fumo, nella nube oscura[55] e in tutte quelle realtà che furono rivelate; e così [l'angelo] guidava il gregge divino per mezzo di visioni e rivelazioni di vario tipo, segni e portenti, con voci e parole terribili e prodigiose.

26. Ecco perché il beato Paolo dice: *Se la parola detta per mezzo dell'angelo, fu confermata*[56], per mostrare che non fu Dio a rivelarsi in

---

[49] Eb 2,2.
[50] At 7,35-36.
[51] Es 23,20-21.
[52] Letteralmente: «Dalla persona» (ܡܢ ܩܢܘܡܐ).
[53] Letteralmente: «Dalla persona» (ܡܢ ܩܢܘܡܐ).
[54] Es 23,21.
[55] Cf. Es 13,21-22; 19,18; 20,21. Con «nube oscura» traduco (ܥܪܦܠܐ); per le altre occorrenze di questo termine, cf. *Ter.* III, 23, n. 58.
[56] Eb 2,2.

quelle visioni e in quelle immagini, ma un angelo. Questo infatti non è da Dio! Le rivelazioni di Dio, che avvengono senza immagine[57], sono invisibili e indicibili; e le rivelazioni dello Spirito santo avvengono nel silenzio[58]. Sono delizie e quiete della natura, e non visioni.

27. Come [Dio] è inafferrabile[59] e invisibile, così sono anche le sue rivelazioni. Non vi fu [rivelazione visibile di Dio] prima della venuta del Signore nostro in un uomo; come anche, allora, non era ancora nota la condotta del *mondo futuro*[60], né era stata donata la pienezza della grazia dello Spirito[61] finché il Paraclito non fu sceso sugli apostoli[62]. Solo allora le rivelazioni delle realtà nascoste e i misteri futuri, che non assomigliano a ciò che è di questo mondo, cominciarono a essere concessi e a essere manifestati a ciascuno dei santi. Dopo di ciò, infatti, l'angelo cominciò a mostrare tutte quelle realtà mirabili per comando del Signore.

28. Dio non si era trasformato in immagini. Non sia mai! Secondo quanto disse il Signore nostro ai giudei: *Non avete mai udito la sua voce, né avete visto la sua visione*[63]. E poiché quella [rivelazione] veniva dall'angelo, ecco che la parola detta per mezzo di lui fu confermata con le tavole di pietra, con la scrittura e con la voce sul monte, affinché i figli di Israele non trasgredissero[64]. Dice infatti l'Apostolo: *Chiunque ha ascoltato ciò e lo ha trasgredito, ha ricevuto la retribuzione secondo rettitudine; come dunque potremo noi scampare se disprezziamo quelle realtà che sono vive, quelle [cioè] che cominciarono ad essere narrate dal Signore nostro?*[65].

29. In tal modo [l'Apostolo] mostra che queste [ultime] rivelazioni non assomigliano a quelle [di prima]; lì infatti era un angelo che le rivelava, qui invece è Dio stesso, Parola [venuta] per mezzo di un uomo[66]. È detto infatti: *Le distribuzioni dello Spirito santo sono concesse secondo la sua volontà*[67], per dire che le rivelazioni di qui, [cioè quelle ultime], avven-

---

[57] «Senza immagine» (ܐܠ ܕܡܘ); l'espressione si ritrova già in Evagrio: *Pseudo supplemento alle Centurie* 21 e 23 (Frankenberg, *Evagrius*, pp. 440, 444); e *Lettere* IV (Frankenberg, *Evagrius*, p. 568).
[58] «Nel silenzio» (ܒܫܠܝܐ), ricorre anche in *Sec.* V, 7.
[59] «Inafferrabile» (ܠܐ ܡܬܕܪܟ); cf. anche *Ter.* IV, 21; VII, 5, 9; VIII, 7; IX, 9.
[60] Cf. Eb 2,5; 6,5. Cf. *Ter.* I, 1, n. 5.
[61] Cf. *Ter.* I, 13, n. 47.
[62] Cf. At 2.
[63] Gv 5,37.
[64] Cf. Dt 5,22.
[65] Eb 2,2-3.
[66] Cf. Gv 1,14.
[67] Eb 2,4.

nero e avvengono per mezzo dell'azione dello Spirito santo[68], mentre le rivelazioni di là, [cioè quelle antiche], avvennero per mezzo dell'azione angelica. Quelle di là, poi, erano utili per la condotta di questo mondo, poiché conducevano solo alla conoscenza del timor di Dio e non alla conoscenza delle realtà nascoste. **30.** Le rivelazioni, invece, che sono concesse per mezzo dello Spirito santo, conducono alla conoscenza del *mondo futuro*[69]. Conforme a ciò è quanto Mosè disse al popolo. Infatti, quando quella rivelazione grande e terribile che apparve sulla cima del monte fu davanti agli occhi di tutto il popolo, con fulmini, tuoni, fuoco, uragano, nube oscura[70] e rumore di corni che suonavano ed emettevano un grido portentoso e tremendo — e per quelle terribili realtà il popolo temette grandemente e non poteva sopportare la tremenda visione e l'intensità del suono dei corni angelici che si facevano sempre più assordanti —, Mosè, incoraggiando il [popolo] e svelando la ragione della rivelazione e del suo aspetto tremendo, disse loro: *Fatevi coraggio, perché Dio è venuto presso di voi per mettervi alla prova, perché il timore di lui sia in voi e non pecchiate*[71].

31. Con tutto ciò [Mosè] rese noto che le rivelazioni visibili e sensibili hanno una funzione nella condotta di quaggiù, per la crescita della fede e del timor di Dio. Invece, quelle che sono proprie della parte capace di discernimento[72] e che avvengono nella mente — cioè la conoscenza delle realtà intelligibili e la delizia del silenzio — svolgono la loro funzione per i perfetti[73]. Per questo noi parliamo di luogo più alto della preghiera, cui l'uomo è innalzato per mezzo della preghiera. In essa [ci] è dato uno specchio del *mondo nuovo*[74] che ci fa gustare, per mezzo dello Spirito, la vita di lassù che noi stiamo per ricevere[75]. [Spirito] che è il solo capace di far conoscere questo suo mistero; lui, che per la sua forza sta per far[ci] dono di quella grande condotta che è al di là della parola[76]. A lui la gloria per i secoli dei secoli. Amen.

---

[68] Cf. *Ter.* IV, 32, n. 73.
[69] Cf. Eb 2,5; 6,5. Cf. *Ter.* I, 1, n. 5.
[70] «Nube oscura» (ܥܪܦܠܐ); per le altre occorrenze del termine, cf. *Ter.* III, 23, n. 58.
[71] Es 20,20-21; cf. 19,16.
[72] «Capace di discernimento» (ܡܬܪܥܢܘܬܐ).
[73] Cf. 1Cor 2,6; Fil 3,15. Si veda anche *Ter.* IV, 11, n. 20.
[74] Cf. Mt 19,28 (Pešitta); cf. *Ter.* I, 8, n. 26. Nell'immagine dello specchio può esservi invece un'eco di 1Cor 13,12.
[75] Cf. 1Cor 2,10-11.
[76] «Al di là della parola» (ܠܥܠ ܡܢ ܡܠܬܐ) ricorre anche in *Ter.* I, 11.

X

Preghiera[1] con cui i solitari si intrattengono[2]. [Preghiere] composte con parole in metro e secondo il limite della comprensione. Parole che con la loro dolcezza rapiscono il cuore e [lo] raccolgono dalla dissipazione nelle realtà terrestri. [Parole] preordinate alla consolazione dei solitari, con cui essi si intrattengono durante le notti, dopo il tempo dell'ufficio, perché il loro corpo sia alleggerito dal sonno[3].

1 Nella notte, quando si acquietano tutte le voci
   e i moti dell'uomo e ogni sorta [di affanno],
   la nostra anima, con i suoi moti, si illumini in te,
   o Gesù, luce dei giusti[4].

---

[1] Come è stato detto nell'introduzione, si tratta di un discorso non isacchiano ma che forse il Ninivita stesso ha inserito nel corpus dei suoi scritti, fornendolo di un titolo e di una conclusione in cui indica l'uso che i solitari sono invitati a farne (cf. *supra*, pp. XX-XXIV). Si noti in questo titolo, a differenza di buona parte degli altri discorsi, la mancanza in T della menzione del nome di Isacco; particolare che potrebbe essere addotto a favore dell'ipotesi avanzata circa l'origine non isacchiana. Nella traduzione sarà putroppo impossibile riprodurre tutte le allitterazioni e i parallelismi che il testo contiene e sarebbe troppo pesante renderne puntualmente conto.

[2] Letteralmente: «Assiduità della preghiera dei solitari». Sull'espressione «assiduità della preghiera» (ܐܡܝܢܘܬ ܕܨܠܘܬܐ), cf. *Ter.* III, 32, n. 78.

[3] Nella formulazione e in alcune espressioni questo titolo ricorda quello di *Sec.* V, come anche alcune indicazioni date all'interno del discorso I della medesima collezione (pp. 24b-25a). Titolo di M: «Ancora discorso scritto da Mar Isacco, utile ai solitari che sono nella quiete. Signore nostro, aiutami nella tua misericordia! Amen». Titolo di O: «Ancora discorso scritto da Mar Isacco di Ninive, nel metro di Mar Efrem, circa le assiduità della preghiera dei solitari, composte in parole in metro e preordinate alla consolazione dei solitari con cui essi si intrattengono durante le notti, dopo il tempo dell'ufficio, perché il loro corpo sia alleggerito dal sonno». Titolo di V: «Ancora dello stesso Mar Isacco di Ninive. Assiduità della preghiera dei solitari, composte in parole in metro e secondo il limite, e preordinate alla consolazione dei solitari con cui essi si intrattengono durante le notti, dopo il tempo dell'ufficio, perché il loro corpo sia alleggerito dal sonno. Parole che con la loro dolcezza rapiscono il cuore e [lo] raccolgono dalla dissipazione delle realtà terrestri». Titolo di S: «Ancora discorso cioè assiduità della preghiera che recitano i solitari quando vegliano, dopo lo sforzo, la fatica e l'assolvimento della preghiera [canonica], il cui peso è alleggerito dalla meditazione e dalla soavità di [questi] versetti. Composto da Mar Isacco, il vescovo di Ninive, nel metro di Mar Efrem». Titolo di B e D: «Discorso di Mar Efrem». Aggiunta marginale in B: «È di Mar Isacco, vescovo di Ninive».

[4] Cf. Sal 112,4.

2   Nell'ora in cui è stesa su tutto
    la tenebra, come un mantello,
    la tua grazia, mio Signore, risplenda per noi
    al posto della luce sensibile.

3   La luce del sole creato[5]
    rallegra gli occhi del nostro corpo:
    si illumini la tua luce dentro la nostra tenebra
    che per la sua enormità ha sorpassato il sole.

4   Nella notte, che acquieta tutte le corse
    del mondo affaticato negli affari,
    accogli la nostra anima [che] sbigottisce in te,
    in quella quiete che è più grande del silenzio.

5   Nell'ora che dà riposo agli affaticati,
    per mezzo del sonno che prevale su tutto,
    in te, mio Signore, si inebrino i nostri pensieri,
    in te, delizia dei santi!

6   Nell'ora in cui tutti coloro che giacciono si proiettano[6]
    negli artifici delle realtà corruttibili,
    risveglia, Signore nostro, nelle nostre anime
    quella conoscenza che non fallisce.

7   Nell'ora in cui tutti rivestono
    di abiti le proprie membra,
    rivesti, Signore nostro, di gioia
    il nostro uomo interiore[7].

8   Durante il giorno, quando ciascuno è invitato
    a lavorare nelle realtà terrestri,
    rendici degni, Signore nostro, di rallegrarci
    in quella nostra condotta che è in cielo.

---

[5] Con «creato» traduco il termine ܐܣܛܘܟܣܐ derivante dal greco στοιχεῖον (elementare, cioè composto degli elementi fisici). L'espressione, in varie forme grammaticali, è impiegata con una certa frequenza anche negli scritti isacchiani genuini. Si veda ad esempio: *Pri.* IV, p. 50; XL, pp. 304-305; LXV, p. 460; LXVI, p. 471; LXVIII, p. 478; *Cent.* I, 9, 13; II; 59; IV, 89.

[6] Il confronto tra i solitari e coloro che vivono nel mondo, su cui il testo si intrattiene di qui e per alcune strofe, ricorda *Ter.* VI, 53-58.

[7] Cf. Rm 7,22 (Pešitta); 2Cor 4,16; Ef 3,16. L'espressione (nella forma ܒܪܢܫܐ ܓܘܝܐ come in questo caso o in quella analoga ܒܪܢܫܐ ܕܠܓܘ) è ricorrente anche nell'Isacco genuino (cf. *Pri.* XIV, p. 125; XXXV, p. 244; LXX, p. 483; LXXX, p. 562; LXXXII, pp. 575-576; *Sec.* V, 31; VIII, 1, 2, 16; XIII, titolo; XXXI, 1; *Cent.* IV, 60). Essa è abbondantemente attestata anche negli autori precedenti (cf. Brock, *The Second Part [Versio]*, p. 19, n. 31,1). Per espressioni che rimandano al medesimo concetto, si veda *Ter.* I, 11, n. 37.

9   Nell'ora in cui ciascuno si toglie
    di dosso il vestito della notte,
    togli, Signore nostro, dal nostro cuore
    il ricordo del mondo che passa.

10 All'alba, quando cominciano
    i marinai [a lavorare] nei mari del mondo,
    nel tuo porto[8], mio Signore, riposino
    le nostre anime, da tutti i moti.

11 Nell'ora in cui ciascuno comincia
    a lavorare nel mondo delle pene,
    rendici degni, Signore nostro, di essere avvolti
    in quella consolazione che non passa.

12 Nell'ora in cui finisce la tenebra
    e ciascuno ricomincia il [suo] affanno,
    donaci, Signore nostro, di rallegrarci
    nei moti del mondo futuro[9].

13 Principio della corsa dell'[astro] luminoso,
    capo dell'occupazione dei mortali,
    poni, mio Signore, nel nostro pensiero le fondamenta
    di quel giorno che non finisce.

14 Un sole nuovo risplenda per noi
    nell'ora della notte tenebrosa,
    in cui sia prefigurata quella conoscenza
    custodita per noi, per [il tempo della] resurrezione[10].

15 Donaci, Signore nostro, di essere a immagine
    di quella vigilanza [in cui saremo dopo] la resurrezione,
    perché di notte e di giorno, mio Signore,
    il nostro pensiero si protenda verso di te.

16 Rendici degni di vedere nella nostra persona
    quella vita che sarà [dopo] la resurrezione,
    affinché non vi sia nulla che distolga

---

[8] L'immagine del porto, che ritorna ancora in X, 30, è particolarmente ricorrente negli scritti di Isacco; cf. *Ter.* XIII, 16; *Pri.* VIII, p. 105; XXXII, p. 217; XLIII, p. 317; XLV, pp. 325-326; L, p. 346; LVIII, p. 408; *Sec.* I, p. 25b; V, 14; VII, 2-3; XVII, 12; XVIII, 19; *Cent.* I, 80; II, 12, 79, 96; IV, 31, 93. In *Sec.* VII, 2, egli attribuisce l'immagine ai «padri»; per alcune proposte di identificazione, cf. Brock, *The Second Part (Versio)*, p. 24, n. 2,3.

[9] Cf. Eb 2,5; 6,5. Molto più comune dell'espressione qui utilizzata (ܥܠܡܐ ܕܥܬܝܕ) è quella analoga ܥܠܡܐ ܕܐܬܐ, su cui si veda quanto detto in *Ter.* I, 1, n. 5.

[10] Cf. *Ter.* I, titolo, n. 4.

il nostro pensiero dal deliziarsi in te.
17 Di quel giorno che non comincia
con i moti della corsa dei luminari,
incidi, mio Signore, il mistero nella nostra persona
per mezzo del nostro perseverare presso di te.
18 Nei tuoi misteri ogni giorno noi ti abbiamo abbracciato
e ti abbiamo accolto dentro il nostro corpo[11]:
rendici degni di sentire nella nostra persona
quella speranza a noi [riservata] nella resurrezione[12].
19 Sii, mio Signore, ali per il nostro pensiero[13]
e voli nella brezza leggera,
perché per mezzo di [queste] ali vada incontro
a quella che è la nostra vera dimora.
20 Il tuo tesoro, lo hai nascosto nel nostro corpo[14],
per mezzo della grazia che abita
nella mensa corroborante dei tuoi misteri[15]:
donaci di vedere il nostro rinnovamento[16].
21 Poiché noi ti abbiamo seppellito, mio Signore, nella nostra persona,
[avendo mangiato] della tua mensa spirituale,
possiamo noi sentire, Signore nostro, all'opera,
in ciò, il rinnovamento futuro!
22 Possiamo noi vedere la bellezza della nostra persona
per mezzo di quella tua bellezza spirituale,
quella che all'interno dell'essere mortale
muove i riflessi immortali[17]!
23 La tua crocifissione, Salvatore nostro, è stata
il limite del mondo corporeo:

---

[11] I «misteri» accolti nel corpo fanno pensare all'eucaristia (su cui, cf. *Ter.* XI, 6, n. 17). Risulta tuttavia particolare l'affermazione in sé, perché presuppone la celebrazione eucaristica quotidiana, pratica che non pare attestata nel genere di vita monastica praticato da Isacco e dal monachesimo siro-orientale che si ispirava alla riforma di Abramo di Kashkar. Avremmo dunque qui un tratto di dissonanza del nostro testo rispetto all'esperienza del Ninivita, a conferma della sua non genuinità isacchiana (cf. *supra*, p. XXI).

[12] Cf. *Ter.* I, titolo, n. 4.

[13] Cf. *Ter.* III, 33 e n. 82.

[14] Cf. Mt 13,44

[15] Qui e nella strofa successiva vi è un altro riferimento all'ecuaristia; cf. *Ter.* X, 18. L'espressione «mensa dei misteri» è attestata anche in *Ter.* XI, 14.

[16] Qui e nella strofa successiva, «rinnovamento» traduce il termine ܚܘܕܬܐ, su cui si veda *Ter.* XI, 1, n. 3.

[17] Cf. *Ter.* IV, 28.

donaci di crocifiggere il nostro pensiero[18],
nel mistero del tuo mondo spirituale.

24 La tua resurrezione, Gesù, è la grandezza
del nostro uomo spirituale[19]:
la visione dei tuoi misteri sia per noi
specchio per conoscere tale [resurrezione].

25 La tua Economia, Salvatore nostro,
è il mistero del mondo spirituale[20]:
donaci, Signore nostro, di camminare in essa,
secondo il nostro uomo spirituale.

26 Il nostro misero corpo ci trascina
a nuotare nel mondo tenebroso:
rendici degni, mio Signore, di quell'assiduità [con te]
che squarcia lo spessore tenebroso.

27 Il nostro pensiero, mio Signore, non sia vuoto
della riflessione spirituale su di te[21],
e non venga meno nelle nostre membra
l'ardore della tua delizia.

28 La mortalità che è nel nostro corpo,
ecco che vomita su di noi il suo cattivo odore:
spazzi via il suo gusto dal nostro cuore
l'esultanza del tuo amore spirituale.

29 Come in prigionia ci tengono
le realtà detestabili che sono nelle nostre membra:
esca il loro odore dal nostro corpo,
per mezzo di quella nostra ebbrezza[22] causata dal tuo dono.

30 Il nostro corpo è per noi come un oceano
che in ogni tempo sommerge il nostro vascello:

---

[18] Cf. *Ter.* VIII, 3, n. 10.

[19] Cf. 1Cor 2,15. L'espressione usata qui e nella strofa successiva per «uomo spirituale» è ܪܘܚܢܝ ܒܪ. Negli scritti isacchiani sono attestate espressioni che possiamo considerare analoghe, come: ܪܘܚܐ ܒܪ (uomo dello Spirito) in *Pri.* XXXV, p. 245; XLVI, p. 332; ܠܪܘܚܐ ܒܪ (uomo dello Spirito) in *Sec.* XXI, 14; e ܪܘܚܢܝ ܒܪ (uomo spirituale) in *Cent.* III, 92. Questa terminologia è tipica innanzitutto di Giovanni il Solitario che attesta tutte le espressioni su elencate (*Dialogo sull'anima*; Dedering, *Ein Dialog*, pp. 12, 14, 16 e *passim*).

[20] «Mondo spirituale» (ܥܠܡܐ ܪܘܚܢܝܐ); cf. anche *Pri.* LXV, p. 454; *Cent.* I, 13. L'espressione «mistero del mondo spirituale» ricorre anche in Giovanni il Solitario, *Dialogo sull'anima* (Dedering, *Ein Dialog*, p. 60) e *Dialoghi e trattati con Thomasios* II (Strothmann, *Sechs*, p. 19).

[21] «Riflessione spirituale su di te» (ܚܘܫܒ ܪܘܚܢܝܐ). In *Ter.* IX, 18 è attestata l'espressione equivalente «riflessione dello Spirito».

[22] Cf. *Ter.* VI, 56, n. 104.

avvicina, Signore nostro, la nostra nave
al tuo porto divino[23].

31 Nei momenti in cui noi siamo separati
dagli uomini e dai commerci[24],
sii per noi, Signore nostro, il [nostro] guadagno,
e in te possiamo rallegrare la nostra tristezza.

32 È confidando nella tua grazia
che noi siamo usciti per dimorare nella solitudine:
possiamo noi vedere, Signore nostro, chiaramente
all'opera la forza del tuo aiuto.

33 Riversa la tua pace sui nostri cuori
e la tua calma nei nostri moti,
perché la notte che sorpassa ogni tenebra
sia per noi come il giorno.

34 In quell'ora in cui siamo resi orfani
perché la notte ci ha rinchiusi all'interno della sua tenebra
e siamo separati da tutti gli uomini,
cresca, mio Signore, in te la nostra consolazione.

35 In quel luogo che è vuoto di tutto
e in cui non c'è voce che incoraggi,
rendi fortificato, Signore nostro, il nostro pensiero
all'interno del baluardo della tua grazia.

36 Sveglia[ci], Signore nostro, dal nostro torpore
per mezzo di quella conoscenza che non fallisce,
perché non sia sommerso il nostro pensiero
dal sonno dei desideri.

37 Rendici degni, Signore nostro, nella tua grazia,
di [dimorare] insieme alle vergini sapienti,
perché, essendosi preparata con le loro opere[25],
la nostra condotta resti vigilante.

---

[23] Sull'immagine del «porto», cf. *Ter.* X, 10, n. 8. L'espressione «porto divino», negli scritti isacchiani, ricorre in *Pri.* XLIII, p. 317 e *Cent.* I, 80.

[24] Traduco qui con «commerci» il termine ܬܓܪܐ, generalmente reso con «assiduità» o «intrattenersi», a motivo del «guadagno» di cui si parla subito dopo, che indica propriamente il guadagno a interesse o a usura. Il termine è dunque qui impiegato nella sua accezione più ordinaria di «scambiare», «commerciare», «fare affari».

[25] Cf. Mt 25,1-13. L'olio di cui parla la parabola delle vergini è spesso interpretato dalla tradizione patristica come metafora delle opere, o più in particolare della carità usata verso gli altri. Per la tradizione siriaca, si veda ad esempio Narsai di Nisibe, *Omelia sulle dieci vergini* (Pataq Siman, *Narsaï*, pp. 6-22).

38 Affinché non abitiamo dentro la tenebra,
mentre i nostri pensieri sono oscuri,
possiamo noi vedere un riflesso della tua grazia,
nelle nostre preghiere, in ogni tempo!

39 Al giorno, mio Signore, della conoscenza di te
è seguita la notte del nostro pensiero:
nel tuo sole, capo dei luminari[26],
possiamo noi rinnovare la condotta della nostra castità!

40 Donaci di vegliare, con la nostra preghiera,
insieme ai giusti[27] durante le notti,
perché siano accese le nostre lampade
incontro al sole della tua rivelazione[28].

41 Nell'ora della notte si inebriavano
i giusti nell'amore di Dio:
nell'ora della notte provvedi
la consolazione alla nostra piccolezza.

42 Donaci che il nostro pensiero si affatichi
nella memoria della tua santa manifestazione,
mentre le nostre anime rifulgono
nell'ardore dell'amore per te.

43 In quest'ora si affaticavano
i santi nelle preghiere:
rendici degni, Signore nostro, di partecipare
alla consolazione delle loro veglie.

44 Donaci di sentire nella nostra persona
e di ricevere nella nostra condotta, il profumo
di quella consolazione di cui furono resi partecipi
durante il viaggio dei loro pensieri.

45 O Cristo, che vegli in preghiera
per noi davanti al Padre tuo[29],
donaci di sentire una *caparra*
del perdono[30] della nostra iniquità, durante la nostra preghiera.

---

[26] Cf. Gc 1,17.

[27] Con «giusti» traduco, qui e nella strofa successiva, il termine ܟܐܢܐ, normalmente reso con «retti». Isacco infatti, come si è detto (cf. *Ter.* VI, 7, n. 16 e 18, n. 36), distingue due accezioni di giustizia.

[28] Cf. Mt 25,1-13.

[29] Cf. Mt 26,39. Letteralmente: «Suo».

[30] Cf. 2Cor 1,21-22; 5,5; Ef 1,13-14. Sull'espressione «caparra del perdono» (ܪܗܒܘܢܐ ܕܫܘܒܩܢܐ), cf. anche *Ter.* VII, 36, n. 86.

46 O Cristo, che hai sudato[31] durante la preghiera
per noi, nell'ora della notte[32],
rendici degni che il nostro pensiero gusti
la tua passione per la nostra salvezza.

47 O Cristo, che hai riversato il tuo[33] dono
sui santi in preghiera[34]
allieta, Signore nostro, la nostra intelligenza
facendoci gustare la tua grazia[35].

48 O Dio, cui appartengono
i giorni e le notti[36],
allietaci, Signore nostro, con la tua speranza,
nell'ora della notte oscura.

49 Mentre ci intratteniamo nella preghiera a te[37],
noi ci accostiamo prostrandoci:
allieta la brezza del nostro pensiero
perché, tramite la nostra preghiera, entri in comunione con te.

50 Illumina i moti della nostra intelligenza[38]
affinché contempliamo nell'ammirazione,
e in te sia avvolto il nostro pensiero
per l'intera durata della nostra preghiera.

51 Quando sarà il mattino della tua venuta
il nostro pensiero accolga la tua manifestazione,
e la sua forza dotata di parola anticipi
quella condotta incorporea.

52 Verso la nostra città santa
donaci, Signore nostro, di affrettarci,
e come Mosè dalla cima del monte
possiamo noi [vederla] in anticipo, per mezzo della tua rivelazione[39].

53 Anche se il corpo ci affligge
e con le sue miserie ci attrae verso il basso,

---

[31] Letteralmente: «Che ha sudato».
[32] Cf. Lc 22,41-44.
[33] Letteralmente: «Che ha riversato il suo».
[34] Cf. At 2,1-2.
[35] Letteralmente: «Per mezzo dei gusti della tua grazia».
[36] Cf. Sal 74,16.
[37] Letteralmente: «Nell'assiduità della tua preghiera» (ܐܡܝܢܘܬܐ ܕܨܠܘܬܟ); cf. *Ter.* III, 32, n. 78.
[38] Cf. *Ter.* IX, 15, n. 33.
[39] Cf. Dt 34,1-4.

vinca in noi, mio Signore, la tua grazia,
sulla legge che è dentro la nostra carne[40].

54 Con il mio pensiero, Signore nostro, io amo
la tua legge spirituale[41],
ma *una legge* che è posta *nelle mie membra*[42]
mi tiene imprigionato [lontano] dall'assiduità con essa.

55 È come se, [costretta] da prigionia, fosse spinta
l'anima a lavorare a realtà detestabili,
o come se, per una coercizione, fosse trascinata
[lontano] dall'assiduità spirituale.

56 Ma essa non vuole essere resa
tenda delle passioni del corpo;
e chiede aiuto, gemendo,
e la sua miseria è indicibile.

57 Come la vedova che, defraudata,
chiede aiuto con passione a Dio;
[essa], cui [Dio] promise, nel vangelo che le si riferisce,
la rivalsa, secondo il desiderio della sua volontà.

58 *Fammi giustizia* — dice nella preghiera —
dal mio corpo che è *il mio avversario*[43].
E quel giudice dolce
dona la ricompensa alla sua compunzione!

59 Poiché noi siamo immersi nell'oceano,
in ogni tempo, a causa dei moti del corpo,
lava, Signore nostro, il nostro pensiero
dalle macchie delle nostre realtà detestabili.

60 A te gridiamo, di mezzo alle onde,
nostro sapiente timoniere:
fa' soffiare per noi una limpida brezza,
perché, se qualcosa ci sommerge, essa ci tirerà fuori[44].

61 A metà della notte mi sono levato, mio Signore
per confessarti con grande passione

---

[40] Cf. Rm 7,23.
[41] Cf. Rm 7,14.
[42] Cf. Rm 7,23.
[43] Lc 18,3. Nell'opera isacchiana, questo medesimo testo biblico è indicato come esempio di preghiera in *Pri.* VIII, p. 107, dove però non v'è traccia di lettura allegorica simile a quella qui condotta. Un esempio di interpretazione analoga è invece in Nilo il Solitario, *Sulla virtù e sulle passioni* 17 (Bettiolo, *Gli scritti siriaci*, p. 286).
[44] Cf. Mt 14,24-31.

e offrirti il sacrificio di lode[45],
a te, *giusto giudice*[46].

62 Poiché non hai dimenticato la nostra derelizione
e la nostra umiliazione di sempre,
quanto sia avido il nostro pensiero
di ciò che è eccellente, ti è manifesto.

63 Anche se le nostre deboli realtà prevalgono
migliaia di migliaia [di volte] tutto il giorno
e ci sommergono con le loro realtà detestabili,
non ci distogliamo dall'assiduità con te.

64 Salvatore nostro, venuto per lavare
l'impurità del mondo peccatore,
donaci la compunzione in ogni tempo,
affinché laviamo l'impurità dei pensieri.

65 Santifica, mio Signore, i nostri cuori
e riempi[ci] con lo Spirito della tua magnificenza,
e per mezzo del santo ricordo di te,
essi ricevano lo Spirito della gioia[47].

66 Crea in noi, mio Signore, *un cuore nuovo*
e immetti in noi *uno spirito nuovo*[48],
affinché grazie al rinnovamento del nostro pensiero[49]
ci vestiamo della veste del Regno[50].

67 Per mezzo dei misteri del tuo Spirito, noi siamo rinnovati,
e per mezzo della tua grazia, noi siamo santificati,
mentre noi ci dimentichiamo in ogni tempo
di tutto, grazie all'assiduità con te.

68 E quella nostra santa speranza
sempre sentiamo, nella nostra preghiera,
quando vi siamo condotti in ogni tempo
[lontano] dal mondo corporeo.

69 Il mondo mortale è [troppo] debole
per comprendere l'intero tuo dono:
dalla tua abbondanza fa' tracimare
pienezza sulla sua debolezza.

---

[45] Cf. Eb 13,15.
[46] Cf. Sal 9,5. Si veda anche *Ter.* VII, 18, n. 49.
[47] L'intera strofa ricorda *Ter.* VIII, 1.
[48] Cf. Ez 11,19.
[49] Cf. *Ter.* XI, 1, n. 3 e n. 9.
[50] Cf. Mt 22,1-14.

70 Di questa speranza sono assetate, mio Signore,
le nostre anime mentre vengono percosse:
allieta, Signore nostro, le nostre anime
perché vediamo la tua benevolenza nella nostra persona.

71 In questo mondo in cui siamo separati
dall'umanità e dall'assiduità [con essa],
sii per noi compagno, Salvatore nostro,
e amico intimo in ogni tempo.

72 In questo tempo in cui siamo resi orfani
del mondo e dei suoi commerci[51],
sii per noi, Signore nostro, consolazione,
e che noi non siamo orfani del tuo amore.

73 Poiché il nostro cuore è colmo di pene
e noi siamo sempre nella tristezza
rendici degni, Signore nostro, della tua consolazione
inattaccabile dalle pene.

74 Le nostre anime sono colme di pianto
ed esso è per noi sempre amaro:
allieta, mio Signore, la nostra tristezza
e da' refrigerio al nostro cuore in fiamme.

75 Le ansietà ci circondano
e la sofferenza, di notte e di giorno:
da' refrigerio, Signore nostro, segretamente,
alla fiamma dei nostri cuori.

76 In nessun luogo c'è per noi una speranza
che consoli il nostro dolore:
accosta il tuo dito, refrigerio di ogni cosa,
al pianto nascosto che è nel nostro cuore[52].

77 Poiché ci inseguono, senza sosta,
battaglie di notte e di giorno,
e hanno fatto venir meno la nostra speranza in te:
sii tu il comandante del nostro esercito nella lotta.

78 Il pianto e le lacrime che sono nel segreto
si spandono sul nostro pensiero,
poiché noi siamo sempre nella paura
di essere resi orfani della speranza in te.

---

[51] Cf. *Ter.* X, 31, n. 24.
[52] Cf. Lc 16,24.

79 Incoraggia, Signore nostro, le nostre anime
con la tua voce nascosta che [viene] dalla quiete[53],
quando ci insegni, per mezzo dello Spirito,
il fine nascosto della nostra lotta.

80 Non sia privato il nostro pensiero
del tuo incoraggiamento, Salvatore nostro,
perché non sia inghiottito nell'oceano
dalle onde della disperazione[54].

81 Quella nostra speranza vera
tu ci mostri, mio Signore, di lontano,
affinché vedendola siamo fortificati
e siamo in grado di sfidare tutte le miserie.

82 Noi siamo inesperti di lotta,
per far fronte ai momenti delle battaglie:
rendi in te sapiente la nostra infantilità[55],
in questa nostra età spirituale.

83 Dall'assiduità con te siamo resi sapienti,
e dal tuo Spirito riceviamo l'aiuto
che sempre ci istruisce
circa il sentiero che fa salire in cielo.

84 Ungi, mio Signore, il nostro cuore con il tuo Spirito,
affinché siamo sacerdoti nel segreto,
e per te esercitiamo il sacerdozio con i nostri moti,
nel Santo dei santi della conoscenza di te[56].

85 Prevalga la coercizione della tua grazia
sul nostro Intelletto, tramite i moti della nostra meditazione[57],
e siamo condotti, per il tuo dono,
alla dimora degli esseri incorporei.

86 Verso la casa del riposo dei santi,
e luogo eccelso dei pellegrini[58],

---

[53] Cf. *Ter.* VII, 34, n. 81.
[54] Cf. *Ter.* XII, 20, n. 30.
[55] Cf. *Ter.* IV, 9, n. 16 e V, 9, n. 11.
[56] Cf. *Ter.* VIII, 5, n. 15.
[57] «I moti della nostra meditazione» (ܐܘ̈ܥܐ ܕܗܪܓܢ); la medesima espressione ricorre, nell'opera isacchiana, in *Sec.* X, 2.
[58] È questo termine il punto di partenza dell'ipotesi, avanzata da Kruse, circa l'origine «audiana» del nostro testo (cf. *supra*, p. XXIV). Le lezioni attestate dai manoscritti «isacchiani», però, che né Kruse né Lamy prima di lui conoscevano, sembrano non appoggiare tale interpretazione, ma si orientano verso il significato di «pellegrini». Ciò non significa necessariamente che la lezione originaria non fosse quella proposta da Kruse, ma è da

andiamo insieme, grazie alla fede
e grazie al soccorso della forza della tua grazia.

87 Dalla tua rivelazione siamo resi sapienti
circa la via che conduce alla nostra città:
fin presso di essa sostieni il nostro viaggio
[lontano] dal mondo delle lotte.

88 O Gesù, la cui grandezza è discesa
per innalzare le bassezze di coloro che si erano esaltati,
accresci presso di noi il tuo dono
perché ascendiamo al tuo amore.

89 Donaci un pensiero santo
perché riceviamo la tua immagine nelle [nostre] opere,
e imprimiamo la vera figura
della tua umiltà, nella nostra persona.

90 Il gusto del tuo dolce amore
donaci di sentire segretamente,
e voli presso di te il nostro pensiero,
gustando in ogni tempo questo [tuo amore][59].

91 Irrora la nostra anima arida,
perché porti i frutti della lode,
e sia tempio santo
per l'inabitazione delle tue realtà gloriose[60].

92 Riunisci, Signore nostro, le membra
a te, capo dell'intero corpo[61],
perché nessuno di noi sia escluso
dalla comunione con la tua delizia[62].

93 O vero figlio della nostra stirpe,
che vieni per ricevere il regno[63],
non rinnegare i figli del tuo genere [umano]
quando ti leverai sulle nubi[64].

94 Le nostre anime sono assetate della tua manifestazione
e della rivelazione della tua grandezza:

---

escludere l'ipotesi che essa sia entrata nella redazione «isacchiana» del nostro testo; scelta, questa, facilmente comprensibile, visto che il Ninivita «adatta» il testo.

[59] Letteralmente: «Per mezzo dei gusti di esso».
[60] Cf. *Ter.* VIII, 1.
[61] Cf. Rm 12,5; 1Cor 12,12; Ef 1,22-23; 5,30; Col 1,18.
[62] Cf. *Ter.* V, 10.
[63] Cf. Lc 19,12-15.
[64] Cf. Mt 24,30.

donaci fin d'ora la fiducia
nella *caparra*[65] della nostra comunione [a quella gloria].

95 Anche se siamo miseri
e la nostra stirpe è polvere,
fa' crescere la nostra anima, secondo [la misura] della nostra grandezza
perché noi siamo stati resi stirpe di Dio[66].

96 Quale misericordia che non può essere misurata!
Quale oceano tutto benevolenza!
Quale grazia che non ha limite!
Quale amore, più grande della parola!

97 La nostra capacità di vedere è [troppo] piccola rispetto al tuo amore,
perché noi ne abbracciamo la ricchezza con la nostra conoscenza!
Com'è profonda, o nostro Creatore,
la tua grazia rispetto alle creature.

98 Non è a beneficio di pochi:
figlio del nostro genere [umano] fu il figlio del Re,
ma andò a preparare
un regno per l'intera nostra natura.

99 Anche se sono stato disprezzato e irriso
migliaia di volte per questo,
mai, mio Signore, io rinnegherò
la grandezza della nostra speranza in te.

100 La mia follia è più grande della parola,
e l'oceano non è capace di lavar[la] via!
Questo ho detto e lo ridico[67]:
il tuo amore è più grande dei miei debiti!

101 Poca cosa sono le onde del mare
rispetto al numero dei miei peccati,
ma se pesiamo [i miei peccati], in confronto al tuo amore,
[eccoli] svaniti come un nulla[68].

102 Abitazione io sono di tutti i mali
e le montagne sono leggere [rispetto] alle mie empietà,
eppure di chiamarmi[69] «giusto»,

---

[65] Cf. 2Cor 1,21-22; 5,5; Ef 1,13-14.
[66] Cf. At 17,29.
[67] Una formulazione simile è in *Ter.* XI, 16 e XIII, 24.
[68] L'immagine del pesare i peccati ricorda un passo di *Pri.* L, p. 345.
[69] Letteralmente: «La mia persona».

con il tuo amore, non ho paura[70].
103 A te la confessione da parte di noi tutti,
dal *superstite*[71] del nostro misero genere [umano];
e a te è dovuta da parte del nostro genere [umano]
l'adorazione dell'amore in ogni tempo.
104 Indicibili sono i benefici
che tuo tramite sono stati perpetuati fino a noi:
noi adoriamo lo *sgabello dei tuoi piedi*[72],
con pianto e sofferenza gioiosa.
105 Poiché la nostra bocca è [troppo] debole[73] per lodarti:
sia la tua benevolenza a ricompensar[ci],
essa che si è levata sulla nostra mortalità,
e ha preso su di sé e ha abbracciato il nostro cattivo odore.
106 Al tuo Amore che si è congiunto alla nostra natura,
che non si è vergognato che ci chiamassimo sue membra[74]
e che ha innestato il nostro fango sul suo corpo,
gloria da tutte le creature!

107. Queste [parole][75], miei amati, sono [materia] abbondante di meditazione spirituale[76] per il pensiero e sono l'assiduità nello Spirito con il Signore nostro! Facciamo un po' di spazio nella nostra anima a queste realtà affinché, per mezzo del nostro riposo nella quiete, il pensiero discerna ed entri nell'assiduità con il Signore nostro. Essendo, infatti, per tutti voi chiaro che l'assiduità con il mondo è avversa all'assiduità con Dio[77], allora la vostra sapienza ha da operare questa separazione e da onorare la parte buona[78]. Se poi vi sono uno o due uomini che cercano

---

[70] Qui con «giusto» si traduce ܪܥܝܢ (su cui si veda *Ter.* VI, 7, n. 16). L'affermazione ricorda diversi punti del discorso VI (si vedano ad esempio i paragrafi 7, 23 e 34).
[71] Cf. Rm 9,29.
[72] Cf. Sal 110,1.
[73] Cf. *Ter.* VI, 1.
[74] Cf. Ef 5,30.
[75] Quest'ultimo paragrafo non più in metro e che si sofferma sull'uso che i solitari possono fare della lunga preghiera su riportata, è probabilmente un'aggiunta dovuta alla mano di Isacco (cf. *supra*, p. XXIII). Esso mostra paralleli con altri discorsi sicuramente isacchiani (cf. *Sec.* I, pp. 24b-25a; V, 31-33). Particolarmente interessante è il secondo caso poiché si tratta di un discorso composto interamente di preghiere e, approssimandosi la fine, il Ninivita offre alcuni suggerimenti circa il loro uso.
[76] Cf. *Ter.* IX, 9, n. 19.
[77] Cf. *Ter.* I, 5, n. 16.
[78] Cf. Lc 10,42.

questo mistero dell'assiduità spirituale, ed accade che [si ritrovano] presso l'uno o l'altro, una volta la settimana, praticando quietamente questa divina assiduità, [allora] il loro profitto, quando [ne] sono illuminati, è ancora maggiore, anche del vantaggio che essi [traggono] dalla loro solitudine. Questo perché si aiutano reciprocamente per mezzo della luce che ricevono l'uno dall'altro, benché senza mediazione. Questa è quiete perfetta, a condizione che non vi siano tra di loro affari estranei che li distraggano dal loro fine, e inoltre [che si preoccupino] di custodire se stessi anche dalle parole superflue.

XI

Ancora dello stesso Mar Isacco. Sull'[affermazione]
«siete risuscitati con Cristo»[1], *riferita dal divino Apostolo;*
e su quel divino sacrificio che la santa Chiesa celebra per i vivi e per i
morti in vista della speranza delle realtà future[2] *che è generata da esso*
e per esso, in special modo nel secolare credente,
a causa della saldezza della sua speranza.

1. «Com'è che è visibile — si dirà — in noi la nostra resurrezione e il nostro rinnovamento[3], che l'Apostolo annuncia spesso in diversi luoghi[4]?». Ciò in cui noi siamo risorti è noto agli illuminati! Noi infatti siamo risorti, ma nella fede; e siamo stati rinnovati, ma nel mistero. La resurrezione e il rinnovamento di cui parla l'Apostolo non si riferiscono al nostro corpo. Poiché ecco, finché il nostro genere [umano] è ancora afflitto dalla mortalità e dalla corruttibilità e gli esseri viventi si muovono in una carne passionale, in questo mondo, com'è possibile dire di costoro che sono risuscitati e sono stati rinnovati, dal momento che le miserie della mortalità si levano su di essi in ogni tempo?

2. Ma bisogna che noi guardiamo al di là della carne, tramite la comprensione della divina Scrittura. Noi infatti siamo risuscitati nelle condotte eccellenti; siamo risuscitati nella fede circa le realtà future; siamo risuscitati nella conoscenza della natura divina[5], nella percezione della

---

[1] Col 3,1; cf. anche Ef 2,6; Col 2,12.
[2] Cf. *Ter.* IX, 9, n. 18.
[3] «Rinnovamento» (ܚܘܕܬܐ); cf. anche *Ter.* XI, 3, 31 e il discorso *Ter.* X, 20-21, 66. Si tratta della rinascita finale della creazione su cui il Ninivita ritorna spesso, parlando in taluni casi specificamente di «rinnovamento dell'universo (ܕܥܠܡܐ)» (*Pri.* LI, p. 374; LXVI, p. 471) o «di rinnovamento di tutto (ܕܟܠ)» (*Pri.* XIV, p. 127). Di rinnovamento in genere parla ancora in: *Pri.* XXXV, p. 256; *Sec.* V, 1, 6, 7; VIII, 16; X, 19; *Cent.* I, 90; II, 19; III, 21, 82; IV, 46, 59, 61, 78. Per alcune specificazioni del termine, si veda la n. 9 a *Ter.* XI, 3. Il concetto, già biblico (cf. nota successiva), è anche attestato in autori precedenti a Isacco; si veda ad esempio: Giovanni il Solitario, *Sulla preghiera* 6 (Bettiolo, «Sulla preghiera», p. 81), *Dialoghi e trattati con Thomasios* X (Strothmann, *Sechs*, pp. 122, 125 e *passim*) e *Lettera sul mistero della vita nuova* (Rignell, *Briefe*, p. 3); Evagrio, *Centurie* III, 48, S1 e 51, S1 (Guillaumont, *Les six centuries*, pp. 116, 118); Nilo il Solitario, *Discorso di ammonimento* 41 (Bettiolo, *Gli scritti siriaci*, p. 202); Teodoro di Mopsuestia, *Omelie catechetiche* VI, 12 (Tonneau – Devreesse, *Les Homélies*, p. 152).
[4] Cf. Col 3,1; Ef 2,6; Col 2,12; e sul «rinnovamento», cf. Rm 12,2; Ef 4,23; Tt 3,5.
[5] Cf. *Ter.* III, 15, n. 35.

sua Essenza⁶, nella gloria della sua grandezza, nelle altezze della sua natura, nella speranza nei beni custoditi per noi, nella conoscenza dei misteri del *mondo nuovo*⁷, nella fede circa la trasfigurazione mirabile che attende la creazione⁸.

3. A ragione dunque l'Apostolo ci annuncia una vera resurrezione in Cristo, e come una realtà in cui già ora noi siamo. Ciò infatti significa che noi siamo risuscitati mediante il rinnovamento della nostra mente⁹. Nelle prime generazioni [dell'umanità], infatti, non c'era ricordo di Dio; esse erano completamente morte ad ogni ricordo. Quanto invece alle generazioni di mezzo, pur conoscendolo, lo conoscevano in modo limitato. **4.** Noi, invece, siamo stati rinnovati nella nostra mente¹⁰, per mezzo di una conoscenza nuova che ad essi non era stata rivelata; noi infatti abbiamo conosciuto questo Essere che non ha principio né fine. Inoltre le [generazioni di un tempo] avevano riguardo a Dio ancora un pensiero infantile¹¹, [credendo di lui] che è duro, che è vendicativo, che ricompensa, che è retto¹² quando ricompensa, che è irascibile, che va in collera, che ricorda *i debiti dei padri nei figli dei figli*¹³.

---

⁶ Cf. *Ter.* I, 17.

⁷ Cf. Mt 19,28 (Pešitta); si veda la nota a *Ter.* I, 8, n. 26.

⁸ Il termine «trasfigurazione» (ܫܘܚܠܦܐ) è molto frequente in Isacco (cf. *Pri.* I, p. 4; II, p. 12; III, p. 25; XIV, p. 127 e *passim*); l'espressione «trasfigurazione mirabile (ܬܗܝܪܬܐ)» ricorre anche in *Sec.* VIII, 7; XXII, 14; XXXVIII, 2. Si veda anche l'analogo «trasfigurazione stupenda» (*Sec.* VIII, 15; *Cent.* IV, 57). In *Pri.* XIV, p. 127 ricorre invece l'espressione «trasfigurazione futura (ܕܥܬܝܕܐ)».

⁹ La resurrezione di cui parla Paolo viene spiegata come una trasformazione interiore, una maturazione nella comprensione e un «rinnovamento della mente» (ܚܘܕܬܐ ܕܡܕܥܐ) di cui sono elencate alcune esemplificazioni nel paragrafo precedente. In *Pri.* XXXV, p. 246 abbiamo un interessante parallelo. Prendendo spunto dai medesimi testi paolini citati nel titolo del nostro discorso, l'interlocutore di Isacco (si tratta di un discorso a domande e risposte) lo interroga a proposito della «resurrezione dell'anima» (ܩܝܡܬܐ ܕܢܦܫܐ), ottenendo appunto un'interpretazione della resurrezione annunciata da Paolo come rinnovamento interiore, cioè «uscita da ciò che è vecchio» e rafforzamento della «speranza della resurrezione». Su «rinnovamento» in genere, si veda la n. 3 a *Ter.* XI, 1; l'espressione «rinnovamento della mente» ricorre ancora in: *Ter.* XI, 31; *Pri.* LXVI, p. 469; *Cent.* IV, 54. Espressioni analoghe, attestate nel resto dell'opera isacchiana, sono: «Rinnovamento del pensiero (ܚܘܫܒܐ)» (cf. *Ter.* X, 66; *Sec.* V, 8; XL, 9; *Cent.* I, 88) e «rinnovamento dell'anima (ܢܦܫܐ)» (cf. *Cent.* II, 79). Sulla resurrezione come progressione nella conoscenza si veda Evagrio, *Epistula fidei* 7 (Forlin Patrucco, *Le lettere*, p. 100); ancora Evagrio, in *Centurie* V, 22 e 25 (nella versione S1), parla di «piccola resurrezione» (Guillaumont, *Les six centuries*, pp. 184, 186).

¹⁰ Cf. Ef 4,23.

¹¹ Cf. *Ter.* IV, 9, n. 16.

¹² «Retto» (ܟܐܢܐ), vale a dire che agisce secondo equità; si veda su questo la n. 36 a *Ter.* VI, 18.

¹³ Cf. Es 34,7. La Scrittura attribuisce a Dio collera, ira, odio, ricompensa secondo

5. Noi infatti possediamo su Dio un'intelligenza grande[14], e abbiamo di lui una conoscenza elevata. Noi lo conosciamo [come] uno che perdona, che è buono, che è umile; [uno] che, per una sola cosa buona [che è in noi], [fosse anche] solo nel pensiero, o per la compunzione, perdona i peccati di [molti] anni. E non solo non ricorda i peccati altrui, che quindi non si assommano [ai nostri], ma anche a quanti sono morti nei peccati, e che sono già trapassati, recide *una moltitudine di* loro *peccati*[15] per mezzo della sua misericordia[16].

6. Così, anche quella causa che è migliore di tutte in vista della remissione dei nostri [peccati] — efficace sia per i vivi che per coloro che non sono più vivi — nella sua sapienza, [il Signore] l'ha preparata in favore di tutti. Lo testimonia anche l'offerta[17] che viene presentata nella Chiesa — il mistero del corpo e del sangue del Signore — che viene offerta in vista della speranza che sia perdonato ai defunti, appartenenti al genere dei peccatori, che sono già morti. Se infatti i defunti non possono più trarre beneficio da nulla, che vantaggio ci sarebbe nell'offrire per loro il mistero del corpo del Signore nostro, secondo la tradizione che la Chiesa tutta intera ha recepito, [cioè] l'offerta per i defunti, nella speranza della remissione [dei loro peccati][18]?

---

giustizia, vendetta e altro del genere, ma queste espressioni fanno parte di quella che Isacco chiama la «corporeità dei racconti» che il lettore illuminato deve saper superare (cf. *Ter.* III, 29, n. 68 e VI, 19, n. 38). Sui tratti di durezza attribuiti a Dio, si veda in particolare: *Sec.* XXXIX, 2, 19; *Cent.* IV, 78, 85, 89-90. Su tali attributi e la loro transitorietà si veda Evagrio, *Lettera a Melania* (Frankenberg, *Evagrius*, p. 616) e *Centurie* VI, 20 (Guillaumont, *Les six centuries*, pp. 224-225).

[14] Cf. *Ter.* IV, 9, n. 17.
[15] Cf. 1 Pt 4,8.
[16] Quanto espresso qui e nel seguito è già stato esposto nel discorso VI, in particolare nei paragrafi 26-36.
[17] «Offerta» (ܩܘܪܒܢܐ), qui nel senso di eucaristia. Nell'opera isacchiana non abbiamo ampie trattazioni del tema e per questo il presente discorso può apparire un'eccezione. Non mancano tuttavia riferimenti ad essa in nessuna delle collezioni: *Ter.* VI, 58; VII, 12-13; X, 18, 20-21; *Pri.* XXII, p. 172; XXXV, p. 251; XLIII, pp. 316-317; LXXIV, p. 510; *Sec.* V, 25-28.
[18] In *Ter.* VI, 18, Isacco dice che la grazia agisce anche in favore di «coloro che sono già morti»: «Allevia le loro torture», «abbrevia la durata delle sofferenze» e «rende tutti degni del suo regno»; ciò significa che la loro sorte non è immutabile e definitiva. Qui precisa che a beneficio dei peccatori defunti vi è anche la preghiera eucaristica. Un cenno al tema si ritrova già in *Sec.* V, 30 (che segue i paragrafi 26-28, dove si elencano coloro per i quali si deve pregare durante l'eucaristia). Il valore della preghiera per i defunti, in vista della resurrezione, è già affermato in 2Mac 12,43-45. Sul valore dell'offerta eucaristica in favore dei defunti si veda, per l'ambito siriaco, anche Giacomo di Sarug, che dedica all'argomento un'intera omelia, intitolata *Sulla memoria dei morti e sull'eucaristia* (Bedjan, *Homiliae selectae*, pp. 535-550; cf. anche Guinan, «Where are the Dead?»). Si

7. Ora, ti pare che questa tradizione sia vuota, o pensiero ignobile? Oppure [pensi] che è [solo] una tradizione qualsiasi quella che [dice che] nel mistero celebrato per i defunti c'è la speranza che i peccati siano perdonati? O forse sarebbe profittevole solo per i giusti? Ma allora quale sarebbe il vantaggio per i peccatori, in favore dei quali l'offerta è presentata, e con essa, la preghiera e l'intercessione che il presbitero fa all'altare, in cui, insieme al sacrificio del Signore nostro, si fa memoria anche di chi è morto, a motivo di questa speranza?

8. Sì, i peccatori ricevono soccorso dall'offerta e il loro fardello è alleggerito, ogni volta che [l'offerta] è presentata per la moltitudine dei peccati, e [ne] ricevono grande soccorso. Fanno eccezione [solo] coloro la cui [colpa] non è di aver commesso peccati, ma di aver comunicato all'empietà e di aver apostatato, o di aver bestemmiato pur continuando a comunicare [ai misteri] della salvezza. Io penso dunque che è costoro che intende separare dalla comunione quella parola che noi proclamiamo, secondo l'uso, in chiesa al momento [della celebrazione] dei misteri, dicendo: «E per tutti i figli della Chiesa che sono degni di ricevere questa offerta davanti a te»[19]. 9. Questa parola infatti non separa i peccatori, ma coloro che non sono degni di essere annoverati tra i figli della Chiesa, a causa dell'empietà che hanno commesso circa i misteri della Chiesa, cioè gli eretici e gli eresiarchi che, tra le altre cose, anche stimano realtà ordinarie i misteri santi della Chiesa[20]; essa dunque non indica coloro che

---

noti però che in *Pri.* VI, p. 88, Isacco polemizza con chi sostiene l'esistenza nell'aldilà di «tre luoghi», affermando che vi sono solo la gehenna e il Regno e che la prima non è altro che la privazione del secondo.

[19] Citazione di un'affermazione della liturgia eucaristica, comune alle tre anafore in uso nelle Chiese siro-orientali, situata al momento dello scambio della pace. Durante questo gesto, l'assemblea dice (o il coro canta) una preghiera in cui afferma che l'offerta che si sta celebrando è per i vivi e per i morti (è questo anche il momento in cui sarebbe prevista la lettura dei dittici da parte dei diaconi). Nella parte iniziale di questa invocazione, rivolgendosi a Dio, l'assemblea dice: «Per tutti i catholicoi, i vescovi, i presbiteri, i diaconi e l'intero ordine di coloro che sono morti nel seno della Chiesa; per i vivi e per la pace del mondo; per il ciclo dell'anno, perché sia fecondo e si concluda nella tua grazia; per tutti i figli della Chiesa che sono degni di ricevere questa offerta davanti a te; e per tutti i servi e le serve che stanno davanti a te in quest'ora; per tutti loro e per tutti noi, sia accolta questa offerta, per sempre, amen» (Vadakkel, *Anaphora of Mar Theodore*, p. 46).

[20] Quello che Isacco dice di questi «eretici ed eresiarchi» è troppo poco per individuare la realtà storica cui si riferisce. Il rimprovero che rivolge loro, cioè «che stimano realtà ordinarie i misteri santi della Chiesa», è troppo generico per una qualsiasi valutazione. Si potrebbe solo avanzare l'ipotesi che qui il riferimento sia a gruppi di Messaliani cui Isacco accenna anche in altri discorsi: *Pri.* XXII, p. 171; LXXII, p. 495; *Sec.* XIV, 22, 47; *Cent.* IV, 31, 34 (un possibile riferimento ai Messaliani è anche in *Sec.* XIV, 28). A parziale conferma dell'ipotesi si può menzionare il fatto che, da quanto ci è dato di

hanno peccato, come se costoro non potessero avere comunione con il soccorso che [viene] dai misteri della Chiesa.

10. Coloro che non hanno apostatato e che non si sono separati dalla Chiesa, ma che in tutta la loro vita hanno confessato la Chiesa e i suoi misteri, e hanno custodito senza macchia la loro confessione [di fede] e il loro battesimo, e che a causa della loro debolezza si sono in qualche modo resi colpevoli di peccati, quand'anche non possedessero la pienezza della speranza come i giusti eccellenti, come se ne facessero parte, ma si accostano con il loro Intelletto alla natura divina[21], non sono estranei alla comunione con la speranza in Cristo e al soccorso che dalla Chiesa [viene] nei loro spiriti in pienezza. **11.** E ciò assomiglia a quanto ha detto l'Apostolo: *Colui che mangia il pane del Signore e beve del suo calice, non essendone degno, mangia e beve la propria condanna, perché non ha riconosciuto il corpo del Signore*[22]. L'indegnità e la dignità qui, infatti, l'Apostolo non le fa dipendere dalle azioni cattive o buone, ma dalle interpretazioni dei pensieri. E la ragione per la quale egli scrive tali cose, lo stesso Apostolo la illustra nella lettera, spiegando chiaramente a cosa si riferisce, perché nessuno pensi che è solo ai giusti che è permesso di comunicare ai santi misteri o agli uomini irreprensibili o a quanti procedono in un'autentica conversione.

12. Se non fosse così, si dovrebbe completamente smettere di celebrare i misteri nelle città, poiché in tali luoghi difficilmente si trova qualcuno che si applichi alla conversione o che si dia pensiero di ciò che le si addice. Coloro che comprendono in modo erroneo le parole delle Scritture che a ciò si riferiscono, appoggiandosi sulla loro personale opinione, non recano danno solo alla loro persona. Molti sono infatti quelli che da costoro vengono grandemente sviati, essendo molti coloro che seguono una tale opinione, a causa dell'ignoranza circa questo discorso dell'Apo-

---

sapere, questi gruppi disdegnavano di partecipare ai sacramenti celebrati nelle chiese e alle preghiere canoniche in genere (in *Sec.* XIV, 22, Isacco dice che sostengono non necessario il «culto manifesto» e in *Cent.* IV, 31 li rimprovera di disprezzare la recita dei salmi). Tuttavia questa rimane una pura ipotesi, confortata ancora dal fatto che, in tutta la sua opera, Isacco ha parole che denotano una certa severità unicamente per questi gruppi, mentre in genere chiede comprensione e compassione, anche per coloro che si fossero allontanati dalla verità; dice in uno di questi passi: «Ritieni tutti gli uomini degni di bene e di onore, siano essi giudei, o pagani, o omicidi; e soprattutto se si tratta di tuo fratello e del figlio della tua stessa natura, che per ignoranza si è allontanato dalla verità» (*Pri.* IV, p. 55). Sulla questione, si veda ora Hagman, «St. Isaac of Nineveh and the Messalians».

[21] Cf. *Ter.* III, 15, n. 35.
[22] 1Cor 11,27-29.

stolo[23]. Ma noi apprendiamo il suo [esatto] pensiero dall'ordine[24] del discorso.

13. Il beato Paolo scrisse questo discorso ai Corinti. Questi Corinti, infatti, avevano l'abitudine, nel giorno santo della domenica quando si riunivano in chiesa, che i ricchi che erano tra loro comunicavano ai santi misteri allo stesso modo dei poveri, secondo l'uso seguito nella Chiesa. Dopo di ciò però ciascuno si sedeva, mangiava e si rallegrava di ciò che ciascuno si era preparato a casa propria. I poveri, allora, sedevano affamati e guardando i [ricchi], mentre quelli si ubriacavano e si deliziavano.

14. Ciò venne all'orecchio del beato Paolo, ed egli scrisse loro [dicendo] che, mentre nel nutrirsi dei misteri essi comunicavano senza fare distinzioni, per il [nutrimento] del corpo, invece, essi ritenevano da se stessi che i poveri non fossero degni di comunicare con loro, mostrando così che la mensa ordinaria era [per loro] più importante della mensa dei misteri[25]. [Paolo], dunque, fece loro sapere: «Se il mistero è ritenuto da voi una realtà ordinaria, al punto da non sembrarvi neppure degno della mensa ordinaria, allora è a vostra condanna che voi mangiate il pane e bevete il calice della mensa di nostro Signore»[26].

15. Similmente anche il beato Interprete, nel suo *Commento* in cui spiega il pensiero dell'Apostolo, deduce e afferma le medesime cause che abbiamo detto sopra. Dopo aver illustrato la causa [dell'intervento di Paolo], egli spiega il senso del discorso, dicendo: «Questo è chiaramente quanto l'Apostolo intende far conoscere: è bene che i misteri siano offerti con un pensiero perfetto e non con rilassatezza, come se [quello offerto] fosse pane ordinario»[27]; e a conclusione dell'intero suo discorso, il beato Interprete dice: «Colui che ha una fede piena riguardo ai misteri di Cristo — [misteri] ai quali l'Apostolo dedica questo suo discorso — io penso che non sia assolutamente privato dei beni che attende»[28].

---

[23] Vale a dire il testo di 1Cor 11,27-29, appena menzionato.
[24] «Ordine» (ܩܛܐ), vale a dire dalla disposizione, dall'insieme e dunque dal contesto.
[25] «Mensa dei misteri» (ܐܪܙܐ ܦܬܘܪܐ); cf. *Ter.* X, 20.
[26] Cf. 1Cor 11,17-34.
[27] Teodoro di Mopsuestia, *Commento alla prima lettera ai Corinti*, opera nota solo grazie a pochi frammenti. Il passo commentato è 1Cor 11,27-29 per il quale, tra i testi greci editi, ci è tramandato solo un breve scolio che non corrisponde al nostro testo (PG 66, col. 889; Staab, *Pauluskommentare*, pp. 188-189). Disponiamo però della testimonianza preziosa di Išoʿdad di Merw che nel libro XVII del suo *Commento alle lettere paoline*, commentando 1Cor 27-29, riporta il nostro testo alla lettera (Gibson - Harris, *The Commentaries* V/1, p. 55).
[28] Teodoro di Mopsuestia, *Commento alla prima lettera ai Corinti*. Il testo citato corrisponde, anche se non letteralmente, a un passo del frammento greco su 1Cor 11,33-34, edito in PG 66, col. 889 e Staab, *Pauluskommentare*, p. 189.

16. Tu vedi, o uomo, che l'Apostolo non condanna né dichiara estranei al bene atteso da quei misteri coloro che non sono degni in base alla condotta, ma coloro che non sono degni dei misteri a motivo della corruzione del loro pensiero. Grave danno vi è per chi, nella comprensione delle parole delle sante Scritture, si appoggia sul proprio pensiero non istruito. Noi dunque non guardiamo con il piccolo pensiero umano, ma io l'ho detto e ancora lo ridico[29] e non lo rinnego: vi è per i peccatori defunti un soccorso che [viene] dal sacrificio del Signore nostro in loro favore!

17. Se infatti si dovessero ricordare solo i giusti, perché mai il presbitero, nella preghiera davanti all'altare, presenta anche il ricordo di tutti i peccatori della discendenza di Adamo[30]? Io infatti non rinnego queste formule sante e recepite, colme di salvezza, che il presbitero ripete vicino alle oblate con grande passione, stando curvo[31] davanti all'altare. Io non sono in errore riguardo a ciò, né sono un trasgressore![32].

18. Penso anche che non sia un [inutile] fardello il fatto che nella formula [della preghiera][33] [tale memoria] sia collocata in questo luogo, perché ciascuno conosca quale forza vi sia nei misteri del corpo di Cristo; come cioè esso faccia giungere il soccorso della sua grazia fin presso i morti, e i lampi della sua forza risplendano anche negli inferi. Discernano dunque gli ignoranti che non è con superficialità né a caso che fu stabilito e confermato uno dei misteri stabiliti nella santa Chiesa!

---

[29] Una formula analoga ricorre anche in *Ter.* X, 100 e XIII, 24.

[30] Letteralmente: «Razza adamica» (ܓܢܣܐ ܐܕܡܝܐ); la medesima espressione ricorre in *Sec.* XI, 29, mentre in *Pri.* XXX, p. 214 l'aggettivo «adamico» è riferito a «corpo». Vedi anche *Ter.* XII, 13 dove è attestato l'avverbio «adamicamente» (ܐܕܡܐܝܬ).

[31] «Stando curvo» (ܓܗܢ). Allusione a una *gehanta*, cioè una forma particolare di preghiera che colui che celebra l'eucaristia dice stando curvo. Il momento liturgico cui qui Isacco si riferisce è probabilmente la terza *gehanta* dell'*Anafora* di Teodoro di Mopsuestia che termina dicendo che l'offerta è «per la salvezza grande dell'intero genere umano (ܚܠܦ ܦܘܪܩܢܐ ܕܓܢܣܐ ܪܒܐ)» (Vadakkel, *Anaphora of Mar Theodore*, p. 63); affermazione che potrebbe ricordare la «razza adamica» del nostro testo e che viene subito dopo le parole dell'istituzione sul pane e il vino (e Isacco qui precisa che ciò cui egli si riferisce sono parole dette «vicino alle oblate»). Inoltre, nella preghiera che segue (una *kušafa*), tra coloro per cui l'offerta è presentata, si fa esplicita menzione dei «defunti», chiedendo per tutti la remissione dei peccati (Vadakkel, *Anaphora of Mar Theodore*, p. 64); si veda il seguito del discorso.

[32] Questa autodichiarazione di ortodossia, come anche alcune affermazioni nei paragrafi 22-23, lasciano trasparire una polemica in corso sull'argomento. Si veda in proposito anche l'annotazione conclusiva del discorso, probabilmente apposta da un redattore o da un copista.

[33] «Formula [della preghiera]» (ܛܟܣܐ): termine tecnico che indica il rito della celebrazione eucaristica. Corrisponde al latino *ordo*.

19. Ma tutti questi [misteri] sono colmi di speranza e una grande particolarità è in essi nascosta per coloro che li compiono: [essi rivelano] quanto è grande la forza della fede, quanto è elevata la conoscenza dei cristiani, e quale intelligenza essi hanno di Dio. Noi infatti crediamo che la forza dei misteri dell'Economia dell'unigenito [Figlio di Dio] è tale da riuscire a donare la remissione anche ai morti, e a soccorrere anche negli inferi coloro che durante la loro vita hanno creduto in essa. Da ciò inoltre è confermato anche l'insegnamento di coloro che, riguardo alla resurrezione, ritengono che tale speranza sia anche a favore dei loro defunti, e che con grande fede intercedono per ciò e chiedono la remissione anche per i morti.

20. E, come se fosse già una realtà e un qualcosa di posto nelle loro mani, il presbitero, con una fede senza esitazione, presenta così l'offerta e intercede presso Dio ricordando il sacrificio di Cristo per la remissione in favore dei peccatori, vivi e morti, affinché siano purificati: i vivi ricevendo il [sacrificio] e i morti per la memoria che si fa di loro. Il presbitero, infatti, dice senza esitazione: «Così, Signore nostro e Dio nostro, accogli da noi, nella tua grazia, questo sacrificio di lode che è il frutto razionale delle nostre labbra». **21.** Perché? Dice: «Perché sia davanti a te una memoria degli antichi giusti, dei santi profeti, dei beati apostoli, dei martiri, dei confessori, eccetera»; e continua: «E di tutti i figli della santa Chiesa che hanno lasciato questo mondo nella fede vera»[34]. Tu vedi come qui egli faccia espressamente menzione della fede: non ha menzionato coloro che sono morti senza peccati e che hanno lasciato questo mondo nella giustizia. Dice invece: «A coloro che hanno lasciato questo mondo nella fede vera e si uniscono alla tua grazia, mio Signore, rimetti tutti i loro peccati e le trasgressioni che in questo mondo, in un corpo mortale e in un'anima mutevole, hanno commesso peccando e comportandosi da stolti davanti a te»[35].

22. Tu vedi che il presbitero non si vergogna di porgere suppliche per i peccati dei defunti e di [chiedere] a Dio la remissione. Hai sentito come presenta a Dio, con una fede senza esitazione, questa temibile supplica, nell'ora temibile, senza credere assolutamente che Dio si sottragga alla [sua richiesta]?! Hai appreso quale speranza è riposta nella Chiesa di Cristo?! Hai compreso l'espediente[36] che Dio ha insegnato agli uomini,

---

[34] Quarta *gehanta* dell'*Anafora* di Teodoro di Mopsuestia (Vadakkel, *Anaphora of Mar Theodore*, pp. 70-71).

[35] Quarta *gehanta* dell'*Anafora* di Teodoro di Mopsuestia (Vadakkel, *Anaphora of Mar Theodore*, pp. 71-72).

[36] Su «espediente» (ܦܘܪܣܐ), cf. *Ter.* VI, 23, n. 45.

e come ha immesso in essi la fede a proposito di quella che è la sua volontà, che è fissata nella preghiera ed è a lui presentata nella Chiesa?! Perché ritieni che questa preghiera sia audace? Manchi forse di fede? Oppure sei un avversario della volontà di Dio?

23. Che vi sia un qualche espediente[37] che Dio mette in opera, l'ha insegnato lo Spirito santo ponendo nella Chiesa, tramite la supplica, sia la forza grande del cristianesimo, sia la gioia che Dio prova per la nostra natura di polvere[38]. L'intera volontà di [Dio], infatti, è stata compiutamente rivelata in modo simbolico[39] per mezzo della sua santa Chiesa, ma i tronfi e gli ignoranti non vogliono credere al mistero della sua volontà[40] buona nei confronti del nostro genere.

24. Non sia mai, miei amati, che noi esitiamo riguardo a questi versetti[41] colmi di sante realtà su Dio! Essendo, infatti, essi conformi alla volontà di Dio, sono stati inclusi nel rendimento di grazie per i misteri stabiliti nella Chiesa e le cose sante di Dio[42], come un qualcosa di cui Dio, Signore di tutto[43], si compiace principalmente. È per questo che [tali versetti] sono posti vicino alle mistiche parole[44] dei sacrifici di riconciliazione[45]. E non sia mai che noi rinneghiamo la parola o l'intelligenza relativa alla forza di questa preghiera perfetta e divina, che è piena di speranza per tutto il genere umano!

25. Io non vi ho scritto queste cose perché confidando [in esse] vi lasciate andare[46], ma perché cresciate nella vostra speranza e perché il vostro pensiero cresca in Dio; e abbondino nella vostra anima i modi delle realtà future, e le realtà della terra diventino di poco conto ai vostri occhi, e il vostro pensiero sia riempito di ammirazione in Dio[47], e il fuoco

---

[37] Su «espediente» (ܦܘܪܣܐ), cf. *Ter.* VI, 23, n. 45.

[38] Isacco sembra voler dire che lo Spirito santo, ispirando e istituendo la liturgia della Chiesa e in questa la richiesta del perdono dei peccati, rivela che Dio opera per tale remissione, che dunque questa è possibile, altrimenti lo Spirito non l'avrebbe stabilita.

[39] «In modo simbolico» (ܐܪܙܢܐܝܬ), vale a dire «in modo mistico».

[40] Cf. *Ter.* VI, 28.

[41] Cf. *Ter.* III, 29, n. 68.

[42] Si ribadisce quanto già espresso, vale a dire che la fondatezza della speranza nella remissione è confermata dal fatto che ciò è detto nella liturgia eucaristica, preghiera per eccellenza, secondo il principio *lex orandi lex credendi*.

[43] Cf. *Ter.* I, 3, n. 13.

[44] Oppure: «Parole relative ai misteri» (ܡܠܐ ܐܪܙܢܝܬܐ), vale a dire le «parole sacramentali»; cf. anche *Ter.* IV, 13.

[45] «Sacrifici di riconciliazione» (ܕܒܚܐ ܕܚܘܣܝܐ); cf. anche *Cent.* I, 21 e III, 16.

[46] Cf. *Ter.* VI, 59.

[47] «Ammirazione in Dio» (ܬܗܪܐ ܒܐܠܗܐ); cf. anche *Pri.* XL, pp. 304-305; LI, p. 376; LXXI, p. 492; *Sec.* I, p. 15a; XX, 10-11; XXI, 7; *Cent.* I, 36; II, 55, 89; IV, 47.

dell'amore per lui si infiammi nella vostra anima e [questa] s'incammini, attraverso la meditazione delle comprensioni dei suoi misteri, verso quel luogo che è al di là del mondo.

26. Tuttavia neppure il pericolo del rilassamento valga a velare la verità della nostra fede, o a sminuire la comprensione dei misteri della nostra liturgia, o a rinnegare la forza della confessione della mirabile Economia in nostro favore, o a farci desistere dall'ammirare Dio o dal dargli gloria con una gioia che non ha pari. Se qualcuno crede che l'essere senza fede e senza conoscenza[48] possa essergli di maggior aiuto, abbondi diligentemente in ciò, nella sua anima! **27.** Quanto a noi, invece, è per questa fede che siamo salvati! E da essa siamo mossi e siamo rigenerati in vista della *vita vera*[49] e immortale, mentre siamo nell'ammirazione per la misericordia di Dio, cioè per come ha disposto tutto per soccorrerci, attraverso quella sapienza che viene in aiuto al nostro genere peccatore. È lui che ha rivelato il compimento di tutta la bontà della sua volontà, eterna e misteriosa, per mezzo dell'Economia di Cristo, Signore nostro, e ha stabilito per noi un difensore incorruttibile: il corpo e il sangue del Salvatore nostro. Lui, che non è assolutamente colpevole di alcun genere di comportamento relativo a qualsivoglia dei peccati delle creature!

28. Non sia mai che [tu pensi] che io stia facendo l'apologia del peccato[50]! Io esalto, invece, la forza del difensore dei peccatori, che è nei cieli[51]! Io disvelo la grandezza della speranza contenuta nella liturgia per lui [celebrata], più eccelsa della parola, e la forza delle creature che la Chiesa celebra. Ciò perché la conoscenza del nostro debole genere [umano] per ora non è capace di possedere né di accostarsi all'intera verità circa la sua speranza. **29.** E non è senza investigazione che io mi sforzo di illustrare l'argomento del peccato, ma mentre stupisco io stesso della sapienza di Dio[52]. Io mi meraviglio per questa sua Economia [realizzata] in Cristo, e per la forza dei suoi misteri, mentre a causa della comprensione mi accosto allo stupore e mi volgo al silenzio[53]. Come,

---

[48] Da intendersi senza fede nella bontà di Dio e senza conoscenza della medesima bontà.
[49] Cf. 1Tm 6,19.
[50] Cf. *Ter.* VI, 59.
[51] Cf. 1Gv 2,1.
[52] Cf. *Ter.* VI, 33.
[53] Questo genere di reazione si ritrova anche altrove nell'opera isacchiana; cf. ad esempio *Pri.* LXII, p. 430.
[54] Cf. 1Tm 2,4.

infatti, questa [Economia] è da tutti i suoi lati colma di salvezza per gli uomini[54]! Grazie a questa Economia, *una moltitudine di peccati* è perdonata[55] a quanti hanno agito stoltamente, per mezzo del sacrificio del corpo di Gesù[56] offerto per loro; e non solo: ma, a causa di esso, il giudizio su di loro sarà anche misericordioso[57], dal momento che neppure un decimillesimo sarà loro richiesto di quanto devono.

30. Forse a coloro i cui [peccati] sono molto piccoli e di poco conto [Dio] non imputerà [nulla][58]; e anche a coloro i cui [peccati] sono molti di numero[59] e che sono sprofondati nel male dei peccati, egli diminuisce i tormenti dal piatto della bilancia, per una ragione che è stata posta in mezzo, per volontà del Creatore: egli ama far misericordia, per mezzo di Colui che *Dio ha prestabilito in vista della remissione, attraverso la fede nel suo sangue*[60]. Ma solo pochi sono stati degni di una tale fede e conoscenza dei misteri[61], nella speranza nel corpo e sangue di Gesù.

31. Questa è dunque la vera resurrezione[62], che [si realizza] attraverso la conoscenza, una fede convinta e il rinnovamento della mente[63]; [realtà] che hanno ricevuto quanti sono stati battezzati in Cristo[64], nella speranza del *mondo futuro*[65]. Il beato Paolo ha detto: *[Cristo] ci ha fatti risorgere, ci ha innalzati e ci ha fatti sedere con lui nei cieli*[66]. Con ciò [intende dire] che chiunque è entrato all'interno della nube oscura[67] della conoscenza della fede e ha conosciuto la forza dei suoi misteri, questi è per sempre nei cieli tramite il suo Intelletto, e in mistero siede con il Cristo, per mezzo di una visione continua della sua Economia colma di meraviglia. **32.** [Economia] che in ogni sua parte è abbondantemente presente nei misteri colmi di speranza, per svelare che è un dono di Dio il nostro

---

[55] Cf. 1Pt 4,8.
[56] Cf. Eb 10,10.
[57] Cf. *Ter.* VI, 18.
[58] Letteralmente: «Non fa venire al calcolo».
[59] Sui peccati grandi e piccoli, cf. *Ter.* VI, 24-32.
[60] Cf. Rm 3,25.
[61] Letteralmente: «Misteriosa» o «mistica»; cf. anche *Ter.* I, 8 e *Cent.* IV, 90.
[62] Qui Isacco riprende l'inizio del discorso.
[63] Cf. *Ter.* XI, 3, n. 9.
[64] Cf. Rm 6,3; Gal 3,27.
[65] Cf. Eb 2,5; 6,5. Cf. *Ter.* I, 1, n. 5 e IX, 9, n. 18. L'espressione qui attestata (ܐܬܡ ܕܥܠܡܐ ܕܥܬܝܕ) ricorre anche in *Pri.* IV, p. 41 e in *Cent.* IV, 78.
[66] Ef 2,6.
[67] Cf. Es 20,21; cf. *Ter.* III, 23, n. 58.
[68] Cf. 1Tm 2,4; 2Tm 3,7; Eb 10,26. «Conoscenza della verità» (ܝܕܥܬܐ ܕܫܪܪܐ); cf. anche *Pri.* LXII, p. 430; LXXII, p. 494; *Sec.* VIII, 1; IX, titolo, 2, 4; X, 15, 16; XIII, 1; XIV, 34, 44; XXV, titolo; XXXV, 5; XXXVII, 3, 4; *Cent.* III, 52, 99. L'espressione è

credere nella *conoscenza della verità*[68]. Poiché coloro che sono degni di essere fedeli a Dio, [lo sono] a causa di lui e non per la forza della natura o della volontà e dell'applicazione umana.

33. Chi è capace [di contenere] la fonte dei misteri di [Dio]? Colui davanti al quale si è aperta una porta alle sue comprensioni, [che] come una fonte zampillano e scorrono per la delizia della sua anima, e che trova in ogni tempo cose nuove [nel] tesoro del suo pensiero[69]! Questo è quanto è stato detto dal Salvatore nostro: *Colui che crede in me, come hanno detto le Scritture, fiumi d'acqua viva fluiranno dal suo seno*[70]. A lui la gloria per i secoli dei secoli. Amen.

34. È terminato il discorso sui santi misteri del Salvatore nostro, composto del beato Mar Isacco, solitario e ortodosso, che fu vescovo della città di Ninive[71].

---

particolarmente comune in Evagrio; cf. ad esempio *Centurie* I, 14, 52, 89; II, 10, 19 (tutti secondo la versione S1) e *passim* (Guillaumont, *Les six centuries*, pp. 22, 42, 58, 64, 68).

[69] Cf. Mt 13,52.

[70] Gv 7,38.

[71] Questa annotazione, unica nel suo genere all'interno della *Terza collezione*, è probabilmente dovuta a un copista che ha voluto così sottolineare l'ortodossia e l'autorevolezza ecclesiale dell'autore (ne ricorda la sede episcopale) al termine di un discorso il cui contenuto, come mostra lo stesso tenore delle argomentazioni, non riscuoteva un comune consenso. Si potrebbe anche pensare che l'annotazione sia in qualche modo «originale», cioè dovuta a chi ha messo per iscritto il discorso, che non sarebbe quindi Isacco bensì un suo discepolo (cf. *supra*, p. IX-X), ma al paragrafo 25 l'autore (dunque il Ninivita) aveva detto: «Io non vi ho scritto queste cose perché», lasciando intendere di essere egli stesso l'autore, anche materiale, del discorso. Infine si noti che affermazioni di ortodossia, a conclusione o all'interno di discorsi, si trovano anche nelle altre collezioni: *Pri.* XIV, p. 127; *Sec.* XXXIX, 7.

XII

Ancora, una lettera di esortazione riguardo alla vita in solitudine[1] vissuta in mezzo a [molta] gente[2], che fu mandata a un cenobita[3] il quale desiderava essere rassicurato in proposito. Così, scrivendo a costui riguardo a quei suoi pensieri di cui gli aveva chiesto se in ciò vi fosse un rimprovero da parte di Dio, [l'autore esorta] chiunque a consegnare se stesso alle afflizioni proprie di questa [vita]; e [fa questo] con la prontezza di un'intelligenza che esamina le ragioni nascoste presso Dio. Di Mar Isacco.

1. Io penso, fratello nostro, che per consolar[ti], incoraggiarti e insieme dare fiducia al tuo pensiero in questa sofferenza che ti ha colto, è sufficiente questo solo, che è a tutti manifesto e chiaro: fin da lungo tempo e fin da prima delle numerose generazioni dell'inizio, questa via della vita solitaria e della migrazione[4] dal consesso degli uomini è finalizzata a dare riposo al pensiero di chiunque l'abbia scelta. Tale [migrazione], dunque, prosegue ed è perpetuata in ogni generazione da colui che voglia dare ristoro alla propria mente, qualunque sia la ragione da cui il suo esodo [dal mondo] è stato provocato e mosso. **2.** E che si tratti di coloro che [sono stati colti] da tutte le pene e i mali che toccano gli uomini di ogni generazione, o di coloro che [hanno sentito] una qualche chiamata eccellente e desiderio buono che si è mosso in loro, questo suscita nel loro pensiero, tramite una fede senza esitazione, quanto è detto dal Signore nostro, il Cristo, a proposito di quelle cose che sono impossibili agli uomini [ma] che sono possibili a Dio[5]. Da ciò consegue, senz'ombra di

---

[1] Cf. *Ter.* I, titolo, n. 2.

[2] Letteralmente: «Disturbata dagli uomini».

[3] Il termine ܟܢܘܫܝܐ qui impiegato indica propriamente un monaco che abita nel cenobio, espressione con cui non si definisce un genere di monachesimo diverso da quello solitario-eremitico, ma solo un particolare momento dell'itinerario monastico in uso tra i siro-orientali del tempo. Secondo lo schema più diffuso nell'ambiente di Isacco, i complessi monastici si componevano del cenobio e delle celle. Il novizio, appena arrivato, trascorreva un periodo di circa tre anni nel cenobio, quindi gli era consentito andare ad abitare la cella. Al cenobio, dove alcuni anziani vivevano insieme ai giovani in formazione, tutti i solitari ritornavano settimanalmente per celebrarvi la liturgia eucaristica (cf. Chialà, *Abramo di Kashkar*, pp. 66-74).

[4] Cf. *Ter.* I, 8, n. 27.

[5] Cf. Mt 19,26.

dubbio, che costoro, grazie alla separazione completa dal mondo e alla migrazione presso Dio, ottengono sia di essere liberati da ogni sorta di pena, sia di scoprire quel desiderio eccellente che nelle loro anime[6].

3. Come anche noi vediamo da quanto ci indicano le loro *Vite*, differente e dissimile fu l'esodo per ciascuno di loro; e l'intento[7] di quei santi, nella loro migrazione dal consesso umano, non fu il medesimo per tutti, e neppure la causa del loro esodo fu la stessa per ciascuno. Per questo da ciascuno sarà trovato colui che sarà per lui esempio e specchio, a seconda delle cause verificatesi in passato in coloro che sono stati chiamati a questa vita[8].

4. Sia che la causa della migrazione di un [qualunque solitario] siano state la tristezza e le pene; o che sia stata la gioia; o che sia stato lo zelo[9], o l'amore, o il timore, o la passione e la compunzione; o che siano state le afflizioni causate dagli uomini, eccetera; sia anche che [la sua migrazione] sia avvenuta perché aveva compreso [l'esigenza] della giustizia, o perché [desiderava] convertirsi dai peccati, di tutto ciò si può trovare [traccia] in coloro che [ci] hanno preceduti!

5. Per varie ragioni infatti gli uomini hanno abbandonato la compagnia dell'umanità, sono andati dietro a Dio, hanno consegnato la loro anima alla morte, sono stati resi degni della misericordia e della provvidenza di Dio[10] e sono stati accolti dalla grazia.

6. C'è chi [ha intrapreso questa via] costretto dalla persecuzione a motivo della fede o [per] il pericolo [minacciato] dalla malvagità degli uomini, come il beato Paolo, primo tra i solitari, che affidò la sua anima

---

[6] La maggior parte della lettera, di qui in avanti, è costituita dall'evocazione di episodi tratti dalle *Vite* di monaci e di martiri, uomini e donne, con il cui esempio il Ninivita intende incoraggiare il suo corrispondente a perseverare nelle difficoltà. L'invito a conoscere e meditare le vite dei monaci e dei martiri è un tratto particolarmente ricorrente in tutta l'opera isacchiana. Oltre a *Ter.* II, 5-6, si veda ad esempio: *Pri.* III, pp. 38-39; V, pp. 64-67; XXXV, pp. 262-266; XLI, pp. 307-313; LVII, pp. 400-405; LX, pp. 424-426; LXXX, pp. 551-555 (alcuni personaggi qui menzionati sono gli stessi del nostro discorso); *Sec.* I, pp. 15b-16a; *Cent.* II, 62-64. Si tratta di un tema presente anche in autori precedenti il nostro e spesso con accenti simili. Si pensi al primo dei due discorsi pseudo-efremiani *Sui solitari* (Beck, *Sermones IV*, pp. 1-16), di recente restituito a Isacco di Antiochia (cf. *supra*, p. XXII, n. 40) e ad altri discorsi dell'Antiocheno (cf. Bou Mansour, «Les écrits ascétiques») dove l'accostamento delle asperità sopportate dai solitari con i patimenti dei martiri e l'insistenza sulla presenza tra costoro anche di donne, ricorda particolarmente il nostro testo. Si veda anche Martyrios Sahdona, *Libro della perfezione* I, 3,42-64 (de Halleux, *Martyrius* I, pp. 38-44) e II, 12,7-14 (de Halleux, *Martyrius* III, pp. 102-105).
[7] Letteralmente: «L'intento del pensiero».
[8] Cf. Nilo il Solitario, *Discorso sulle osservanze* 3 (Bettiolo, *Gli scritti siriaci*, p. 78).
[9] Cf. *Ter.* I, 2, n. 11.
[10] Cf. *Ter.* III, 4, n. 7.

a Dio e uscì camminando nudo davanti a sé[11]. E c'è chi [ha agito così spinto] dal fervore per Dio e dall'ardore dei pensieri[12], come la beata Onesima; ella uscì ancora più nuda e non prese con sé neppure un vestito per il proprio corpo: uscì senza vestiti e coperta [solo] di un velo[13]. E molti altri sono stati visti [vivere] in questo modo, come narrano le loro *Vite*.

7. Vi sono ancora coloro che, essendo per essi il mondo un fardello a motivo dell'inganno e della doppiezza di quanti lo abitano, lo hanno abbandonato e sono partiti, come quei due fratelli, figli di un nobile governatore, che Serapione vide nel deserto. Interrogati da lui sulla ragione che li [aveva spinti] a venire in un luogo così ostile e a perseverare presso quelle acque amare per [così] lungo tempo, dissero che, alla morte del loro padre, questi aveva lasciato loro una grande ricchezza di cui molti amici e compagni avevano approfittato. Ma quando quella ricchezza fu esaurita, tutti mutarono atteggiamento nei loro confronti, divenendo per essi da amici, nemici. **8.** E aggiunsero: «Constatando così la doppiezza e l'inganno del mondo, che cioè l'amore di quegli [amici di un tempo] non era autentico e neppure il loro amore per Dio era duraturo, ma erano incostanti e la loro amicizia mutava insieme alle cause [che la sostenevano] — infatti [solo] uno su mille ama a causa di Dio — abbiamo scelto di uscire e di dimorare presso Dio: lui, che ha confermato il suo amore per i propri amici e non viene meno al suo amore»[14].

9. Ci sono ancora coloro che, per timore della caduta e dell'inganno con cui Satana muove battaglia tramite una donna che egli ha tratto a sé

---

[11] Si tratta di Paolo l'Eremita, contemporaneo di Antonio il Grande, cui la tradizione fa risalire l'inizio della vita solitaria. Di lui ci è giunta una *Vita* scritta da Girolamo, tradotta anche in siriaco (Bedjan, *Acta Martyrum* V, pp. 561-572) ed entrata a far parte del *Paradiso dei padri* di 'Enanišo' (Budge, *The Paradise* I, pp. 197-203; nell'edizione siriaca di Bedjan, *Acta Martyrum* VII, risulta omessa perché precedentemente pubblicata dallo stesso in *Acta Martyrum* V). Isacco lo menziona anche in *Pri.* LXXX, p. 560 e in *Sec.* XIV, 21. Soprattutto il primo di questi due discorsi costituisce un interessante parallelo con il nostro, poiché menziona diversi dei personaggi e degli episodi qui evocati, come si segnalerà di volta in volta; ciò costituisce un'ulteriore prova della paternità isacchiana del nostro testo.

[12] «Ardore dei pensieri» (ܚܘܫܒܐ ܪܚܝܡܘܬܐ); la medesima espressione si ritrova in *Sec.* V, 12. Simile è l'espressione ܚܘܫܒܐ ܪܚܝܡܐ (pensieri ardenti) in *Pri.* XV, p. 128; XXXVI, p. 274 (singolare).

[13] Eremita vissuta in Egitto, di cui narra una *Vita* siriaca edita da Bedjan (*Acta Martyrum* V, pp. 405-421).

[14] Si tratta di un episodio della vicenda di Serapione, narrato nella versione siriaca della sua *Vita* (Bedjan, *Acta Martyrum* V, pp. 320-321). Di questo personaggio Isacco parla ancora in *Ter.* XII, 10 e in *Pri.* LXXX, p. 554, dove accenna a quanto evocato in *Ter.* XII, 10.

e ha istigato contro di essi, hanno abbandonato la prossimità dell'abitato e si sono segregati in un deserto lontano, per non contaminare la purezza dei loro corpi, come il santo Martiniano che, dopo essere scampato all'insidia di una donna ustionandosi i piedi, si rifugiò su un'isoletta in mezzo al mare, dove vi era quiete e non vi erano assolutamente esseri umani[15].

10. Simile è anche [la vicenda] del beato Carpo che il santo Serapione vide con il suo recinto posto sulla cima del monte in un remoto deserto, quello dell'orticello di apio[16]. Egli [fu vittima] dell'inganno di Satana [che agì] per mezzo della moglie di un governatore suo amico; questa saliva spesso alla sua cella per vederlo, finché, per l'azione di Satana, un giorno lo guardò con lascivia, eccetera. Per le occasioni [di peccato] e per altre cose ancora, con cui Satana contaminava sempre il suo pensiero mediante visioni oscene [prodotte] nella sua fantasia, a causa della prossimità dell'abitato, e perché non gli accadesse qualcosa di contrario alla sua volontà, abbandonò [la cella] e si trasferì in questo luogo, sufficiente a soddisfare tutte le sue necessità, tenuto anche conto dell'essenzialità della sua vita, come rivela il giardino di apio[17].

11. Ci sono alcuni che, essendo rimasti per [l'intera] vita nel peccato, a causa del grande timore del giudizio futuro o per il fatto di aver vissuto nella conversione [solo] per pochi giorni prima di morire, se ne sono

---

[15] Eremita di origine palestinese, vissuto tra il IV e il V secolo, la cui vicenda è stata spesso ripresa nella letteratura successiva, non solo monastica (è probabilmente alla base anche del famoso romanzo *Padre Sergio* di Tolstoj, almeno nella scena della tentazione per mezzo di una donna cui l'asceta — Sergio o Martiniano — sfugge amputandosi un dito, secondo la versione di Tolstoj, o entrando nel fuoco, secondo la *Vita* antica). Della sua vicenda ci restano diverse antiche attestazioni, soprattutto in greco, ma anche in siriaco. Una breve notizia è inclusa nel *Paradiso dei padri* di 'Enanišo' (Bedjan, *Acta Martyrum* VII, pp. 922-924; Budge, *The Paradise* II, pp. 300-302). Un testo siriaco più ampio, corredato di una traduzione francese, è stato edito da M. Van Esbroeck («La vie de Saint Martinien»). Isacco menziona ancora Martiniano in *Pri.* LXXX, p. 554.

[16] Il termine siriaco qui impiegato (ܟܪܦܣܐ) indica una specie di sedano selvatico, noto appunto con il nome di apio, dal latino *apium*.

[17] Del personaggio qui evocato e della sua vicenda narra la *Vita di Serapione*, nella sua versione siriaca; lì però, almeno secondo il testo edito da Bedjan (*Acta Martyrum* V, 322-327), l'asceta si chiama non Carpo ma Policarpo. L'identificazione tuttavia è certa perché identica è la vicenda, e in alcuni punti il testo di Isacco riprende alla lettera la *Vita di Serapione*. Si tratta di un solitario che, dopo aver peccato con una donna, si era ritirato su una montagna dove viveva in un recinto — particolare che ricorda una tipica forma di ascesi monastica della Siria — e qui si nutriva di apio (cf. nota precedente) e si dissetava a un vicino ruscello. All'episodio, come si è detto (n. 14 a XII, 8), Isacco accenna anche in *Pri.* LXXX, p. 554. Un'altra allusione è probabilmente riconoscibile anche in *Pri.* XXXVI, p. 277, dove appunto si parla di tentazioni mosse da Satana tramite l'invio di una donna a solitari stabilitisi in prossimità dell'abitato.

andati disperando[18] della salvezza, pensando che [Dio] non avrebbe avuto pietà di loro, e hanno avuto vergogna di se stessi, come quel solitario che visse nel peccato, stando per sei mesi con una vergine, e la cui amarezza fu alleviata da un angelo. **12.** O come quel vescovo che aveva apostatato e che si ritirò nel deserto per [dedicarsi] alla conversione. Costoro uscirono senza alcuna provvista per il corpo, pensando di essere vicini alla morte[19].

13. O come Giacomo il Girovago che peccò. Egli commise adulterio, uccise e inoltre gettò il cadavere nel fiume. Ma dopo tutto ciò se ne andò e, confermato da un cenno divino, abitò in una tomba per dieci anni. E così, come Adamo[20], con il cuore contrito, egli entrò in quell'antro cioè nella tomba. Tutto ciò che gli è accaduto è rivelato nella sua *Vita*; come anche è narrato chiaramente che il suo nutrimento, composto di verdure al modo degli animali, [lo prendeva] due volte la settimana[21].

14. Vi sono anche altre cause simili a queste per cui molti dei santi si sono separati dal consesso umano e si sono inoltrati nei deserti e sui monti, senza la scorta di alcuna provvista. E si sono raccolti negli antri dei monti e negli anfratti, o anche nelle gole paurose e profonde, senza fare calcoli né preoccuparsi della [loro] vita[22]. Così hanno abitato in quei [luoghi] e hanno lasciato andare la loro vita, nell'attesa della morte fisica.

15. Se vuoi, assomiglia anche tu a uno di costoro: imitandone la traccia, accogli nel tuo pensiero la causa del suo esodo[23]! Sia che [si tratti]

---

[18] Cf. *Ter.* XII, 20, n. 30.

[19] Sia l'episodio del solitario che aveva peccato con una vergine e aveva abitato con lei per sei mesi, sia quello del vescovo apostata e poi penitente nel deserto, sono tratti da un insieme di apoftegmi noti nella versione greca ma non inclusi tra i detti siriaci del *Paradiso dei Padri*, edito da Budge. Nella numerazione adottata da Regnault, i due episodi corrispondono rispettivamente ai detti N 132A e 132B (Regnault, *Série des anonymes*, pp. 48-50; si veda anche, sulla tradizione di questo piccolo insieme di detti, Guy, *Recherches*, p. 79). Il secondo esempio sembra essere lo stesso che Isacco menziona in *Pri.* LXXX, p. 553.

[20] «Come Adamo», letteralmente «adamicamente» (ܐܕܡܐܝܬ). Isacco ha utilizzato l'aggettivo «adamico» (ܐܕܡܝܐ) in *Ter.* XI, 17 (vedi anche gli altri passi citati in n. 30), con il significato di «umano-debole». Qui, invece, non è chiaro a cosa si riferisca, una possibilità è che alluda alla nudità adamica, tratto ascetico già osservato in *Ter.* XII, 6.

[21] Traduco con «girovago» il termine siriaco ܣܥܝܐ, che potrebbe anche essere reso con «pellegrino» o «vagabondo». La vicenda di questo personaggio ci è nota da una *Vita* ancora inedita, tràdita da tre manoscritti londinesi: Add. 14647 (*Wright* 945), ff. 139v-148r, dell'anno 688; Add. 12175 (*Wright* 946), ff. 37r-48v, datato al VII-VIII secolo; Add. 14650 (*Wright* 949), ff. 135r-141v, dell'anno 875.

[22] Cf. Eb 11,38.

[23] Un'affermazione simile si ritrova a conclusione del discorso LXXX della *Prima collezione* (p. 564), di cui si è detto; cf. anche *Sec.* XXX, 13.

di coloro che agirono per il fervore o perché avevano compreso [l'esigenza] della giustizia; o di coloro che [agirono] spinti dall'afflizione o dal pericolo; o di coloro che [agirono] spinti dalla passione e dalla compunzione, o dal [desiderio] di convertirsi dai peccati; o di coloro che temettero e fuggirono perché non fosse contaminata la purezza dei loro corpi: sia uno di essi la tua consolazione; quello che più si avvicina alla tua situazione. E nella tua morte e nelle afflizioni che ti arrecano gli eventi, accoglilo a tua consolazione, perché nella tua condotta tu non sei solo nella tua specie.

16. Ho detto queste cose per dare sollievo al tuo pensiero. È infatti per varie ragioni che gli uomini hanno disprezzato la vita e hanno consegnato se stessi alla morte, accogliendo su di sé il pensiero [della morte] e andando a sceglier[si] un'abitazione a ciò adatta. E non solo, per questo, non furono biasimati da Dio, ma furono anche resi degni della sua grande provvidenza.

17. Ricordati anche di quel giovane che viveva in città, e che aveva commesso molti peccati e azioni malvagie in gran quantità: quello che il beato Giovanni menziona nella sua *Vita*; ossia l'autore della [*Vita* che riporta le] parole di Giovanni, dicendo: «Costui, a un cenno di Dio circa i suoi peccati, fu mosso a compunzione e si trasferì in un cimitero»; chiaramente, senza provviste né alcunché di ciò che gli era necessario, e [senza] preoccuparsi di cose del genere. Se ne stava così [a digiuno] per un'intera settimana e perseverava nel pianto e nei lamenti per i suoi peccati, senza assolutamente ricordarsi del nutrimento né riflettere [per trovarne]. Oltre a ciò, subì duri tormenti da parte dei demoni, per tre notti di seguito, senza preoccuparsi assolutamente o riflettere per [sapere] se sarebbe sopravvissuto oppure no, e [senza temere] il pericolo della morte[24]. **18.** Se vuoi, diventa a lui simile in questo, e Satana non riuscirà a indurti a preoccuparti o a scervellarti per [sapere] se morirai o non morirai. Ecco, dunque, le icone di tutti i modelli sono davanti a te: sii martire nella volontà[25], come uno di loro!

---

[24] Il personaggio qui menzionato è Giovanni di Licopoli (noto anche come Giovanni di Tebe), vissuto durante la seconda metà del IV secolo, di cui narrano sia la *Storia dei monaci d'Egitto* sia Palladio nella *Storia lausiaca*. L'episodio qui riportato è narrato nel secondo capitolo della prima opera, la cui versione siriaca fu inclusa da 'Enanišo' — insieme a Palladio — nel suo *Paradiso dei padri*. All'interno di questa notizia biografica è riportato un lungo discorso in cui Giovanni narra vari episodi tra cui il nostro (per il quale si veda: Bedjan, *Acta Martyrum* VII, p. 347; Budge, *The Paradise* I, pp. 327-328). Isacco menziona Giovanni di Licopoli anche in *Pri.* XVIII, p. 152; LXXXI, p. 568.

[25] La vita ascetica come forma di martirio, o «martirio vivente» come la chiama altrove Isacco, è un tema ricorrente: *Pri.* III, p. 31; XXX, p. 209; XXXV, p. 242; LXII, p. 436; LXV, pp. 456-457; *Cent.* I, 53.

19. Di questo però sii certo: vera è la parola secondo la quale colui che accoglie su di sé le afflizioni della conversione, che prepara la sua anima alle sofferenze in vista di ciò che è eccellente, e che a causa del timor di Dio fa entrare la sua anima nelle fatiche e nelle tentazioni, non può essere abbandonato dalla provvidenza di Dio[26].

20. Continua a camminare, nella fede, sulla via di ciò che è eccellente, sperando nella salvezza di Dio in ogni tempo, perché tu non soffra la vergogna come quel popolo dal cuore accecato[27] che, a causa della [sua] mancanza di fede, fu svergognato per mezzo del Profeta che disse: *Non hanno creduto in Dio né hanno sperato nella sua salvezza*[28]. Pur vedendo essi ogni giorno le sue realtà stupefacenti e le cure che riservava loro, non avevano nel loro pensiero alcuna speranza in lui. Il disperare della provvidenza divina[29] è chiaramente una via che Satana si prepara nel pensiero [degli uomini][30].

21. Così dice anche il beato Teodoro nel *Commento a Matteo*: «Lo sforzo di Satana è quello di persuadere tutti gli uomini che Dio non si prende cura di loro. Egli infatti sa che fino a quando noi sapremo questo con certezza, vale a dire che [saremo certi] della provvidenza di [Dio] nei nostri confronti, noi lo ameremo e faremo ciò che è conforme ai suoi comandamenti; cioè noi saremo senza preoccupazione in ogni pena e ci preoccuperemo solo di ciò che è eccellente. È questo pensiero [della provvidenza di Dio] — dice ancora — che [Satana] s'industria a portare via da noi. **22.** Così — dice [Teodoro] — egli agì anche con Adamo. Mentre Dio, infatti, aveva disposto tutto perché gli fosse di aiuto, [Satana] disse: *Dio sa che il giorno in cui ne mangiaste, si aprirebbero i vostri occhi e sareste come Dio, conoscitori del bene e del male*[31]. E così, facendogli credere che Dio non aiuta soltanto, ma anche dà consigli contrari, egli poté facilmente [realizzare] la sua opera, cioè dissuadere dal custodire il comandamento»[32].

---

[26] Cf. *Ter*. III, 4, n. 7.
[27] Cf. Ez 2,4; Mt 13,15; 2Cor 3,14.
[28] Sal 78,22.
[29] Cf. *Ter*. III, 4, n. 7.
[30] In *Cent*. II, 29, Isacco attribuisce alle macchinazioni di Satana anche la disperazione; su questo male e sulla sua gravità, si veda anche: *Pri*. IX, pp, 113-114 (dove cita Teodoro di Mopsuestia); XXIV, pp. 180-181; LXXIII, p. 506; LXXVII, p. 532; *Sec*. I, pp. 2b-3a; XL, 17. Sull'importanza del suo contrario, cioè della speranza, si veda *Ter*. I, 16, n. 56.
[31] Gen 3,5.
[32] Teodoro di Mopsuestia, *Commento a Matteo*. L'opera ci è giunta solo per frammenti e il passo qui citato non è conservato né in quelli greci né in quelli siriaci noti, e neppure nei commenti di Išoʻdad di Merw né negli scolii di Teodoro bar Koni, che spesso riprendono il Mopsuesteno. Quanto al passo matteano qui commentato, potrebbe trattarsi di Mt 4,1-11, sia

23. Tu, dunque, non essere come costoro! Non agire con Dio, nel tuo pensiero, giudaicamente[33], come quel popolo, né in maniera infantile[34], come Adamo. Ma la fede aderisca a te; essa che, nella via di ciò che è eccellente, genera la speranza in ogni tentazione e afflizione, perché tu non sia privo di forza, timoroso e dal pensiero vacillante, soprattutto nella via della conversione, e nelle afflizioni e nelle pene [che sopporti] in vista di ciò che è eccellente.

24. Colui che ha una fede debole nella cura che Dio si prende di lui, è codardo ed è costantemente timoroso nel suo pensiero; e ciò lo priva di quelle grandi ricchezze che [risiedono] in ciò che è eccellente.

25. Certo, è bene ed è conveniente che uno, ricordandosi dei propri peccati, ritenga di non essere degno della provvidenza di Dio[35]; ma egli si ricordi anche della misericordia di Dio perché sia incoraggiato! La vera fiducia in Dio, infatti, rende il pensiero solido e non infermo, in ogni afflizione che sopraggiunge, e rende l'uomo capace di sopportare tutto con coraggio. La fede nella provvidenza di Dio è la luce del pensiero[36] che, per grazia, si leva nell'uomo.

26. Alle tentazioni sopportate [da chi cammina] sulla via di ciò che è eccellente, aderisce l'incoraggiamento[37]. [Ciò] a motivo della fiducia in Dio che si fa vicina e che soccorre, per il bene, coloro che lo amano, secondo la parola dell'Apostolo[38]; e perché, secondo la parola del Profeta, *la sua salvezza è* sempre *vicina a coloro che lo temono*[39].

---

perché il tema delle tentazioni di Gesù nel deserto si presta a tale sviluppo teodoriano, sia anche perché tra i frammenti editi da Reuss ve n'è uno breve, relativo a Mt 4,1-2, in cui come qui sono accostati il tema delle tentazioni da parte di Satana a quello della figura di Adamo (Reuss, *Matthäus-Kommentare*, p. 102). Si osservi ancora che l'estensione della citazione resta ipotetica. Da una parte, il ܐܡܪ (dice) ripetuto all'inizio del paragrafo 22 fa pensare che l'ampiezza sia quella qui segnalata; dall'altra però vi è in *Sec.* VIII, 21 un'altra ripresa isacchiana, quasi letterale, del medesimo passo teodoriano (ancora esplicitamente attribuito al *Commento a Matteo* di Teodoro) che si limita però al nostro paragrafo 21. Ancora al *Commento a Matteo*, il Ninivita si riferisce esplicitamente in *Pri.* LIX, p. 418.

[33] L'avverbio «giudaicamente» (ܝܗܘܕܐܝܬ) non è da considerare come un tratto di polemica antigiudaica, cui Isacco è estraneo (anzi, si veda quanto afferma in *Pri.* IV, p. 55, testo citato in n. 20 a *Ter.* XI, 9); si riferisce invece all'atteggiamento di incredulità del popolo di Israele nella precisa situazione qui evocata. Si veda anche *Sec.* XXIV, 5, dove ricorre un'espressione simile.

[34] «In maniera infantile» (ܫܒܪܐܝܬ); cf. *Ter.* IV, 9, n. 16 e soprattutto V, 9, n. 11 dove l'immagine è applicata, come qui, ad Adamo. Si veda anche *Ter.* XIII, 13, n. 25.

[35] Cf. *Ter.* III, 4, n. 7.
[36] Cf. *Ter.* XIII, 12, n. 24.
[37] Cf. *Ter.* III, 22.
[38] Cf. Rm 8,28.
[39] Sal 85,10.

27. Infatti, se anche un tempo eri uno che si comportava da autentico nemico[40], ora tu aderisci con la tua volontà alle afflizioni della conversione. Tu sei uno che coltiva la giustizia, poiché a te aderisce ovunque la grazia di Dio. Essa lascia infatti che tu sia duramente afflitto, ma senza allontanarsi da te, anzi, perché tu riceva la prova del suo aiuto; e anche perché tu ti addentri nell'afflizione in vista del timor di Dio e dia prova di te stesso nella sopportazione dei mali per essa. E così nel tuo pensiero sia fatto spazio alla parresia, perché non ti sembri di aver camminato interamente nel riposo, senza aver fatto l'esperienza di [sopportare] i mali insieme a Dio, [non lottando] per nulla contro i tuoi errori di un tempo.

28. Il peccatore che ha peccato e si è contaminato nel suo corpo, e che in seguito è entrato a far parte di coloro che si convertono, non si è afflitto di sua volontà a causa del timor di Dio. Ciò non [sarà possibile] finché non sarà diventato un intimo di Dio, e non avrà acquisito la parresia del cuore e la fiducia che i suoi peccati di un tempo sono stati perdonati.

29. Colui che sa di essere peccatore, e soffre nel suo cuore per i peccati commessi, non teme le afflizioni e la morte. Poiché, al contrario, si rallegra se, mentre si affligge nella conversione, è colto dalla morte — questo perché, quando la sofferenza della compunzione ha prevalso sul suo cuore, ritenendo egli addirittura sfrontato il vivere, ha acconsentito a morire nei mali che egli procura a se stesso nella conversione dai suoi peccati — egli riterrebbe un peccato tale [timore delle afflizioni e della morte]. Colui, infatti, che non ha nel suo cuore la sensazione sofferente dei propri peccati, ecco che quei pensieri [di timore] lo occupano[41].

30. I santi padri, pur vivendo secondo una giustizia elevata, si sottoponevano a lunghi digiuni e suppliche [che duravano] quattro, cinque o anche sette giorni di seguito, e si estenuavano con la fame che vessava i

---

[40] Cf. Rm 5,10; Tt 3,3.
[41] Il testo di questo paragrafo è molto complesso e quella proposta è solo una traduzione che mi è parsa plausibile. Secondo questa interpretazione, qui il Ninivita sottolinea l'importanza del riconoscere il proprio peccato, provandone compunzione, anche al fine di vincere la paura delle afflizioni e della morte. Sull'importanza della coscienza del proprio peccato, Isacco si sofferma nella *Prima collezione* dove, riprendendo e ampliando un apoftegma dei padri del deserto egiziano, dice: «Colui che è sensibile ai suoi peccati, è più grande di colui che soccorre la terra abitata mostrandosi ad essa. Colui che geme per un solo istante su se stesso, è più grande di colui che risuscita i morti con la sua preghiera, mentre la sua dimora è in mezzo alla moltitudine. Colui che è stato reso degno di vedere se stesso, è più grande di colui che è stato reso degno di vedere gli angeli» (*Pri.* LXV, p. 463). Sul raporto tra peccato e paura delle afflizioni e della morte, si veda in particolare: *Pri.* XXXV, p. 267; *Cent.* III, 2.

loro corpi, abitando luoghi aspri. E accadeva anche che, dopo il loro digiuno, mangiassero pochissimo e non a sazietà, e quello [che mangiavano] fosse semplice e particolarmente modesto: quante volte, infatti, per nutrimento avevano non pane, ma legumi messi a bagno o frutti degli alberi, come è scritto a proposito di molti dei santi per i quali questo era il nutrimento, dopo che avevano digiunato, per tutta la loro vita, poiché non sopportavano né pane né qualsiasi altro [cibo] cotto al fuoco; e con tali tormenti torturavano ed estenuavano i loro corpi ogni giorno, e ritenevano la loro morte in queste cose [come] un sacrificio, perché Dio le gradisce. Ma quanto più, allora, conviene che a tutto ciò si dedichi chi è peccatore?!

31. Il giusto dunque ha afflitto se stesso, rallegrandosi di morire in tali situazioni, essendo questo un *sacrificio accetto* a Dio[42]. Molti di costoro, infatti, spesse volte, venivano trovati morti nelle proprie celle; e ve ne sono che [sono stati trovati] giacenti nelle loro grotte, in luoghi lontani e desolati, perché nessuno si era accorto di loro quando erano malati e [nessuno] era loro vicino al momento della loro morte, a causa della loro lontananza e del loro isolamento; e ve ne sono che sono stati trovati che erano in ginocchio per la preghiera, quando la loro anima è partita dal loro corpo. **32.** E altri ancora, quante volte si maceravano nella neve in luoghi aspri, per molti giorni?! E altri erano tormentati dalla sete e lodavano Dio esultando. Ma, allora, se tali uomini, *di cui il mondo non era degno*[43], hanno vissuto nel [mondo] in simili afflizioni e tramite esse sono usciti dal mondo, quanto [più] è bene che il peccatore consideri la sua anima, e quale profitto egli [ottiene] alla sua anima dalla sua vita [offerta] a Dio!

33. Ricordati in ogni tempo dei tuoi peccati, per custodire te stesso, perché ricordandotene tu possa sostenere dolcemente le afflizioni e le pene che ti si fanno incontro, mediante il tuo zelo[44] in quelle cose per cui il tuo cuore soffre, quando ti ricordi di quanto [i tuoi peccati] sono grandi e numerosi! E non ricordare a tua perdizione la tua giustizia, perché tu non sia trovato due volte debitore. La prima è che ti dimentichi del tuo debito verso Dio, cioè dei tuoi numerosi e grandi peccati che egli ti perdona, e della sua grazia che egli ti usava quando ti portava mentre tu commettevi quei grandi falli, senza farti perire; e oltre a tutto ciò ti avvicina a lui per mezzo della sua benevolenza. **34.** La seconda è che tu,

---

[42] Cf. Fil 4,18.
[43] Cf. Eb 11,38.
[44] Cf. *Ter.* I, 2, n. 11.

ritenendoti giusto, abbandoni le fatiche in ciò che è eccellente, e dunque ti sottragga a quelle afflizioni di cui sei debitore, e che dovrai sopportare finché vivi; così, innalzandoti, cadrai nella mormorazione e nella pusillanimità, e incorrerai nel giudizio riservato a Satana[45], perché hai dimenticato i tuoi precedenti così detestabili e disonorevoli.

35. Colui che dimentica la misura dei propri peccati, dimentica la misura della grazia di Dio nei suoi confronti. Dimentica, infatti, anche quanto egli è debitore nei confronti di Dio in fatica e risarcimento [dovuti] per i [peccati commessi] contro di lui e *la sua potenza*[46]. Colui che si ricorda davvero dei propri falli e dei propri peccati, ritiene poca cosa tutte le fatiche e [ogni] afflizione in cui incorre, sia per [sua] volontà che per necessità. E, divenuto umile, le porta con rendimento di grazie.

36. Acquieta i tuoi pensieri ricordandoti del *retto giudizio di Dio*[47], e subito la consolazione verrà a te, nel segreto; e tu troverai riposo da tutte le tue pene. Se ti circonda ciò che è male, non abbandonare ciò che è bene, e sarai un vittorioso!

37. Se tu sei percosso, afflitto e vessato nella via di ciò che è eccellente, ricordati di coloro che sono afflitti e percossi e sottoposti a ogni genere di violenti tormenti, non di loro volontà, a causa del mondo. E glorifica Dio che te [ne] ha reso degno, perché tu sei percosso volontariamente, a causa del timor di Dio e della vita di conversione, per amore di ciò che è eccellente e per il turbamento che [ti viene] dall'essere peccatore, conformemente alla scelta della tua volontà.

38. E se con [tutto] ciò, il tuo pensiero è ancora afflitto, ricordati dei santi martiri che, volontariamente, sopportarono ogni sorta di tormento, per amore della fede, al punto che nel loro pensiero non vi era nient'altro. E sopportarono tutto gioiosamente, pur essendo loro possibile mettersi in salvo, se avessero voluto starsene nel riposo, senza amore per Dio. E tali non furono solo uomini, ma anche donne e ragazze che hanno un legame naturale con questo mondo, con il corpo e con ciò che gli appartiene[48]; eppure, tutti quei tormenti cui tu pensi, hanno colto anche costoro.

---

[45] Cf. Is 14,12-15.

[46] Cf. Sal 78,4; Ef 6,10.

[47] Cf. 2Mac 9,18; Rm 2,5; 2Ts 1,5. Sulla giustizia di Dio e del suo giudizio, si veda *Ter.* VI, 7, n. 16, 18, n. 36; VII, 18, n. 49.

[48] Questo passaggio, a proposito dei martiri, dagli uomini alle donne, al fine di esaltare la forza di queste ultime, sembra essere un topos; si veda già Eusebio di Cesarea, *Storia ecclesiastica* VIII, 14,14 (Bardy, *Histoire ecclésiastique*, p. 35) o il già menzionato passo di Martyrios Sahdona, *Libro della perfezione* I, 3,64 (de Halleux, *Martyrius* I, p. 44).

39. Se parli di fame o di sete, e della sofferenza che queste comportano, [sappi] che anche i persecutori afflissero con tali cose i [martiri]. Se [parli] dell'essere costretto a giacere su una terra bruciante la cui violenza infiamma il corpo, [sappi] che anch'essi hanno sopportato [ciò][49].

40. Di uno dei santi martiri è scritto che, dopo molti tormenti, portarono una pelle e la misero al sole in giorni particolarmente roventi finché non fu [ben] calda; quindi legarono quel beato e lo posero su quella pelle al sole, e inoltre, durante le notti, era continuamente costretto a giacere su una terra arida e bruciante, poiché questo faceva parte delle afflizioni [inflitte] da quei [carnefici][50].

41. Se poi dici di essere al freddo intenso, al gelo o al ghiaccio, [sappi] che molti di essi, senza vestiti, erano tromentati da grandi tempeste in regioni fredde.

42. E se [ti riferisci] alla separazione dai [tuoi] cari e da coloro che ami, o al fatto che sei privo di conoscenti e in luoghi remoti, [sappi] che tutto ciò lo [soffrirono] anche quelle [donne]. E se [parli] di reclusioni opprimenti e di prigionie protratte nel tempo e del fatto che sei privato di qualsiasi conoscente, amico e consolatore, [sappi] che ad essi accadde altrettanto; senza [parlare] poi dei tormenti, delle ferite, delle amputazioni delle loro membra e della morte in croce. Alcuni furono sottoposti a strangolamento, furono sospesi al sole a testa in giù, sulle mura, sulle porte e sugli alberi. Furono percossi e morirono di morte miserabile. C'è chi fu lapidato. Ad alcuni accadde che, per la dura sofferenza, la loro anima trasmigrò, a causa dell'amputazione delle loro membra che li sopraffece, e morirono[51]. E altri [tormenti] simili a questi [furono inflitti].

43. Eppure non si infiacchirono né nel pensiero né nella parola, e [perseverarono] in quelle afflizioni fino alla fine della loro vita. E la

---

[49] Di qui in avanti Isacco si riferisce a vari esempi di martiri, per i quali egli elenca le torture subite. Gli accenni, il più delle volte, sono troppo generici per poter individuare una fonte immediata. Si tratta comunque di supplizi di cui troviamo menzione in molte delle narrazioni raccolte da Bedjan nei primi sei volumi degli *Acta Martyrum*. Peraltro analoghe liste di tromenti inflitte ai martiri si ritrovano in vari contesti; a titolo di esempio, si veda il già citato Eusebio di Cesarea, *Storia ecclesiastica* VIII, 14,13-14 (Bardy, *Histoire ecclésiastique*, p. 35), di cui sappiamo che fu tradotto anche in siriaco.

[50] In *Cent.* II, 63, Isacco accenna a martiri che, tra varie altre torture, furono anche «spogliati della carne e della pelle»; ma qui il caso sembra diverso.

[51] L'amputazione delle membra fa pensare a Giacomo l'Interciso (o il Persiano), morto a causa di amputazioni successive (Bedjan, *Acta Martyrum* II, pp. 539-558), e a Giacomo il Notaio, anch'egli vittima di un analogo supplizio (Bedjan, *Acta Martyrum* IV, pp. 189-200), ma gli elementi offerti da Isacco sono troppo generici per essere certi dell'identificazione.

maggior parte di queste cose è scritto che le accolsero e le sostennero giovani donne e ragazze, [che son solite avere] una natura che ama il mondo e che è legata all'amore del corpo e ai suoi agi. Eppure esse sopportarono tutto ciò coraggiosamente, e mostrarono forza virile, quando si presentò per esse [il momento] di dare la prova eccellente della loro anima, essendo [loro] chiesto di sopportare per amore di Dio, come anche scrive uno degli autori della loro *Vita*[52]. **44.** Sta scritto che all'epoca in cui gli empi pagani infliggevano tali [tormenti] ai membri del patto[53], furono prese anche molte donne: alcune di esse erano membri del patto, altre erano secolari; alcune erano libere, altre erano schiave; alcune erano ricche, altre erano povere. La fragilità della loro natura non le ostacolò nel distinguersi nella lotta del timor di Dio; ma come uomini valorosi sopportavano coraggiosamente le afflizioni: quelle amare afflizioni che si abbatterono su di esse, le ferite [inferte] da uomini spietati, i tormenti [inflitti] da braccia possenti, l'essere strangolate nelle prigioni, la tortura di pesanti catene, la fame e la sete, il caldo e il freddo, le ansietà e le pene. **45.** Esse stimarono tutto ciò agi e gioie e annunciavano agli occhi di tutti, ad alta voce, la loro fede, [dicendo]: «Uno è per noi Gesù e noi soffriamo per lui, come lui soffrì per la nostra salvezza»[54]. Allora gli empi, che le attorniavano come demoni distruttori, le annientavano spietatamente con ogni sorta di sofferenze. Alcune, dopo essere state tormen-

---

[52] Dopo gli esempi dei martiri uomini, ora Isacco attinge ad alune *Vite* di donne, il più delle volte «figlie del patto», che subirono il martirio in Persia e a Najran, nel sud della penisola arabica. Per il primo gruppo, si vedano in particolare: il *Martirio della figlia di Mar Posi, santa Marta*; il *Martirio di Tarbo, sua sorella e la sua domestica*, la *Storia di Karka di Bet Selok e dei suoi martiri*, il *Martirio di Tecla, figlia del patto, e di quattro figlie del patto che erano con lei*, e il *Martirio di Mar Petion, di Mar Adurhormizd e di Anahid* (i testi sono stati raccolti da Bedjan nel secondo volume dei suoi *Acta Martyrum*). Per la vicenda dei martiri di Najran, la fonte principale è costituita dalle due *Lettere* di Simeone di Bet Aršam (la prima, edita in Guidi, «La lettera di Simeone»; la seconda, in Shahîd, *The Martyrs*). Una raccolta in traduzione inglese di questi testi, ad eccezione della *Prima lettera* di Simeone, è in Brock - Ashbrook Harvey, *Holy Women*.

[53] Letteralmente: «Al patto» (ܠܩܝܡܐ). Riferimento all'antica forma di «vita religiosa» cristiana di ambito siriaco nota come «figli/e del patto», di cui parlano già Afraat ed Efrem; vale a dire di quei «consacrati» che vivevano non nei deserti o nei grandi cenobi, alla maniera dei monaci egiziani, bensì in piccole comunità legate perlopiù alla Chiesa locale e al vescovo, e spesso a immediato servizio della comunità ecclesiale. Sull'argomento si veda in particolare: Brock, «Early Syrian Asceticism»; e Nedungatt, «The Covenanters».

[54] In vari punti dei testi su menzionati sono riportate formule analoghe a questa. Una abbastanza simile è posta in bocca alla martire Mahya, di cui narra la *Seconda lettera* di Simeone di Bet Aršam (Shahîd, *The Martyrs*, p. XIX; Brock - Ashbrook Harvey, *Holy Women*, p. 109).

tate, furono esposte a una forte arsura e morirono; ad altre furono fatte a pezzi, con spade, le braccia e le spalle, e morirono. **46.** Ad altre toccò in sorte un [colpo di] lancia nel fianco, e morirono. Altre furono trafitte da una spada che le trapassò da una parte all'altra, e morirono. Ad altre furono cavati gli occhi, e morirono. Altre furono lapidate, e morirono. Ad altre furono strappati il naso e le labbra, furono spezzati i denti e il loro sangue scorreva nella loro bocca, e morirono. Altre avevano avuto figli dall'unione naturale, e poiché avevano allevato anch'essi nella fede vera, [i loro persecutori], nella loro collera, immolarono questi [ultimi] davanti ai loro occhi, e versarono senza misericordia il sangue dei figli nelle bocche delle [madri], e alla fine le uccisero[55]. **47.** L'amore del mondo non infiacchì la loro intelligenza, né l'amore per i figli, né il ricordo dei loro cari e di coloro che esse amavano. Né la bramosia delle loro ricchezze e delle loro case, né le lusinghe né le minacce [poterono] infiacchire la volontà che era in loro. Altre ancora, segati in due i loro corpi, furono ridotte in due parti e sospese ai due lati della strada, e l'esercito del re passava in mezzo a loro, eccetera[56]. Ecco cosa sopportò e sostenne la fragile natura delle donne, o fiacco solitario scosso dalla fame e dalla sete, dal [semplice] ricordo — dici — di giacere sulla terra arida, dal caldo o dal freddo, e il cui pensiero è infiacchito dalle paure dei demoni!

48. Ecco dunque che [tutti] questi [uomini e donne] hanno fatto esperienza concreta di tali [supplizi] e [li] hanno molto irrisi e non si sono infiacchiti, mentre costui[57], al loro [semplice] pensiero è terrificato, e inoltre si gloria per un po' di fatiche [che sostiene], non ricordandosi dei figli della Chiesa, di tutte le loro schiere di uomini e donne, di come furono valorosamente virili, e sono stati accolti in ogni tempo presso il Cristo. Costui, invece, è fiacco davanti a quell'afflizione che pure [aveva scelto] di sua volontà; e benché avesse deciso [da se stesso] anche le fatiche da imporsi, e liberamente avesse lasciato [il mondo], s'infiacchisce nella sua intelligenza, e al ricordo della morte ha paura di dover

---

[55] Si tratta ancora di un supplizio inflitto a una delle martiri di Najran, di cui parlano ambedue le *Lettere* di Simeone; per la prima, cf. Guidi, «La lettera di Simeone», p. 6 (num. siriaco); per la seconda, Shahîd, *The Martyrs*, p. XXVI e Brock - Ashbrook Harvey, *Holy Women*, p. 114.

[56] Cf. *Martirio di Tarbo, sua sorella e la sua domestica* (Bedjan, *Acta Martyrum* II, pp. 258-260; Brock - Ashbrook Harvey, *Holy Women*, pp. 75-76).

[57] Da qui in avanti Isacco svolge alla terza persona il dialogo fin qui condotto alla seconda persona con il suo interlocutore. Dietro il pronome «costui» vi è dunque il destinatario della lettera, che Isacco contrappone ai martiri di cui ha narrato le vicende.

offrire a [Dio] il sangue. **49.** Quelli, che erano legati al mondo e ai piaceri del corpo, quando è stato [loro] richiesto, hanno rinunciato al mondo e hanno abbandonato il corpo, per non rinnegare Dio e non rendersi colpevoli neppure con la parola, mentre costui, che si pensava avesse già lasciato il mondo ed era ritenuto morto al corpo, ha paura della fame e delle pene che affliggono il corpo, perché ha [paura] di morirne.

50. I cieli stupiscono [al vedere] quanto l'amore per questa vita ha dominato su di noi, a causa dell'amore per gli agi che hanno preso piede presso di noi. Considera, dunque, fratello nostro, le cose che ti ho scritto, saggiale nel crogiolo del tuo pensiero e guarda se vi è in esse una persuasione che dia riposo al tuo pensiero, [provenendo] da una parola retta. Se, infatti, a causa di tali afflizioni tu fossi vinto dalla paura e ti volgessi indietro, dimorando in ciò che contamina la vita, tu saresti come coloro che hanno avuto paura delle afflizioni e hanno rinnegato la vera vita per la vita temporale.

51. Per questo uno dei santi dice: «Tutte le afflizioni e le ansietà che ti colgono su questa via di ciò che è eccellente, ritieni che sono dei carcerieri[58] che ti sferzano ai comandi di re tirannici e di despoti crudeli, e sopporta e chiedi aiuto e ricordati delle corone preparate[59] per i beati martiri, e avrai la loro stessa eredità»[60].

È finita la lettera di Mar Isacco.

---

[58] Cf. *Ter.* VIII, 3, n. 11.
[59] Cf. 2Tm 4,8.
[60] Testo non identificato.

XIII

Ancora, una lettera sulle dimore in cui penetrano gli uomini santi per mezzo dei moti dell'Intelletto, percorrendo la via [che conduce] alla casa di Dio.

1. Oltre a ciò che ti ho scritto in precedenza[1], voglio farti conoscere, fratello nostro venerato, anche questo: da dove è generata la gioia dei santi, fin dove si protrae, in quale dimora essa recede da coloro [che ne fanno esperienza], qualora vi entrino, e da che cosa è sostituita. Questo devi sapere, nostro amato: ovunque vi sia la gioia in Dio[2], [questa] viene dal fervore, e, ovunque, causa della gioia è il fervore; perché dove non c'è fervore non c'è neppure gioia. E tuttavia il luogo della gioia è inferiore al luogo della perfezione. Il luogo della perfezione[3] è infatti la conoscenza, mentre la gioia non viene dalla conoscenza, ma dal fervore, come ho detto.

2. Il fervore, infatti, si colloca tra l'eccellenza delle condotte e l'eccellenza del pensiero[4]. Al di sotto dell'eccellenza delle condotte non c'è né fervore né gioia; e anche al di sopra dell'eccellenza del pensiero non c'è né fervore né gioia. Infatti al di sotto dell'eccellenza delle condotte domina la freddezza[5], e al di sopra dell'eccellenza del pensiero è il quieto luogo dei misteri. Davvero grande è la gioia in Dio, eppure essa è inferiore ai moti e alle palpitazioni nello Spirito[6].

---

[1] Non è chiaro a quale scritto si riferisca, ma si potrebbe pensare che si tratti del discorso precedente, anch'esso in forma di lettera. Questa annotazione conferma che il nostro testo è una lettera, e dunque che la lezione di A, per la seconda parola del titolo, è preferibile a quella di T.

[2] «Gioia in Dio» (ܚܕܘܬܐ ܕܐܠܗܐ), che ricorre anche al paragrafo 2, è un'espressione attestata anche in: *Pri.* LI, p. 368; LXII, 431; *Sec.* VIII, 11; XX, 15.

[3] «Luogo della perfezione» (ܐܬܪܐ ܕܓܡܝܪܘܬܐ), vale a dire la condizione della maturità, il terzo livello; si veda la n. 20 a *Ter.* IV, 11.

[4] Cf. *Ter.* II, 1, n. 1. Abbiamo qui indicati i tre gradi dell'evoluzione spirituale: le condotte, il fervore e l'eccellenza del pensiero.

[5] «Freddezza» (ܩܪܝܪܘܬܐ), termine con cui si indica l'assenza di fervore, dunque una situazione negativa (cf. anche *Ter.* XIII, 10 e *Pri.* LV, p. 392, discorso ripreso come XVII della *Seconda collezione*). Come indice dell'azione dei demoni, questo termine è utilizzato in Evagrio, *Centurie* VI, 25 (Guillaumont, *Les six centuries*, pp. 226-227). Si veda anche *Lettera a Melania* (Vitestam, *Seconde partie*, p. 12).

[6] Si riferisce ancora al terzo livello dove è lo Spirito che agisce, con i suoi moti e le sue palpitazioni all'interno dell'essere creato. Si vedano le note a *Ter.* IX, 5, n. 9 e 19, n. 44.

3. Non appena, dunque, un uomo intraprende le opere eccellenti davanti a Dio, ecco che comincia a levarsi in lui il fervore insieme alla gioia, ed egli procede in questa condotta della gioia finché giunge all'eccellenza del pensiero, che è la luce del pensiero[7] e la rivelazione delle realtà nascoste. E man mano che si avvicina a quel luogo, inizia a diminuire e si calma in lui il moto della gioia[8], perché egli accede a una certa calma. **4.** E quando vi penetra, domina il fervore e una gioia continua, mentre egli è innalzato al di sopra dell'ordine della gioia, poiché sente ciò che è migliore della [gioia]. Se uno si abbassa al [di sotto] delle opere eccellenti, la sua gioia si raffredda; ma anche quando, per mezzo delle opere eccellenti, a poco a poco, accede all'eccellenza del pensiero, anche qui la gioia cessa. E non meravigliarti se ho detto che quando egli giunge all'eccellenza del pensiero, il fervore comincia a dominare e il pensiero a calmarsi, perché è inondato di gioia.

5. Vi è infatti tra i doni divini qualcosa di più eccellente della gioia: l'ammirazione dei pensieri. E man mano che il pensiero ha cominciato a progredire nelle realtà nascoste, in esso comincia anche [a dimorare] l'ammirazione dei pensieri; e a misura che il pensiero progredisce in tali realtà, esso è rafforzato, finché giunge a ciò che ha detto il beato Paolo, quando racconta il rapimento del suo pensiero: *Se con il corpo o senza il corpo, io non lo so*[9].

6. Non è infatti immediatamente né improvvisamente che è possibile accedere, ad un tratto, a questa perfezione e a un tale compimento; ma all'inizio l'anima è illuminata[10] nei misteri che sono al di sotto di tale [pienezza]. Questa ammirazione dei pensieri comincia infatti ad affiorare nel pensiero dal momento in cui il pensiero[11] ha iniziato a illuminarsi[12]

---

[7] Cf. *Ter.* XIII, 12, n. 24.

[8] «Moto della gioia» (ܪܘܙܐ ܕܚܕܘܬܐ); cf. anche *Ter.* XIII, 7 (plurale); *Cent.* III, 30.

[9] 2Cor 12,2-3.

[10] Isacco parla di «illuminazione dell'anima» (ܢܗܝܪܘܬ ܢܦܫܐ) in *Pri.* LXX, p. 485; *Cent.* III, 13.

[11] Il periodo risulta in italiano pesante e poco intelligibile; non lo è, invece, in siriaco perché l'autore usa qui due termini ben distinti, che sono costretto a tradurre allo stesso modo. Il primo (pensieri) è ܚܘܫܒܐ, vale a dire «i pensieri in quanto effetti del pensare»; il secondo e il terzo, invece (ܪܥܝܢܐ), indicano piuttosto «l'organo del pensare» (cf. *supra*, p. XXVI).

[12] Isacco parla di «illuminazione del pensiero» (ܢܗܝܪܘܬ ܪܥܝܢܐ) in *Pri.* LXV, p. 448; *Sec.* VI, 2, 4. Simili sono le espressioni: «Illuminazione della mente (ܡܕܥܐ)» (*Sec.* XXXI, 4; *Cent.* III, 58, 60) e «illuminazione dell'Intelletto (ܗܘܢܐ)» (*Sec.* XX, 8). L'origine di queste immagini è probabilmente evagriana; si veda ad esempio *Centurie* V, 15 (Guillaumont, *Les six centuries*, pp. 182-183), dove si parla dell'illuminazione dell'Intelletto (ܗܘܢܐ). Cf. anche la n. 24 a *Ter.* XIII, 12.

e a progredire nelle realtà nascoste. E così cresce in esso quest'ammirazione parziale, ed esso perviene fino a quella perfezione del pensiero[13] di Paolo, che dall'Interprete e [dai] padri solitari è chiamata «rivelazione autentica di Dio»[14].

7. Qui è l'apice delle rivelazioni su Dio; prima di qui, infatti, vi è il mistero. A queste particolari realtà la forza della mente si accosta, in virtù dello Spirito, per il fatto che di tanto in tanto su di essa dimora la grazia, e la sua condotta è rafforzata nello Spirito, e ogni volta accede a una certa calma; e dimora al di là dei pensieri abituali e al di là dei moti della gioia[15]. Ma poiché non è possibile dimorare sempre in tali realtà — in quanto [il godere] costantemente e senza interruzione di un simile dono è riservato al *mondo futuro*[16] — l'uomo di Dio non è dunque completamente privo di gioia e di fervore ma, ogni volta che penetra in quel luogo, è innalzato al di là delle realtà della natura. **8.** Quando poi ne è uscito e ritorna nelle realtà della natura, che sono la riflessione, i pensieri, il lavoro, la preghiera e il resto, egli dimora in queste realtà e insieme anche

---

[13] «Perfezione del pensiero» (ܪܒܘܬܐ ܕܡܚܫܒܬܐ); cf. *Ter.* XIII, 13. Sullo stato di perfezione, si veda *Ter.* IV, 11, n. 20.

[14] Testo non identificato. Il riferimento a Paolo e a Teodoro di Mopsuestia indirizzerebbe verso uno dei commenti teodoriani alle epistole paoline; e più precisamente, visto che appena sopra il Ninivita ha menzionato l'episodio descritto in 2Cor 12,2-3, al *Commento alla seconda lettera ai Corinti*. Quest'opera però non ci è nota se non per frammenti e, relativamente al passo in questione, disponiamo solo di un breve scolio dove non ricorre l'intera espressione qui attestata; tuttavia il Mopsuesteno vi interpreta le parole che Paolo «udì» (v. 12,4) come una «rivelazione» (ἀποκάλυψις: PG 66, col. 897; Staab, *Pauluskommentare*, p. 200). Il medesimo accostamento di audizione e rivelazione si ritrova in Išoʻdad di Merw (*Commento alle lettere paoline* VII; Gibson - Harris, *The Commentaries* V/1, pp. 85-86) e in Teodoro bar Koni (*Libro degli scolii* [recensione di Seert] IX, 9,11; Scher, *Liber scholiorum*, p. 205), ma ancora non secondo l'esatto costrutto qui riferito. Quest'ultimo, inserito in una citazione più ampia, è invece più volte citato da Dadišoʻ Qaṭraya nel suo *Commento ad abba Isaia*, che lo attribuisce eslicitamente a Teodoro di Mopsuestia precisandone anche il luogo: a commento della beatitudine dei puri di cuore, vale a dire Mt 5,8 (cf. I, 36; VII, 3 e 14; Draguet, *Commentaire*, pp. 50, 112, 128-129), dunque sarebbe tratto dal *Commento a Matteo*. Tale opera però ci è giunta frammentaria e il passo in questione non è attestato; né ci sono di aiuto Išoʻdad di Merw e Teodoro bar Koni, che nei rispettivi commenti non attestano il passo riportato da Dadišoʻ. Possiamo dunque dar credito a quest'ultimo, fornendoci egli dati così circostanziati, ma, non potendo verificare l'attribuzione, vale la pena di lasciare come possibile anche la prima ipotesi. Nel dubbio ci lascia infine ancora un passo isacchiano: in *Pri.* XIX, pp. 155-156 il Ninivita, trattando dei vari generi di rivelazione, compone un breve elenco di opere del Mopsuesteno dove si possono attingere spiegazioni a riguardo. Tra queste, egli menziona il *Commento a Matteo* ma non il *Commento alla seconda lettera ai Corinti*; tuttavia, poco oltre (p. 158), illustrando uno dei generi di rivelazione, Isacco riprende il testo di 2Cor 12,2-3.

[15] Cf. *Ter.* XIII, 3, n. 8.

[16] Cf. Eb 2,5; 6,5. Cf. *Ter.* I, 1, n. 5.

nel fervore e nella gioia. Ci sono, infatti, [come] delle dimore che egli attraversa, e in cui si ferma: in ciascuna a seconda della misura della sua condotta[17]. A volte [si ferma] in quelle [dimore] che appartengono alla natura, altre volte in quelle dimore che sono al di là della natura, così che egli è libero, per mezzo dell'Economia della grazia dello Spirito[18], da tutto ciò che è della natura e della volontà.

9. Tre sono i luoghi intelligibili in cui, secondo la parola dei padri, l'Intelletto penetra nella sua trasformazione: la natura, ciò che è al di fuori della natura, ciò che è al di là della natura[19].

10. Quando dunque [l'Intelletto] procede nelle realtà della natura, cioè nel lavoro e nelle opere di ciò che è eccellente, come ho detto sopra, esso dimora anche nella gioia e nel fervore; e inoltre vi sono le battaglie, l'oscurità, le tentazioni e le passioni che [lo] assalgono, poiché tutte queste realtà fanno parte della natura. Quando invece [l'Intelletto] si addentra in ciò che è al di fuori della natura, a causa della negligenza nelle condotte eccellenti e l'acconsentire alle passioni e al peccato, [ecco che] si ritrova nella freddezza[20] e nella disperazione[21]; queste ultime, infatti, sono effetto della negligenza nelle opere buone e dell'acconsentire alle passioni; e poiché i pensieri si raffreddano e c'è disperazione, qui non c'è né fervore né gioia. 11. Quando, invece, [l'Intelletto] penetra in ciò

---

[17] «Misura della sua condotta» (ܡܫܘܚܬܐ ܕܕܘܒܪܗ); cf. anche *Sec.* XXI, 17; il plurale (ܕܘܒܪ̈ܐ) ricorre invece in: *Pri.* II, p. 19; LXXI, p. 492; *Sec.* XX, 5. L'espressione è già evagriana; si veda ad esempio: *Trattato gnostico* 40 (Guillaumont, *Le gnostique*, p. 165; Frankenberg, *Evagrius*, p. 550).

[18] Cf. *Ter.* I, 13, n. 47.

[19] Isacco si richiama spesso a questo schema; si veda: *Pri.* III, p. 23 (dove si appella all'insegnamento di Basilio); XLIV, p. 321; LI, p. 374 (dove menziona, come qui, l'insegnamento dei «padri»); *Sec.* XX, 1; *Cent.* I, 3. Esso è alla base del modello tripartito su cui poggia l'intera meditazione isacchiana e che emerge in particolare in alcuni sue applicazioni. Si è già visto quella dell'agire etico (cf. *Ter.* II, 6, n. 12) e nel discorso XVI si vedrà l'applicazione di questo medesimo modello evolutivo alla preghiera. Altri due ambiti principali sono quello del cammino ascetico in genere (*Pri.* XII, pp. 121-122; XL, pp. 303-307; LXXIV, p. 507) e quello della conoscenza (*Pri.* LI, p. 369; LII, pp. 377-378; *Cent.* III, 100; IV, 42-48). Oltre che della Scrittura, qui si riconoscono l'influsso di Evagrio, di Giovanni il Solitario (che Isacco cita esplicitamente più avanti, al paragrafo 16) e probabilmente anche dello Pseudo Dionigi (cf. *Ter.* XVI, 1, n. 1; rimando anche al mio *Dall'ascesi eremitica*, pp. 150-152). La precisa formulazione impiegata nel nostro passo, già della filosofia classica, si ritrova in primo luogo in Evagrio; si veda: *Centurie* II, 31, S1 (Guillaumont, *Les six centuries*, p. 72); *Lettera a Melania* (Vitestam, *Seconde partie*, pp. 9-11, 19-21). Ma si veda anche Marco il Solitario, *La giustificazione tramite le opere* 83 (de Durand, *Traités*, p. 154) e Stefano bar Sudaili, *Libro di Ieroteo* II, 4-7 (Marsh, *The Book*, pp. 25-26).

[20] Cf. *Ter.* XIII, 2, n. 5.

[21] Cf. *Ter.* XII, 20, n. 30.

che è al di là della natura, per mezzo dell'eccellenza di quelle realtà nelle quali l'anima si sostenta, la mente è innalzata al di là delle passioni e delle battaglie, come anche al di là del lavoro, per mezzo di questo sublime raccoglimento[22] in Dio, che vede nell'ammirazione elevata più di tutti i moti, e che consiste nella libertà da tutto ciò che è di quaggiù e nella limpidezza dell'intelligenza[23] che è più eccelsa della parola.

12. Tutte queste realtà sono all'interno della luce del pensiero[24]. [L'Intelletto], infatti, comincia a imbattersi in questa luce del pensiero dal momento in cui intraprende la lotta contro le passioni e inizia a prevalere su di esse. E man mano che prevale su di esse e se ne sta nella quiete, progredisce nella luce del pensiero, ed è illuminato circa le realtà nascoste. Allora, in seguito alla vittoria sulle passioni, inizia questa luce del pensiero; e man mano che le passioni vengono sottomesse, il riposo affiora nel pensiero. Da qui, poi, progredisce nella visione delle realtà nascoste, e accede continuamente all'ammirazione dei pensieri.

13. L'ordine della gioia, dunque, è ancora [indice] di una misura infantile[25] [di conoscenza] delle realtà divine. Come mai, dunque, la gioia è [solo] vicina all'ordine della perfezione[26]? Perché per grande che sia il gioire in Dio — qualora si gioisca per una buona ragione e non per pensieri stupidi — tuttavia la perfezione del pensiero[27] è più grande di tutto.

14. Questo uno lo può apprendere anche dalle realtà della natura: la gioia nei giovani è più vigorosa, perché per una piccola cosa il loro temperamento s'infiamma e subito gioiscono; ma altrettanto facilmente essi ritornano alla situazione opposta. Man mano, invece, che la gioventù

---

[22] Cf. *Ter.* IV, 20, n. 40.

[23] «Limpidezza dell'intelligenza» (ܪܟܘܬܐ ܕܬܪܥܝܬܐ). Sulla «limpidezza» in genere, si veda la n. 19 a *Ter.* I, 6. L'espressione qui attestata ricorre anche in: *Pri.* LXXVII, p. 526; *Cent.* II, 38; IV, 33. Espressioni analoghe sono: «Limpidezza della mente (ܪܟܘܬܐ)» (*Pri.* XV, p. 128; *Sec.* XXI, 7); «limpidezza del pensiero (ܪܟܘܬܐ)» (*Pri.* IX, p. 113; LXXVII, p. 527; *Cent.* II, 31; IV, 72); «limpidezza dei pensieri (ܪܟܘܬܐ)» (*Sec.* X, 31; XXI, 8; XXXI, 4; *Cent.* III, 29).

[24] «Luce del pensiero» (ܢܘܗܪܐ ܕܚܘܫܒܐ); cf. anche *Ter.* XII, 25; XIII, 3, 18 (cf. anche *Ter.* XIII, 19); *Pri.* LXIX, p. 482; *Cent.* IV, 57-58, 69. Espressioni analoghe: «Luce dell'intelligenza (ܬܪܥܝܬܐ)» (*Pri.* II, p. 17; LXV, p. 447; LXXX, p. 560); «luce dell'Intelletto (ܗܘܢܐ)» (*Sec.* I, p. 6a; cf. anche *Pri.* IV, p. 52). Si veda anche la n. 12 a *Ter.* XIII, 6.

[25] «Misura infantile» (ܡܫܘܚܬܐ ܕܫܒܪܘܬܐ); cf. anche *Ter.* XIII, 16; *Pri.* III, p. 27; *Sec.* IV, 6. L'accezione del termine varia leggermente a seconda dei contesti. Tuttavia, nell'ultimo passo menzionato, Isacco esplicita la fonte biblica cui si ispira, vale a dire Gal 4,1-2, dove Paolo parla delle diverse età della vita spirituale. Si veda anche *Ter.* IV, 9; V, 9; XII, 23.

[26] Cf. *Ter.* II, 7, n. 13.

[27] Cf. *Ter.* XIII, 6.

accede alla misura dell'uomo adulto, acquisisce innanzitutto la calma e moti sobri. Così avviene anche con le realtà della casa di Dio: ogni volta che uno accede alla conoscenza e fa esperienza di Dio nella calma, i suoi pensieri si raccolgono e vede la grandezza di Dio, come nello stupore, nel silenzio ineffabile e nel pudore.

15. Allora su di lui scende la modestia, al punto che egli non ardisce neppure levare verso [Dio] il pensiero né contemplare il trono della sua magnificenza, come ci insegna la rivelazione del Profeta circa i serafini che cantavano il «Santo»[28], i quali si coprivano la faccia con le ali per non contemplare a loro arbitrio il fulgore della gloria di Dio[29]. Tali sono coloro che sono giunti a quella conoscenza che consiste nella percezione di ciò che è in Dio[30]; quella [percezione] che guarda a [Dio] come nello stupore, [cioè] in un qualcosa che è più eccelso dell'intelligenza degli uomini, come dice anche il santo Giovanni il Solitario, di Apamea.

16. Dice infatti: «L'anima è ridotta al silenzio quando si è innalzata al di sopra dei moti delle passioni, ha visto le realtà nascoste e la sua conoscenza ha dimorato nelle realtà dello Spirito». E ancora dice: «Ciò che è indicibile essa lo sente quando dimora nel silenzio»[31]. L'ordine della gioia, allora, appartiene ancora alla misura dell'infanzia[32], in confronto alla delizia in cui consiste l'impulso nello Spirito che [s'intrattiene] su Dio, tramite la conoscenza della sua natura, cioè della sua sapienza e del resto della ricchezza dei suoi misteri che, di tanto in tanto, affiorano inaspettatamente nell'Intelletto, quando il parlare si arresta dalla corsa naturale dei suoi moti, nel porto[33] del riposo, che è nella conoscenza di lui.

17. Per conoscenza io non intendo[34] un qualcosa che appartiene all'impulso razionale o alla parte cognitiva, ma a quel sentire che pacifica la forza razionale in una qualche soavità di ammirazione, e la introduce alla calma della quiete, [lontano] dalla corsa di qualsiasi pensiero. E grazie a

---

[28] Letteralmente: «Nel tempo del loro santificare».
[29] Cf. Is 6,2.
[30] Cf. *Ter.* IV, 1, n. 2.
[31] Giovanni il Solitario, *Lettera sulla vera comunione nella vita nuova* (Rignell, *Briefe*, pp. 118-119). Il primo passo citato concide con il testo giovanneo solo nell'inizio, mentre per il resto non riprende che alcuni contenuti. Tuttavia l'identificazione è confermata dal secondo passo che nella *Lettera* segue a breve distanza e che corrisponde perfettamente a quanto riportato da Isacco. Ecco il primo passo del Solitario, così com'è tradito nell'edizione di Rignell: «L'anima è ridotta al silenzio quando si è spogliata delle realtà visibili, è mossa nelle realtà nascoste ed è diventata degna delle rivelazioni».
[32] Cf. *Ter.* XIII, 13, n. 25.
[33] Cf. *Ter.* X, 10, n. 33.
[34] Formula analoga in *Ter.* IX, 20.

questo mistero, noi quasi entriamo nel regno dei cieli, se le condotte sono degne. Questo è il gustare la perfezione futura[35], misteriosamente[36] narrato [già] in questa vita, e anche allegoricamente a proposito della gioia, che è il gustare la *caparra* del Regno[37], per coloro che non sono ancora capaci di udire ciò che è dell'ordine della perfezione[38], anche se nel gustare questa [caparra] essi comprenderanno cose che sono al di là della loro misura.

18. Di conseguenza, da quando il pensiero inizia a essere illuminato, dopo che si è arrestato e acquietato un poco dalla battaglia, dal tumulto delle passioni e dalla dissipazione nei propositi empi che turbano la sua vista, comincia ad affiorare su di esso quest'ammirazione dei pensieri, per mezzo della luce intelligibile del pensiero[39].

19. Molte volte al giorno si levano in esso moti mirabili, e il pensiero si raccoglie[40] in se stesso e se ne sta tranquillo. Colui [che sperimenta ciò], se ne sta nella quiete e nello stupore. A volte ciò accade nei momenti della preghiera, a volte durante l'ufficio; e come sono dolci questo silenzio e questa calma! Chi conosce ciò, se non coloro che [ne] sono stati adombrati[41]? Tuttavia questo raccoglimento del pensiero[42], [che avviene] quando la luce del pensiero[43] comincia [a rivelarsi], dura un attimo; dopo di che il pensiero ritorna al suo ordine, finché altre [occasioni simili] non si levino in esso[44].

20. La possibilità di indugiare in questo [raccoglimento] dipende dalla misura del pensiero. Il pensiero, dunque, non raggiunge tali realtà ogni volta che lo vuole, o a misura che chiede, tralasciando [semplicemente] la recita dei salmi. Ciò infatti si verifica quando uno comincia a recitare ma poi [a un certo punto], a causa dei moti mirabili che affiorano nel pensiero, la sua lingua si arresta ed è ridotta al silenzio; e il versetto [che stava leggendo] è troncato e non prosegue, perché il pensiero è ridotto

---

[35] Cf. *Ter.* III, 10, n. 24.
[36] «Misteriosamente» o «misticamente» (ܒܐܪܙܢܐ), vale a dire «in mistero».
[37] Cf. 2Cor 1,21-22; 5,5; Ef 1,13-14.
[38] Cf. *Ter.* II, 7, n. 13.
[39] Cf. *Ter.* XIII, 12, n. 24. Per l'espressione «luce intelligibile» (ܢܘܗܪܐ ܡܬܝܕܥܢܐ), cf. *Pri.* LI, p. 376. Si ritrova anche in Evagrio, *Parenesi* 39 (Muyldermans, *Evagriana Syriaca*, p. 132).
[40] Cf. *Ter.* IV, 20, n. 40.
[41] Cf. *Ter.* I, 4, n. 15.
[42] Cf. *Ter.* IV, 20, n. 40.
[43] «Luce del pensiero» traduce qui l'espressione ܢܘܗܪܐ ܕܪܥܝܢܐ; sull'argomento, si veda *Ter.* XIII, 12, n. 24.
[44] Il concetto viene ripetuto al paragrafo 22.

alla quiete e si è arrestato. **21.** A costui non è più consentito [recitare] i salmi, perché lo sguardo del [suo] pensiero è catturato [lontano] dai salmi, presso quelle realtà nascoste che sgorgano nell'intimo. [Questi] però non sono pensieri abituali, ma mirabili e indicibili. Se uno, infatti, smette l'ufficio e la preghiera di sua propria volontà, quando non sente [ancora] queste realtà, si riempie di pensieri perniciosi, e su di lui domina la vana dissipazione[45].

22. Questo raccoglimento del pensiero[46] e visione dell'Intelletto[47] è frutto di un grande isolamento dagli uomini, della prudenza nei pensieri[48] e della lotta contro le passioni. E, come ho detto, ogni volta che si realizza questo raccoglimento del pensiero e meraviglia di moti, all'inizio è questione di un breve attimo[49]; quindi il pensiero ritorna alla sua situazione abituale, fino a che altre [occasioni simili] non lo colgano nuovamente.

23. Quando dunque il solitario è giunto a tale ordine, e al suo lavoro nascosto presso Dio si è mescolata questa amabilità, allora egli è un po' liberato dall'acedia. La sua anima così non si scoraggia né si affligge per la quiete e il prolungato isolamento dagli uomini, né per le afflizioni o le infermità del corpo, come invece [gli accadeva] un tempo. [Questo] perché la delizia del suo pensiero e la consolazione del suo cuore spingono lontano da lui tali vessazioni. Finché il solitario non riceve la consolazione nascosta, in lui non diminuisce il peso dell'acedia.

24. Ma quando, per quella [consolazione], egli è un po' risollevato, allora ecco che la difficile condotta della vita solitaria[50] si dispiega [davanti] ai suoi occhi. Quello dunque che ho già detto, lo ripeto[51] anche qui, perché sia di ricordo[52] innanzitutto per coloro che anelano a tali

---

[45] Quello della cessazione della preghiera è un tratto tipico del pensiero iscacchiano. Esso coincide con il momento in cui l'orante passa dal livello della «preghiera pura» a quello della «non-preghiera» (o «preghiera spirituale»); allora le parole della preghiera o del salmo che si stanno recitando si arrestano e l'orante è colto dallo stupore, essendo luogo dell'azione dello Spirito santo. Di ciò Isacco tratta in particolare in *Pri.* XXII e nel discorso XVI di questa collezione (vedi n. 1 al paragrafo 1). Oltre a questi due discorsi, in particolare sull'interruzione della preghiera e sulla libertà dalle sue regole, si veda: *Ter.* I, 11; III, 33; IV, 8, 24; VI, 2; VIII, 9; *Pri.* IV, p. 53; LXXI, p. 490; *Sec.* IV, 4-5; VI, 3; XXXII, 2; XXXV, 1, 4-5; *Cent.* II, 78; IV, 25.

[46] Cf. *Ter.* IV, 20, n. 40.
[47] Cf. *Ter.* IX, 5, n. 10.
[48] «Prudenza nei pensieri» (ܚܘܫܒܐ ܕܪܥܝܢܐ); cf. anche *Cent.* III, 15.
[49] Cf. *Ter.* XIII, 19.
[50] Cf. *Ter.* I, titolo, n. 2.
[51] Formule analoghe in *Ter.* X, 100 e XI, 16.
[52] Questa è la lezione di A, che mi pare più plausibile nel contesto. Avrebbe tuttavia senso anche la lezione di T (aiuto); la differenza grafica tra le due forme è minima.

realtà: che queste delizie e percezioni s'inverano quando la grazia dimora sul pensiero e [questo] si riveste della forza dello Spirito. **25.** Tale forza, infatti, è quella nascosta, e non è una forza [che sia frutto] di esercizio o dei pensieri semplici[53], che il solitario ottiene a misura che corregge le passioni[54] presenti in lui, abbandona il mondo e persevera nella quiete [lontano] dagli uomini.

26. Il Signore ti conceda [tutto] questo, perché tu non conosca le realtà relative a queste cose solo dalla semplice lettura, ma nell'esperienza della tua persona possa tu conoscere tali realtà, sentirle e gustarle, per mezzo della grazia dello Spirito[55] santo che dimora sul tuo Intelletto. Amen.

---

[53] «Pensieri semplici» (ܚܘܫܒܐ ܫܚܝܡܐ); l'espressione è impiegata anche da Evagrio, *Pseudo supplemento alle Centurie* 26 (Frankenberg, *Evagrius*, p. 450).

[54] Questa immagine del «correggere» o «raddrizzare» le passioni sembra riprendere l'idea isacchiana secondo cui queste non sono di per se stesse un male, ma sono tali solo nella misura in cui vengono pervertite dalla loro funzione voluta dal Creatore. La convinzione circa la positività delle passioni, secondo l'ordine creazionale, emerge da un passo in cui Isacco dice: «Tutte le passioni esistenti sono state date in aiuto a ciascuna delle nature alle quali naturalmente appartengono e sono state date da Dio per la loro crescita: le passioni del corpo sono state messe in esso da Dio, in aiuto e per la crescita del corpo; e le passioni dell'anima, cioè le potenze dell'anima, per la crescita e in aiuto dell'anima» (*Pri.* III, p. 25).

[55] Cf. *Ter.* I, 13, n. 47.

XVI

Dello stesso.

1. C'è una preghiera pura e c'è una preghiera spirituale[1]. L'ultima delle due è più grande della prima, come la luce del sole [lo è] del rifulgere di una piccola lampada.

2. La preghiera pura[2] è quella che, per mezzo della riflessione sulle

---

[1] In questo breve discorso il Ninivita ritorna su un tema a lui molto caro, vale a dire la distinzione dei diversi generi o momenti della preghiera. Qui si sofferma sul secondo e sul terzo genere di preghiera, tralasciando il primo, secondo la tripartizione di cui si è già detto (cf. n. 19 a *Ter*. XIII, 9). Il discorso più sistematico sull'argomento è il XXII della *Prima collezione*, peraltro incluso anche nella *Terza collezione* (come discorso XIV; cf. *supra*, p. XVIII). Qui il Ninivita, partendo dall'esperienza più elementare della preghiera, quella che potremmo chiamare «semplice» (forma che comunque va superata perché considerata in qualche modo «impura»), passa a descrivere la «preghiera pura» (secondo momento) e poi quello che egli definisce «non-preghiera» (terzo momento), appellativo che preferisce a «preghiera spirituale», che contesta ai Messaliani; dice infatti: «È una bestemmia che una creatura possa dire in modo assoluto che si preghi una preghiera spirituale. Tutto quello che si prega è al di qua della spiritualità: l'ordine di ciò che è spirituale è al di là del movimento della preghiera» (*Pri*. XXII, p. 168). Nel medesimo passo il Ninivita riconosce che l'espressione è tradizionale, nel senso che è impiegata dai «padri»; è infatti a costoro che si appellano quanti sono favorevoli al suo uso (nel corso del discorso, Isacco stesso si richiama ripetutamente ai «padri» dei quali propone la sua interpretazione; cita esplicitamente: Teodoro di Mopsuestia, lo Pseudo Dionigi ed Evagrio, del quale riporta vari passi tra cui uno che ha fatto discutere; cf. Khalifé-Hachem, «La prière pure»). La medesima polemica è ripresa anche in Sec. XXXII, 4-6, dove però Isacco utilizza l'espressione «preghiera dello Spirito (ܪܘܚܢܝܬܐ)». Tale contestazione dell'espressione «preghiera spirituale» è ciò che più insospettisce circa la genuinità del nostro discorso, dove invece essa è impiegata senza alcuna remora. Tuttavia, questa non sembra una difficoltà tale da indurre a ritenere spurio il nostro discorso, almeno per due ragioni: la prima è che Isacco utilizza anche altrove questa espressione, almeno una volta in senso positivo (cf. n. 5 al paragrafo 3); la seconda è che guardando attentamente il discorso XXII, ci si rende conto che la polemica di Isacco non si dirige contro l'espressione in quanto tale, bensì contro l'interpretazione di tale «preghiera spirituale» come frutto dell'azione umana, mentre a suo avviso essa è pura azione dello Spirito e per questo «spirituale» (ciò è esattamente quanto egli afferma anche nel nostro discorso).

[2] «Preghiera pura» (ܨܠܘܬܐ ܕܟܝܬܐ), con cui si indica il secondo livello dell'itinerario della preghiera, è un'espressione frequente nell'opera isacchiana; oltre che in *Ter*. VIII, 18, ricorre in: *Pri*. XXII, pp. 165, 167, 168, 175; L, p. 354; LXV, pp. 447, 453; *Sec*. I, p. 23b; IV, 5; VI, 7; XV, titolo, 2, 3, 7; XXXII, 4; *Cent*. I, 63, 97; III, 11, 13, 14, 41-43, 46; IV, 35, 63, 65, 66. Si tratta di una locuzione già attestata in autori precedenti; si veda in particolare: Afraat, *Dimostrazioni* I, 4; IV, 1, 4, 18, 19 (Parisot, *Aphraatis Demonstrationes*, pp. 12, 137, 144, 177, 181); Evagrio, *Lettere* I e LII (Frankenberg, *Evagrius*, pp. 566, 600); *Trattato a Eulogio* 28 (Sinkewicz, *The Greek Acetic Corpus*, p. 330); *Antirrhetikos* VII, 31 (Frankenberg, *Evagrius*, p. 534); *Sui pensieri* 16 (Géhin, *Pensées*, p. 208); Marco il Solitario, *La giustificazione tramite le opere* 162-163 (de Durand, *Traités*, p. 182); Martyrios Sahdona,

realtà buone³ e del ricordo del *mondo futuro*⁴, si innalza [al di sopra] della dissipazione dei pensieri e della riflessione terrena. Essa domanda ciò che è bello, ed è libera dal turbamento causato dalle realtà transitorie.

3. La preghiera spirituale⁵ è invece quella mossa nell'intelligenza dall'azione dello Spirito⁶ santo, in un moto di percezione che è al di sopra della conoscenza delle creature. Essa non rivolge richieste, neppure a proposito di ciò che è eccellente, o del desiderio delle realtà promesse, e neppure del regno dei cieli⁷. Ma, per l'azione dello Spirito santo, la natura esce da ciò che le è proprio, al di fuori della volontà; e l'anima [se ne sta] solo in quella divina gloria stupefacente, secondo l'ordine delle potenze sante, nelle lodi ineffabili, quelle [potenze] a proposito delle quali Paolo indica il resto di ciò che le riguarda⁸.

4. Nella prima, infatti, c'è fatica, ed essa è sotto il potere della volontà, e i suoi moti sono fissati, perché è l'anima che prega, insieme al corpo e alla mente.

5. Nella seconda, invece, non pregano né l'anima, né la mente, né i sensi corporei; e tale [preghiera] non è neppure sotto il potere della volontà. Ma, mentre tutte queste realtà sono nella quiete, lo Spirito compie in essa la propria volontà, e non vi è neppure preghiera, bensì piuttosto silenzio. Questa è la liturgia incorporea⁹ che è celebrata, secondo le figure celesti, dai santi, sulla terra come nei cieli¹⁰.

Libro della perfezione II, 8,44 (de Halleux, *Martyrius* III, p. 14); si veda anche il secondo dei tre testi di cui si è detto in n. 26 a *Ter.* III, 11, *Sulla preghiera pura*, attribuito a Filosseno ma che potrebbe anche essere di Giovanni il Solitario (Bettiolo, «Sulla preghiera», p. 77).

³ Altra traduzione possibile: «Sui beni [celesti]».

⁴ Cf. Eb 2,5; 6,5. Cf. *Ter.* I, 1, n. 5.

⁵ «Preghiera spirituale» (ܪܘܚܢܝܬܐ ܨܠܘܬܐ), terzo momento dell'itinerario della preghiera, su cui si veda la polemica isacchiana contro la legittimità dell'espressione (n. 1 al paragrafo 1). Oltre che in *Pri.* XXII, pp. 168, 170, 175 (dove ne è contestata la legittimità, il costrutto è impiegato in senso positivo in *Pri.* LXXV, p. 519. Altrove abbiamo la locuzione equivalente «preghiera dello Spirito» (ܕܪܘܚܐ ܨܠܘܬܐ): *Pri.* XXII, p. 171; XXXV, p. 260; *Sec.* XXXII, 4, 6 (dove è contestata); si veda anche *Cent.* III, 85. Negli autori precedenti è attestata da Giovanni il Solitario, *Dialogo sull'anima* (Dedering, *Ein Dialog*, p. 90) e *Sulla preghiera* 2 (Bettiolo, «Sulla preghiera», p. 79). Si veda anche Evagrio, *Sulla preghiera* 28 (PG 79, col. 1173), corrispondente al 30 della versione siriaca (Hausherr «Le 'De Oratione'», p. 15, che ha ܨܠܘܬܐ ܕܝ ܪܘܚܢܝܬܐ), e anche altri passi di cui però il siriaco è ancora inedito (49, 62, 71, 101).

⁶ Cf. *Ter.* IV, 32, n. 73.

⁷ Cf. *Ter.* IV, 6, 9.

⁸ Il riferimento potrebbe essere a quei luoghi in cui Paolo parla delle potenze angeliche, come Ef 1,21 e Col 1,16.

⁹ Cf. *Ter.* IX, 11, n. 22.

¹⁰ Si veda in proposito il già menzionato (cf. *Ter.* VIII, 5, n. 15) discorso XII del *Liber graduum*, sulle tre liturgie nelle tre Chiese, quella dei cieli, quella della terra e quella del cuore, all'interno dell'uomo (Kmosko, *Liber graduum*, pp. 285-304).

6. Quando l'anima vede ciò che è negli Intelletti[11], tramite la contemplazione di ciò che è in essi, gli occhi versano lacrime[12] per la soavità della loro visione. Allora spesso i pensieri assalgono l'anima, ma quando [questa] è nell'Essenza [vi è solo] stupore, e nessuno di quei [pensieri].

---

[11] Oppure, con un piccolo emendamento del testo: «Nelle realtà create» (ܒܪ̈ܝܬܐ).
[12] Isacco attribuisce spesso alle lacrime la funzione di indicare il raggiungimento di un punto avanzato nell'evoluzione spirituale; si veda ad esempio: *Pri.* IV, p. 49; VI, p. 93; XIV, pp. 125-126; XXXV, pp. 144-146; e anche *Ter.* VI, 58, n. 110.

INDICI

CITAZIONI E ALLUSIONI BIBLICHE

Genesi
1,16:   VII, 47
2,13:   VII, 12
2,21:   III, 33
3:         VII, 35
3,5:   V, 9; XII, 22
3,7-21:   VI, 28
15,12:   III, 33
28,12:   IX, 12, 13

Esodo
3,1-2:   IX, 22
3,2:   VII, 20
13,21-22: IX, 25
19,16:   IX, 30
19,18:   IX, 25
20,20-21: IX, 30
20,21:   III, 23; VII, 5, 7; IX, 25; XI, 31
20,24:   VIII, 15
22,26:   VI, 32
23,20-21: IX, 24
23,21:   IX, 25
25,17:   VII, 11
25,21-22: VII, 11
32,1-14:   VI, 26
34,7:   XI, 4
39,3:   VII, 11
40,34:   VIII, 7

Levitico
16,2:   VII, 11
16,13-15: VII, 11
19,2:   III, 16
26,11-12: VIII, 7

Numeri
16,38-39: VII, 11

Deuteronomio
5,22:   IX, 28

27,26:   VI, 9, 10, 12
34,1-4:   X, 52

2Samuele
12,13:   VI, 26

1Re
1,33:   VII, 12
8,27:   VIII, 7
8,39:   IV, 18
21:        VI, 27

2Re
19,34:   I, 4; VI, 26
20,6:   I, 4; VI, 26

1Cronache
28,2:   VII, 4

2Cronache
5,13:   VIII, 7
5,13-14:   VIII, 8
5,14:   VII, 4
7,1-2:   VIII, 4, 8
24,14:   I, 12

Giuditta
9,8 (Pešitta 9,11):   VII, 4

2Maccabei
9,18:   XII, 36
12,43-45: XI, 6
14,35:   VII, 4

Giobbe
33,30:   VI, 55

Salmi
9,5:   VII, 18; X, 61
14,3:   VI, 10

50,23:	IX, 15	43,1-2:	VIII, 11
51,5:	VII, 22	43,2:	VIII, 17
71,15:	VII, 14	43,2-4:	VIII, 12
74,16:	X, 48	43,5:	VIII, 9
78,4:	XII, 35		
78,22:	XII, 20	Giona	
84,3:	VII, 13	4,11:	V, 9
85,3-7:	VII, 18		
85,10:	XII, 26	Matteo	
103,1:	VII, 13; VIII, 16	4,1-11:	XII, 21-22
104,33:	VII, 13	5,8:	XIII, 6
110,1:	X, 104	5,17-6,8:	III, 3
112,4:	X, 1	5,45:	III, 31, 39
116,7:	VII, 13	5,48:	IV, 11
131,1:	II, 8	6,7:	III, 4
142,4:	VII, 44	6,8:	III, 9
143,2:	VII, 3	6,9:	III, 14, 15
145,1:	VIII, 16	6,10:	III, 17, 18
145,17:	VI, 19	6,11:	III, 20
146,1:	VII, 13	6,12:	III, 21
		6,13:	III, 22
Sapienza		6,25-34:	III, 4
5,16:	V, 9	6,31:	III, 9
		6,32:	III, 9
Siracide		6,33:	III, 9
36,15:	VII, 4	12,29:	VIII, 6
		13,15:	XII, 20
Isaia		13,17:	VII, 12; VIII, 19
6,2:	XIII, 15	13,44:	X, 20
6,3:	III, 34	13,52:	XI, 33
14,12-15:	XII, 34	14,24-31:	X, 60
37,35:	I, 4; VI, 26	19,26:	XII, 2
55,8:	VI, 32	19,28:	I, 8; IX, 31; XI, 2
56,7:	VIII, 1, 18	21,13:	VIII, 1, 18
		22,1-14:	X, 66
Geremia		22,30:	I, 1
3,12:	VI, 32	24,30:	X, 93
31,34:	I, 10	25,1-13:	X, 37, 40
		26,36-46:	IV, 12
Ezechiele		26,39:	X, 45
2,4:	XII, 20		
10,3-4:	VIII, 12	Marco	
10,4:	VIII, 12	9,26:	VIII, 4
11,19:	X, 66		
40,1-2:	VIII, 10	Luca	
40,4:	VIII, 10	2,25-32:	VII, 13
43,1:	VIII, 10	7,41-42:	VI, 29

7,47:	VI, 62	5,8:	VI, 41
10,24:	VII, 12	5,10:	VI, 41; XII, 27
10,42:	X, 107	5,17-19:	V, 10
11,9-13:	VI, 50	5,20:	VI, 35
15,10:	VII, 4	6,2-11:	I, 18
15,11-32:	VI, 35	6,3:	XI, 31
15,17:	VII, 48	6,6:	VIII, 3
16,24:	X, 76	7,14:	X, 54
18,3:	X, 58	7,22:	X, 7
18,9-14:	VI, 35	7,23:	X, 53, 54
19,12-15:	X, 93	8,1-12:	IV, 30
22,41-44:	X, 46	8,15:	III, 16
23,39-43:	VI, 37	8,17:	III, 31
		8,28:	XII, 26

Giovanni
1,14:	IX, 29	8,32:	VII, 18
3,16:	VI, 41	8,35:	III, 31
5,37:	IX, 28	9,20-21:	I, 12
7,38:	XI, 33	9,29:	X, 103
8,12:	VII, 47	12,1:	VI, 60; VII, 10
9:	VII, 34	12,2:	XI, 1
11,42:	IV, 12	12,5:	V, 10; X, 92
17,5:	IV, 14	14,17:	VI, 58
		16,25-26:	VII, 18
		16,27:	III, 39

Atti
1,24:	IV, 18		
2:	IX, 27	1Corinti	
2,1-2:	X, 47	1,31:	VI, 5
2,23:	VII, 8	2,6:	IV, 11; IX, 31
2,38:	IV, 21, 22	2,9:	III, 36; V, 4
7,35-36:	IX, 23	2,10:	IX, 20
10,9:	IX, 13, 17	2,10-11:	IX, 31
10,11:	IX, 13	2,15:	X, 24
10,45:	IV, 21, 22	3,16:	VIII, 1
15,8:	IV, 18	3,16-17:	VIII, 14, 18
17,29:	X, 95	11,17-34:	XI, 14
21,13:	III, 31	11,27-29:	XI, 11, 12, 15
		11,33-34:	XI, 15

Romani
1,20:	I, 17	12,12:	V, 10; X, 92
2,5:	XII, 36	13,12:	II, 5; V, 17; IX, 31
3,12:	VI, 10	14,1:	IV, 29
3,20:	VI, 6, 7	14,12:	IV, 29
3,22:	VI, 6	15,28:	V, 10; VI, 62
3,25:	XI, 30	15,50:	VI, 53
4,5:	VI, 12		
4,13:	VI, 6	2Corinti	
		1,21-22:	VII, 36; X, 45, 94; XIII, 17

3,3:	IV, 22	1,18:	V, 10; X, 92
3,14:	XII, 20	2,12:	XI, titolo, 1
3,18:	I, 13; II, 5; III, 13	3,1:	XI, titolo, 1
4,6:	VII, 21, 47	3,1-3:	VI, 51
4,16:	X, 7	4,6:	III, 4
5,5:	VII, 36; X, 45, 94; XIII, 17	4,12:	IV, 11
5,7:	V, 17; VII, 5, 15		
6,10:	VI, 39	1Tessalonicesi	
10,17:	VI, 5	1,6:	VI, 58
12,2-3:	IX, 20; XIII, 5, 6	2,12:	VII, 19
12,9:	VII, 26	3,13:	VIII, 19

Galati

2Tessalonicesi

2,16:	VI, 6, 7, 12	1,5:	XII, 36
3,10:	VI, 9, 10, 12		
3,27:	XI, 31	1Timoteo	
4,1-2:	XIII, 13	1,1:	VIII, 19
4,4:	VII, 47	2,4:	XI, 29, 32
4,24-25:	III, 16	4,4-5:	VIII, 14
5,16-17:	IV, 30	6,19:	XI, 27
6,14:	III, 31		

Efesini

2Timoteo

1,13-14:	VII, 36; X, 45, 94; XIII, 17	2,21:	I, 12
1,18:	I, 11	3,7:	XI, 32
1,21:	XVI, 3	4,8:	VII, 26; XII, 51
1,22-23:	V, 10; X, 92		
2,4:	V, 18; VI, 43	Tito	
2,6:	XI, titolo, 1, 31	2,12:	III, 7
2,9:	VI, 6	3,3:	XII, 27
2,15:	III, 16	3,5:	IV, 26; XI, 1
3,10:	VI, 44		
3,16:	X, 7	Ebrei	
4,13:	IV, 11	2,2:	IX, 23, 26
4,23:	XI, 1, 4	2,2-3:	IX, 28
5,30:	V, 10; X, 92, 106	2,4:	IX, 29
5,32:	V, 16	2,5:	I, 1; IV, 14, 22; VI, 18, 57; VIII, 19; IX, 27, 30; X, 12; XI, 31; XIII, 7; XVI, 2
6,10:	XII, 35		
		5,9:	IX, 15
Filippesi		6,5:	I, 1; IV, 14, 22; VI, 18, 57; VIII, 19; IX, 27, 30; X, 12; XI, 31; XIII, 7; XVI, 2
2,7:	V, 15		
3,15:	IV, 11; IX, 31		
4,10:	VI, 58	8,2:	VIII, 5
4,18:	IX, 15; XII, 31	9,11-12:	VII, 8, 9
		9,13-14:	VII, 10
Colossesi		9,14:	VI, 15
1,16:	XVI, 3	9,22-23:	VII, 9

10,1-18:	IX, 15	4,8:	XI, 5, 29
10,10:	XI, 29		
10,26:	XI, 32	2Pietro	
11,38:	XII, 14, 32	1,4:	III, 15
12,22:	VII, 16, 17	1,19:	VII, 21, 47
13,15:	IX, 15; X, 61		
		1Giovanni	
Giacomo		1,1:	V, 13
1,17:	X, 39	2,1:	XI, 28
2,7:	VIII, 14	2,13:	III, 39
2,10:	VI, 9, 10, 12	2,27:	I, 10
2,17:	VI, 6	3,2:	IV, 11; V, 17
4,8:	VI, 42	5,4:	VII, 21
1Pietro		Apocalisse	
1,2:	VII, 8	21,5:	VII, 20, 33
3,3-4:	IV, 32; VI, 55		

OPERE E AUTORI ANTICHI

Quando il riferimento non è preceduto dall'indicazione di un'opera specifica, è da intendersi come un rimando generico all'autore o al corpus in questione.

Afraat
VII, 4; XII, 44
Dimostrazioni: VI, 18; VII, 34; XVI, 2

Ammonas
Lettere: VI, 50

Apoftegmi dei padri
IV, 10, 23; VIII, 3, 15; XII, 11-12

Aristotele
Metafisica: I, 9

Basilio di Cesarea
I, 9; XIII, 9
Lettere: III, 11; VIII, 18
Sulla preghiera continua (?): cf. Filosseno di Mabbug

Basilio di Cesarea (Pseudo)
Costituzioni ascetiche: VII, 17

Clemente di Alessandria
Estratti da Teodoto: III, 8
Stromata: I, 9

Dadišoʻ Qaṭraya
Commento ad abba Isaia: XIII, 6

Diodoro di Tarso
V, 10; VI, 18

Dionigi l'Areopagita (Pseudo)
IV, 8; V, 2; VII, 17; XIII, 9; XVI, 1
Gerarchia celeste: VII, 16
Nomi divini: IX, 20
Teologia mistica : III, 23

Efrem
VII, 4; X, titolo; XII, 44
Commento alla Genesi: VII, 12
Inni sugli azzimi: V, 17
Inni sulla Chiesa: IX, 13
Inni sulla crocifissione: VII, 47
Inni sulla verginità: I, 17

Efrem (Pseudo)
Sui solitari: XII, 2

ʻEnanišoʻ
Paradiso dei padri: IV, 10; VIII, 3, 15; XII, 6, 9, 11-12, 17

Eusebio di Cesarea
Storia ecclesiastica: XII, 38, 39

Evagrio Pontico
I, 2; II, 2; IV, 8: V, 2, 10, 17; VI, 18; VII, 17; VIII, 1-3; IX, 5, 19; XVI, 1
Admonitio paraenetica: V, 10
Antirrhetikos: XVI, 2
Centurie : I, 1, 7, 8, 11, 17; III, 4, 33; IV, 4, 17, 21; V, 1, 2, 14; VI, titolo; VII, 11, 12, 17, 18; VIII, 1, 5; IX, 2, 12, 13, 20; XI, 1, 3, 4, 32; XIII, 2, 6, 9
Epistula fidei: I, 17; XI, 3
Lettera a Melania: I, 17; III, 5, 15, 35, 37; IV, 4, 21; V, 2, 10, 14; VI, 28; XI, 4; XIII, 2, 9
Lettere: I, 9, 14; V, 1; VI, titolo; IX, 3, 26; XVI, 2
Parenesi: III, 33; VIII, 5; XIII, 18
Professione di fede: III, 4; VI, titolo
Pseudo supplemento alle Centurie: I, 2, 9; VIII, 5; IX, 12, 18, 20, 26; XIII, 25

Scolii ai Proverbi: V, 1; VI, titolo, 62; VII, 44; IX, 13
Sui giusti e i perfetti: IV, 11
Sui pensieri: XVI, 2
Sul silenzio: VII, 34
Sulla preghiera: III, 28; IX, 13; XVI, 3
Trattato a Eulogio: III, 33; VI, 51; XVI, 2
Trattato gnostico: III, 24, 25; IV, 17; XIII, 8
Trattato pratico: I, 9; III, 24, 25; IV, 28

Filosseno di Mabbug
Lettera a un suo discepolo: I, 11; III, 11
Omelie: VII, 4
Sulla preghiera continua (?): III, 11; IV, 20; VII, 20; VIII, 1
Sulla preghiera pura (?): XVI, 2

Giacomo di Sarug
I, 17; VII, 4
Sulla memoria dei morti e sull'eucaristia: XI, 6

Giovanni il Solitario (di Apamea)
I, 2; II, 2; V, 17; IX, 5; XIII, 9
Dialoghi e trattati con Thomasios: I, 1, 8, 17; IV, 17; X, 25; XI, 1
Dialogo sull'anima: I, titolo, 1, 2, 6, 8, 11, 16, 17; III, 32; IV, 17, 20; IV, 31; VIII, 2, 5; IX, 9, 19; X, 24, 25; XVI, 3
Lettera a Esichio: I, 8; VII, 34; IX, 3
Lettera sul mistero della vita nuova: I, titolo; XI, 1
Lettera sulla vera comunione nella vita nuova: VII, 34; XIII, 15-16
Lettere sull'amore: I, 9
Sulla preghiera: III, 11; IV, 7; VII, 33; XI, 1; XVI, 3
Sulla preghiera continua (?): vedi Filosseno di Mabbug
Sulla preghiera pura (?): vedi Filosseno di Mabbug

Girolamo
Vita di Paolo l'Eremita: XII, 6

Gregorio di Cipro
VII, 17

Gregorio di Nazianzo
I, 9
Carmina moralia: VI, 51

Gregorio di Nissa
Contro Eunomio: I, 9
Vita di Mosè: III, 23

Isacco di Antiochia
XII, 2

Isaia (Abba)
Discorso ascetico: VIII, 3

Išoʻdad di Merw
VI, 60; VII, 11; XII, 21-22
Commento alle lettere paoline : XI, 15; XIII, 6

Išoʻyahb I
Canoni a Giacomo di Darai : VI, 25

Liber graduum
III, 9; IV, 11; VIII, 5; XVI, 5

Macario (Pseudo)
Collezione di cinquanta omelie: I, 11

Marco il Solitario
Il battesimo: VIII, 5
La giustificazione tramite le opere: III, 3, 26; XIII, 9; XVI, 2
La legge spirituale: III, 24

Martirio della figlia di Mar Posi, santa Marta
XII, 43

Martirio di Giacomo il Notaio
XII, 42

Martirio di Giacomo l'Interciso
XII, 42

Martirio di Mar Petion, di Mar Adurhormizd e di Anahid
XII, 43

Martirio di Tarbo, sua sorella e la sua domestica
XII, 43, 47

Martirio di Tecla, figlia del patto, e di quattro figlie del patto che erano con lei
XII, 43

Martyrios Sahdona
VII, 4
Lettere: I, 9; IV, 7
Libro della perfezione: I, titolo; IV, 7; VIII, 1; IX, 3; XII, 2, 38; XVI, 2

Narsai di Nisibe
VII, 11
Omelia sulle dieci vergini: X, 37

Nilo il Solitario
Discorso di ammonimento: IV, 4; VI, tiolo, 5; VIII, 5; XI, 1
Discorso sulle osservanze: I, 17; VIII, 5; XII, 3
Lettera per gli uomini virtuosi: VIII, 5
Perle: VIII, 1, 5, 17
Sulla virtù e sull'uscita dal mondo: I, 11; VI, titolo; VIII, 1, 5
Sulla virtù e sulle passioni: VII, 1; X, 58

Origene
V, 1; VII, 44

Palladio
Storia lausiaca: XII, 17

Sergio di Reš'aina
VII, 17

Simeone di Bet Aršam
Prima lettera: XII, 43, 46
Seconda lettera: XII, 43, 45, 46

Simeone di Ṭaibuteh
Libro della grazia: I, 2, 6

Stefano bar Sudaili
Libro di Ieroteo: V, 10; VI, 18; VIII, 3, 5; IX, 13; XIII, 9

Storia dei monaci d'Egitto
XII, 17

Storia di Karka di Bet Selok e dei suoi martiri
XII, 43

Teodoro bar Koni
XII, 21-22
Libro degli scolii: XIII, 6

Teodoro di Mopsuestia
I, 13; III, 33; IV, 4; V, 10; VI, 8, 18; VIII, 1; XII, 20; XVI, 1
Anafora : III, 15; XI, 8, 17, 20-21
Commento a Giobbe: IX, 20
Commento a Giovanni: IV, 15-16
Commento a Matteo: XII, 21-22; XIII, 6
Commento ai dodici profeti: IX, 13
Commento alla Genesi: IV, 2
Commento alla lettera ai Romani: VI, 60
Commento alla prima lettera ai Corinti: XI, 15
Commento alla seconda lettera ai Corinti: XIII, 6
Omelie catechetiche: I, 1; III, 3, 7, 15, 16, 20; VIII, 7; XI, 1

Vita di Giacomo il Girovago
XII, 13

Vita di Martiniano
XII, 9

Vita di Onesima
XII, 6

Vita di Serapione
XII, 8, 10

Passi non identificati
VIII, 7, 14; IX, 5, 18; XII, 51

INDICE DELLE COSE NOTEVOLI

Acab: VI, 27

acedia: XIII, 22

Adamo: V, 9; XI, 17; XII, 22-23

adombramento: I, 4; VI, 27; VIII, 7-10, 12; XIII, 19

altare: XI, 7, 17
- spirituale: VIII, 5

ammirazione: cf. stupore

amore – bontà – compassione - misericordia
- di Dio o di Cristo: I, 16; III, 23, 35, 37; IV, 4-5, 26; V, 1-3, 6-7, 12, 15-18; VI, 3, 16-17, 22, 28, 31-32, 38-40, 42-43, 56, 59-60, 62; VII, 2, 6, 11, 19, 21, 26, 33, 37-39, 41, 43-44; IX, 9; X, 28, 70, 72, 88, 90, 96-97, 100-102; XI, 5, 27; XII, 5, 8, 25, 33
- per Dio: III, 14, 17; IV, 1, 6-7; VI, 62; X, 42, 103; XI, 25; XII, 8, 21, 26, 38, 43
- per gli altri: IX, 1; XII, 8

angeli - esseri spirituali: III, 34; IV, 22; V, 13, 16; VI, 44-46, 48; VII, 3-6, 14-16; VIII, 5, 10-11; IX, 9, 21-30; X, 85; XII, 11; XVI, 3
- angelo custode: VII, 44
- arcangeli: VII, 17
- cherubini: VII, 7; VIII, 12; IX, 18
- serafini: XIII, 15
- vigilanti: V, 14; VII, 9, 14

apostati: XI, 8, 10; XII, 12

apostoli: IX, 27; XI, 21

Aronne: VI, 26

assiduità - comunione con Dio: I, 1, 5, 8, 11, 16, 18; III, 6, 30; IV, 7, 19; VI, 49, 51; VII, 46; X, 55, 67, 83, 107; XII, 28

Babilonia: VIII, 10

battaglie: cf. lotta

battesimo: IV, 26; VII, 35; XI, 10, 31

bellezza: II, 3, 5; III, 36; IV, 4; VII, 35; IX, 9; X, 22

bontà: cf. amore

calice: VII, 32

caparra: X, 45, 94; XIII, 17

Carpo: XII, 10

castità: II, 4; IX, 1; X, 39; XII, 15

Chiesa: IV, 9; VI, 44; XI, 6, 8-10, 13, 18, 21-24, 28; XII, 48

comandamenti: III, 3, 9; VI, 9; XII, 21-22

compassione: cf. amore

comprensione: cf. conoscenza

compunzione: VI, 26, 42, 58; VII; 35; X, 58, 64; XI, 5; XII, 4, 15, 17, 28

comunione con Dio: cf. assiduità

condiscendenza: IV, 28

condotta: I, 10; III, 3, 6, 10-11, 36; VI, 1, 11-12, 15, 18, 20, 22, 38, 47, 51; IX, 12, 29-31; X, 37; XI, 2, 16; XII, 15; XIII,

8, 17, 24
- del corpo (ascesi): I, 15; II, 1; IV, 31; VII, 38; IX, 1-3, 5, 17; XII, 34, 48; XIII, 2-4, 10-11
- del pensiero: I, 15; II, 1; XIII, 2-4, 7
- dello Spirito: IX, 19
- futura o celeste: I, 11; X, 8
- incorporea: X, 51

confessione di fede: XI, 10, 26

confessori: XI, 21

conoscenza - comprensione: I, 8; III, 7-8, 26-27, 37, 39; IV, 21; V, 1; VI, 3-4, 22, 57; VII, 6, 8, 18, 29, 42; IX, 3, 5, 8-9, 18-19; IX, 30-31; X, 6, 14, 36, 97; XI, 2, 19, 28-29, 33; XIII, 1, 17; XVI, 3
- dei misteri: III, 6; IV, 17; VII, 4-5, 31-32; VIII, 13; IX, 18; X, 24; XI, 2, 25-26, 30-31; XIII, 6
- delle realtà nascoste: III, 10, 30; IV, 12, 17; VII, 41; IX, 29; XIII, 12, 16
- di Dio: III, 23, 29, 31, 35; IV, 9, 11, 19; VI, 1; VII, 1, 17, 20, 27, 33, 38, 45-47; IX, 9; X, 39, 84; XI, 3-5, 19; XIII, 13-15

consolazione: II, 6; IV, 11; V, 11, 17; VI, 22; VII, 12, 36; X, titolo, 11, 34, 41, 43-44, 72-73; XII, 15, 36; XIII, 23-24

contemplazione: IX, 10; XVI, 6
- dell'amore di Dio: I, 9-10; V, 6-7, 11; VI, 33, 44
- dell'Economia: I, 7, 17
- delle realtà create: I, 7, 17
- di Dio: I, 8-9, 16; II, 7-8; IV, 6; VI, 2; VII, 17; XIII, 15

conversione: VI, 8-9, 14-15, 27, 34, 42; VII, 25, 35-36, 41, 43; XI, 11-12; XII, 4, 11-12, 15, 19, 23, 27-29, 37

corona della vittoria: VI, 25; VII, 26; XII, 51

coscienza: II, 6; VI, 8-9, 11-12, 15, 34, 37, 42

creazione: III, 37-38; IV, 4; V, 1-2, 8, 15; VII, 40, 42

cristianesimo: XI, 23

Cristo: V, 10; VII, 12, 21, 31, 36, 46-48; VIII, 19; IX, 27, 29; X, 1, 24, 47, 88, 94; XI, 10-11, 19, 29, 31; XII, 2
- Amato: VII, 16, 18, 29; X, 106
- medico: VII, 23
- natura di: III, 32; IV, 12
- preghiera di: IV, 12-18; X, 45-46
- sacrificio di: VI, 58; VII, 10-11; IX, 15; XI, 7, 16, 20, 29
- Salvatore: IV, 9, 18; VI, 58; X, 23, 25, 64, 71; XI, 27, 33-34

crocifissione dell'Intelletto: VIII, 3; X, 23

Davide: I, 4; VI, 26

debolezza umana: IV, 11; VI, 1, 10, 23, 37; VII, 10, 22, 25-26, 38, 44-45; X, 69, 95, 105; XI, 28; XII, 44

deificazione: V, 2, 4-5, 9-10, 14-15

demoni - Satana: III, 27; V, 9; VII, 44, 46; VIII, 4; XII, 9-10, 17-18, 20-22, 34, 45, 47

desiderio: I, 13; VI, 14; VII, 22; VIII, 19; IX, 7, 11; XII, 2; XVI, 3

digiuno: IX, 1; XII, 30, 39, 47

Dio: VII, 31, 42; XI, 4
- essenza divina: I, 9, 17; III, 35, 38: IV, 1-2, 5; V, 11, 14; VII, 8, 45; IX, 6, 9; XI, 2; XVI, 6
- natura divina: I, 8, 16-17; III, 15, 35, 37; IV, 3-4, 7; V, 11, 13-14; VI, 1, 40; VII, 5, 15, 39, 41, 43; VIII, 7, 13; IX, 9; XI, 2, 10

- Šekinah: VII, 4; VIII, 8-10, 12
- Trinità: V, 14; VIII, 1

discernimento: III, 24; IX, 11, 31

disperazione: X, 80; XII, 11, 20; XIII, 10

dolcezza: IV, 27-28

domenica: XI, 13

ebbrezza: VI, 56; X, 29, 41

Economia: I, 7, 17; III, 32, 35; IV, 13; V, 13; VI, 30, 43, 62; VII, 31; IX, 22-23; X, 25; XI, 19, 26-27, 29, 31; XIII, 8
- mosaica: IX, 21

Egitto: IX, 23

eretici: XI, 9

espediente: VI, 23-24, 26, 28, 36, 51; VII, 39; XI, 22-23

esseri spirituali: cf. angeli

eucaristia: VI, 58; VII, 12-13; X, 18, 20-21; XI, 6-16, 18-20, 24, 27, 29-30

fede: I, 8; III, 33; IV, 11, 14; VI, 6-8, 12, 39, 42; VII, 2, 4-5, 7-9, 13-18, 20-21, 29; IX, 31; X, 86; XI, 2, 15, 19-22, 26-27, 30-32; XII, 2, 6, 20, 23-25, 38, 45-46

fervore: IV, 24; XII, 6, 15; XIII, 1-4, 7-8, 10

figli del patto: XII, 44

filosofi: I, 15

Gerusalemme - Sion: VI, 26; VII, 16-17; VIII, 7, 10, 17

- celeste: X, 52

Ghicon: VII, 12

Giacomo il Girovago: XII, 13

gioia: I, 13; II, 4-5, 8; V, 11, 16, 18; VI, 3-5, 11, 16-17, 21-22, 38-41, 43-44, 58; VII, 12, 33, 36, 47; VIII, 19; X, 7, 65; XI, 26; XII, 4; XIII, 1-5, 7-8, 10, 13-14, 16-17
- di Dio: XI, 23

Giovanni di Licopoli: XII, 17-18

giudei: cf. Israele

giudizio: VI, 18, 38, 58, 60; VII, 3, 40; X, 58; XI, 29; XII, 11, 34, 36

giusti: X, 40-41; XI, 7, 10-11, 17, 21; XII, 31

giustizia - giustificazione: VI, 6-16, 19, 23, 25, 34-37, 42, 59; VII, 2, 18, 26; XI, 21; XII, 4, 15, 27, 30, 33

gloria: III, 6, 23, 33, 35, 38-39; IV, 14; V, 11-12, 14, 18; VI, 58, 63; VII, 2, 5, 16, 29; VIII, 11-13, 17-18; IX, 31; XI, 2, 33; XIII, 15; XVI, 3

grazia: VI, 8-9, 12-13, 15, 17-18, 21, 28, 30, 35, 39, 43; VII, 3, 7-8, 12, 25, 38, 47; VIII, 19; IX, 15; X, 2, 32, 35, 37-38, 47, 53, 67, 85-86, 97; XI, 18, 21; XII, 5, 27, 33, 35; XIII, 7-8, 24

Ietro: IX, 22

impassibilità: IV, 28

infantilità - pensiero infantile: IV, 9; V, 9; VII, 30; X, 82; XI, 4; XII, 23; XIII, 13-14, 16 inferi: XI, 18-19

intercessione: VI, 26; VII, 10; VIII, 3; XI, 7, 20

ira - irascibilità: IV, 28-29

isolamento: cf. solitudine

Israele - giudei: VII, 10; IX, 21, 28, 30; XII, 20, 23

lacrime - pianto: VI, 58; VII, 22, 25, 36; IX, 1; X, 74, 76, 78, 104; XVI, 6

Legge - Torah: VI, 7-10; IX, 25
- della carne: X, 53-54
- spirituale: X, 54

lettera: XII, titolo, 51; XIII, titolo

lettura (cf. anche Scrittura): III, 11; IV, 31; IX, 3, 5, 7-12, 15

libertà: III, 10; V, 4; XIII, 11

limpidezza: I, 6; IV, 24; XIII, 11

lotta - battaglie: III, 22, 24-28; VII, 23, 27; X, 77, 79, 82, 87; XIII, 10-12, 18, 22

luce: II, 9; III, 37-38; VI, 55; VII, 47; IX, 3-4; X, 1-3, 107
- celeste: IX, 13
- del pensiero: XII, 25; XIII, 3, 12, 18-19
- spirituale: VII, 46
- unigenita: VII, 47

Macario l'Egiziano: IV, 10

Mar Rosso: IX, 23

marinai: X, 10

Martiniano: XII, 9

martiri: XI, 21; XII, 18, 38-51

meditazione: cf. riflessione

membra interiori: I, 11; IV, 32

memoria di Dio: cf. ricordo

misericordia: cf. amore

mondo: I, 6; VI, 52; X, 9, 11, 69, 87, 107; XII, 8, 37-38, 43, 47, 49
- dello spirito: I, 14; III, 8
- futuro o nuovo (aldilà): I, 1, 8, 13, 18; III, 7, 11; IV, 14, 22, 27; V, 17; VI, 18, 57; VII, 27, 48; VIII, 19; IX, 8, 27, 30-31; X, 12; XI, 2, 25, 31; XIII, 7; XVI, 2
- migrazione dal mondo: I, 8, 16; III, 18-19, 27; VI, 48, 51; X, 31, 34, 68, 71-72; XII, 1-5, 7, 14-16, 48-49; XIII, 25

morti: VI, 18; XI, 5-7, 16, 18-20, 22

Mosè: III, 16; VI, 26; VIII, 7; IX, 22-23, 25, 30-31; X, 52

Nabot: VI, 27

natura: I, 9, 14; III, 8, 15, 19-20, 25, 27, 36, 39; IV, 26-27; V, 1, 3-4, 13; VI, 1, 10, 23, 31, 37, 48; VII, 4, 10, 15, 25-27, 34-35, 38, 42, 45; IX, 6, 17-18, 26; X, 98, 106; XI, 23, 32; XII, 43-44, 47; XIII, 7-11, 14, 16; XVI, 3

nube oscura: III, 23; VII, 5, 7; IX, 25, 30; XI, 31

obbedienza: VI, 51; IX, 1

Onesima: XII, 6

opere: VI, 3, 6-9, 11-17, 34, 42-43; X, 89; XIII, 10

Oreb: cf. Sinai

orgoglio: II, 4; IV, 29; VII, 46

pace: II, 1-2; X, 33
- dei pensieri: IV, 27

padri (esempio dei): I, 2-3; II, 3, 5-6; VI, 47-48; XII

pagani: III, 4

Paolo l'Eremita: XII, 6

paradiso: VII, 35

parresia: XII, 27-28

passioni: III, 24-25; VII, 23, 30, 40; VIII, 2, 4; X, 56; XIII, 10-12, 16, 18, 22, 25

paternità di Dio (e figliolanza): II, 6; III, 15-16, 31, 37, 39

peccati
- misure dei: VI, 24-25, 29; XI, 30
- ricordo dei: XII, 29, 33-35

peccatori: VI, 12, 16-17, 24, 31, 34, 41; VII, 3, 39, 41-43; XI, 6-9, 16-17, 28; XII, 28-30, 32, 37

pellegrini: X, 86

perdono - remissione dei peccati: III, 21; VI, 8-9, 17-18, 23, 26-35, 41; VII, 8, 10, 13, 18, 26, 36, 41; X, 45; XI, 5-8, 19-22, 29-30; XII, 28

perfetti: IV, 1; IX, 31

pianto: cf. lacrime

porto: X, 10, 30; XIII, 16

preghiera: I, 1, 11-12; III; IV; VI, 42; VIII, 1-4, 6, 8-9, 18-19; IX, 2-5, 7, 11-19, 31; X, 38, 40; X, 43, 45, 47, 49-50, 58, 68; XII, 30; XIII, 8, 19, 21; XVI

- dei salmi: I, 11-12; XIII, 20-21
- dell'eucarestia: XI, 6-22, 24, 26, 28
- dell'ufficio: IX, 1; X, titolo; XIII, 19, 21
- di domanda: I, 2; III, 1-10, 14, 16, 35-36; IV, 1, 5-9, 11, 18, 23; IX, 5; XVI, 3
- di lode o confessione: VI, 1-2, 58; VII, 3-4, 13-15; VIII, 14, 16-18; IX, 15-16; X, 61, 91, 103
- di supplica: III, 5; V, 4, 8, 18; VII, 11, 22
- incorporea: IX, 11; XVI, 5
- padre nostro: III, 14-23; IV, 9, 11, 18-19
- prostrazioni o metanie: II, 2; IX, 16

preghiere (testi di): II, 9; V, 11; VII; X

profeti: VII, 12; XI, 21

propiziatorio: VII, 11

provvidenza di Dio: III, 4; XII, 5, 16, 19-21, 25

punizione: cf. retribuzione

quiete: I, 5, 10, 14; II, 7; III, 29; IX, 26; X, 4, 79, 107; XII, 9; XIII, 12, 17, 19-20, 23, 25; XVI, 5

raccoglimento del pensiero: IV, 20, 24; XIII, 11, 14, 19-20, 22

regno dei cieli: I, 13; III, 9, 17-18, 32, 37; VI, 18, 20; VII, 19; X, 66, 93, 98; XIII, 17; XVI, 3

remissione dei peccati: cf. perdono

resurrezione: I, 18; VI, 54, 58, 60; X, 14-16, 18, 24; XI, 1-3, 19, 31

retribuzione - punizione: VI, 3, 8-10, 13, 15, 18-20, 25, 61-62; VII, 37-39; IX, 28; XI, 4, 29-30 ricapitolazione finale: V, 10; VI, 62; X, 92, 98

ricordo - memoria di Dio: III, 23; VI, 45; VIII, 1-6, 13-15, 17-19; IX, 6, 11; X, 65; XI, 3

riflessione - meditazione: I, 6-8, 14, 18; III, 1-2, 5-7, 12, 16, 29-30; VI, 2, 42, 44-47, 49, 57; VII, 19-20, 22, 27, 29-30; IX, 6-12, 14-15; X, 27, 85, 107; XI, 25; XIII, 8; XVI, 2

rilassatezza: VI, 59-60

rinnovamento: X, 20-21, 66-67; XI, 1
- della mente: XI, 3-4, 31

rinuncia: IX, 1

rivelazione: I, 17; IV, 21; V, 12; VI, 51; VII, 6, 12, 14-15, 17; VIII, 9-13; IX, 5, 12, 16, 18-22, 25-31; X, 40, 52, 87, 94; XIII, 3, 6-7

sacrifici: VII, 10-11; IX, 15-16, 24; XII, 30-31

Salomone: VIII, 8

salvezza: III, 23; VI, 41, 58; VII, 30; IX, 15; X, 46; XI, 8, 29; XII, 11, 20, 26, 45

santi: VIII, 1, 11, 19; IX, 27; X, 5, 43, 47, 86; XII, 3, 14, 30, 51; XIII, 1; XVI, 5

santità: II, 4; III, 15-16; VI, 58;
- di Dio: VII, 3, 34; VIII, 12-13

sapienza: I, 16, 18; VII, 18; X, 107; XIII, 16
- di Dio: IV, 4; VI, 19, 33, 44; VII, 23, 30, 35, 38; IX, 9; XI, 6, 27, 29

Satana: cf. demoni

Scrittura: III, 29; VI, 19; VII, 42; VIII, 12, 14; IX, 3-4, 10; XI, 2, 12, 16

Šekinah: cf. Dio

sensi interiori: I, 11; VII, 33-34, 36

Serapione: XII, 7, 10

silenzio: I, 11; IV, 7, 24; V, 17; VI, 2; VII, 33-34, 37; VIII, 9; IX, 1, 26, 31; X, 4; XI, 29; XIII, 14, 16, 19-20; XVI, 5

Sinai - Oreb: IX, 22, 25, 30

Sion: cf. Gerusalemme

solitari - vita solitaria: I, 1, 18; II, 7; VIII, 15; X, titolo; XII, 1, 6; XIII, 6, 23-25

solitudine - isolamento: I, 8, 18; II, 7; III, 29; X, 32, 107; XII, 9, 14; XIII, 22-23

specchio: II, 5; III, 13; V, 17; VII, 14, 40; IX, 31; X, 24; XII, 3

speranza: I, 16; III, 4-5, 8, 12, 14, 25, 28; IV, 14, 19; VI, 43, 46, 58; VII, 10, 20, 27, 29, 32-33; VIII, 19; IX, 8-9; X, 18, 48, 68, 70, 76-78, 81, 99; XI, 2, 6-7, 10, 19, 22, 25, 28, 30-32; XII, 20, 23

Spirito santo: I, 18; III, 19, 32; IV, 21-23, 30; V, 9-10; VI, 49-50, 58; VII, 8, 34; VIII, 1; IX, 5, 8, 18, 20, 26, 30-31; X, 65, 67, 79, 83-84, 107; XI, 23; XIII, 2, 7, 16, 24; XVI, 5
- azione dello: IV, 32; VI, 50; VIII, 1, 11, 14; IX, 29; XVI, 3
- doni dello: IV, 21-22, 29
- grazia dello: I, 13; III, 13; IV, 32; VII, 31; VIII, 19; IX, 27; XIII, 8, 26
- Paraclito: IX, 27

Stefano: IX, 23

stupore - ammirazione: I, 10, 16; III, 33; IV, 1, 3, 21-22, 24; V, 8, 12-13; VI, 2, 4, 33, 39, 45-47; VII, 33, 42; VIII, 9; X, 50; XI, 25-27, 29, 31; XIII, 5-6, 11-12, 14-15, 17-19, 22; XVI, 6

tavole di pietra: IX, 28

tempio di Dio (l'uomo): VI, 45; VIII, 1, 13-14, 18-19; X, 91

tempio di Gerusalemme: VIII, 8-9, 12

tentazione: III, 22, 27; VIII, 2-4, 6; XII, 19, 23, 26; XIII, 10

timor di Dio: II, 6; III, 2; IX, 21, 29-31; XII, 11, 19, 26-28, 37, 44

Torah: cf. Legge

trasfigurazione - trasformazione: XI, 2; XIII, 9

tristezza: X, 31, 73-74

umiltà: II, 2, 5; IV, 28-29; X, 89; XII, 35
- di Dio: XI, 5

uomo interiore – uomo spirituale: X, 7, 24-25

veglia: VI, 54; X, 40, 43, 61

verità: III, 35; VI, 4; VII, 21, 27, 42, 46; IX, 9; XI, 28

vino - mosto: VI, 56; VII, 20, 32

vita solitaria: cf. solitari

volontà: VI, 8, 11, 14-15, 17, 34, 36; VII; 14, 24; IX, 4; XI, 32; XII, 10, 18, 27, 35, 37-38, 48; XIII, 8; XVI, 3-5
- di Dio: VI, 28, 33, 62; VII, 27, 30; VIII, 7; XI, 22-24, 30

zelo: I, 2; II, 4; XII, 4, 33

SOMMARIO

INTRODUZIONE V
   I. L'opera di Isacco secondo le fonti antiche VII
   II. Autenticità e configurazione della Terza collezione . . . XIV
   III. Alcune annotazioni sulla traduzione e sul lessico . . . XXIV

ABBREVIAZIONI XXXV

INDICAZIONI PER GLI SCRITTI ISACCHIANI XLII

TERZA COLLEZIONE (Traduzione) 1
   Discorso I 3
   Discorso II 14
   Discorso III 17
   Discorso IV 32
   Discorso V 43
   Discorso VI 49
   Discorso VII 68
   Discorso VIII 83
   Discorso IX 91
   Discorso X 102
   Discorso XI 118
   Discorso XII 130
   Discorso XIII 145
   Discorso XVI 154

INDICI 157
   Citazioni e allusioni bibliche 157
   Opere e autori antichi 162
   Indice delle cose notevoli 165

PRINTED ON PERMANENT PAPER • IMPRIME SUR PAPIER PERMANENT • GEDRUKT OP DUURZAAM PAPIER - ISO 9706
N.V. PEETERS S.A., WAROTSTRAAT 50, B-3020 HERENT